JN260863

債権総論講義録
（契約法Ⅰ）

吉田邦彦 著

信山社

はしがき

(1) 「債権総論」は、そもそも私の最初の助手論文のテーマの領域であり、過去最も沢山講義を行う機会があった分野である。そのためか、この講義録シリーズを刊行して下さっている信山社から編集が企画されている『法律学の森』シリーズ（編集代表平井宜雄教授）では、債権総論は、私に割り当てられている。振り返ると、北大に移ってから、1989年度、1992年度、1998年度という具合に、何度となく講義してきた（さらに、前任校の法政大学でも経済学部対象で行ったことがあった）。そして本当に久しぶりに今年度（2011年度）担当することとなった。＊北大の場合に、講義の割り当ては、若い人から決めて行くので、昨今関心度が高いこの分野を担当して再度勉強する機会を得たことは本当に幸せなことであった。さりとて、今後もう何時再度講ずることになるかわからないので、不充分ではあるが、4冊目の講義録として『債権総論講義録（契約法Ⅰ）』いう形で出して、世間のご批判を仰ぐこととした。

(2) それにしても、この分野は優れた教科書・体系書がまさしく汗牛充棟の状況で、重ねてこのようなまずいものを出してどれほどの意義があるのかと考えると、まさしく「穴があったら入りたい」ような汗顔の至りであるが、それでも多少なりとも目新しさがあるとするならば、以下のようなものである。

すなわち、第1に、個別的法解釈の論点を論ずるだけのものがほとんどであるが、それらをつなぐ《総論的視点を浮かび上がらせる》ように努力した。その際には、アメリカ法学からの影響があることは言うまでもない（それについては、私の留学を通じてまとめている民法理論研究1～4巻（有斐閣、2000～2011）の参観を乞う）。

第2に、《判例・学説の展開過程をできるだけ立体的に示す》ように心掛けた。多くの類書でもそのような叙述が多いので、どれだけ違うのかと言われると窮するが、どのようにかというと、例えば、学説引用の仕方である。法学部及び法科大学院においては、時間数も限られ（法学部の場合90分授業で20数回

はしがき

であろう)、網羅的なコンメンタール的講義などはできず、概括的なものにならざるを得ない。しかしその際に本書では、《新たな議論を起こしたオリジナルな見解に注目して紹介する》ようにした。

　この点は言わずもがなのことであるが、初学者にはわからない人もいると思うので、あえて言うが、「学説の価値」は、新たな議論を切り開いたものが素晴らしく、オリジナリティはそこにある。既存の説をただリステイトする見解とは雲泥の差があると言ってよいだろう。そういう観点からは、(近時の教科書類は最新版を引いたりするものも多いが)新しいものが引用されるべきであるということにもならない。オリジナルな見解に注意した講義を行うのは当然のことであると、仰る先学は、多数おられるであろうが、近時の民法学界(ないし民法教育現場)の状況はそうなっていない。引用は極端に減らして、引用するとしても恣意的としか思われないような叙述(例えば、判例百選の解説者だけ引用する等)も少なくなく、目下学習するものの姿勢、学説の捉え方、議論への関与の意味の誤解への悪影響も危惧されるので、多少なりともそうした状況を矯正したいというささやかな思いである。

　＊私のこの講義は、北大では民法の3番目の講義だが、「先生の講義で民法研究者の個人名を初めて聞きました。」などという感想を聞くのには、いささか驚いたが……。

　＊なお、法科大学院の授業の場合には、どうしても問題志向的ないし深化追及的となろうが、ケース問題の類は巷間いくらでも見られるので、本書でも論述型の問題を列記しておいたので、適宜使われたいと思う。

(3)　上記に関連して、第3に、《批判的討議志向的叙述》を行った。これもある種現状に対するアンチ・テーゼ的意味合いがある。というのは、平井教授が、あの有名な論争的論文(法律学基礎論覚書(有斐閣、1989)、続・法律学基礎論覚書(有斐閣、1991)〔平井著作集Ⅰに所収〕)から、民法学の基礎理論として、《議論の法律学》を提示されたが、これはまさしく私自身関心を寄せる批判法学でも基礎理論として説かれるところであり、そもそも法律学の本質とは、——法廷弁論から展開してきた経緯からしても——そういうものなのである。

　ところが近時の民法学の状況は、論争不在で、集団主義の体質が高まっている。そういう中で、学問的に論文で批判すると何時までも根に持って人格的嫌

はしがき

悪とか無視・黙殺・周縁化とかに繋げている例を身近に知っている（夙に川島博士からそういう日本的問題を何度か聞かされてはいたが……）。しかし、こんな権威主義と裏返しの状況では、民法学の基礎である「議論の作法」と隔たることが大きく、若いものは年上（とくに人事を左右する者）を批判しなくなり、延いては論争をしなくなる。しかし法学界が活性化するかどうかは、《下剋上の雰囲気》ないし《既存の議論を覆すような新平面からのオリジナルの観点からの批判の充溢》である。法律学の本質として、古来Ｘ・Ｙ両陣営に分かれて、ダイナミックに説得的議論を展開できるところに醍醐味がある。そういう目で、従来の議論の展開を見直す必要がある。平板に整理された学説を鵜呑みにし、それを答案に吐き出せば事足りるという初学者の認識違いも脱構築したいと思う。

　＊なお、本書での記述スタイルで、しばしば（判例）（通説）というように、括弧書きで記載するのには、それなりの意味がある。法律学の議論は、実務であれ学界であれ、批判的討議により展開していくもので、そのダイナミズムゆえに、判例なり多数説の形成もあくまで暫定的な状況という意味合いであり、閑却された視点からのすぐれた説得的法律論が登場したら、それに塗り替えられていくというダイナミズムを伝えたいのである。聴講者・読者は、権威的に語られる立場を鵜呑みにするのが法律学だと思ってもらっては、法律学の学問の本質・発生史に反するという思いでもある。

　＊他方で、本書の特徴として言えるのは、著者の見解を意識的に示すように心掛けた。こなれてもいない未熟なところも多いのだが、そのように努めたのは、やはり批判的議論を誘発したいからである。また私が聞いた民法の講義は、米倉教授でも、平井教授でもそのようなスタイルであった。しかし近時は、民法研究スタイルにも変化が生じ、問題提起型ではなく、既存の見解をただ整理しているだけというような論文も増えている。論争したくなく、なあなあのスタンスで、自分のスタンスもきちんと示さずに済まそうとするリスク回避的研究者がわが国では増えていて、いつの間にかアメリカの状況とは対蹠的になっている。しかしこうした状況へのアンチ・テーゼとして、若い研究者に対して、「起承転結」をつけて問題提起して、議論を高めることこそ論文の基礎という出発点での誤解をしないようにという思いもある。もっとも、このような指摘は、結論だけ論じていればいいというように、安易に受け取って欲しくない。

v

はしがき

　それはまた法律学の性質に反するのであり、できるだけ多面的に、反対論（英語ではよく、devil's advocate という言い方をする）を意識しつつ議論するのが鉄則であり、法教義学だけに閉じこもらずに、基礎法学との有機的連携の下に視野広く法解釈論を語るべきであると私は考えていて、次に特色として、述べることに繋がる。

　＊なお、昨今の多くの若手研究者が、中堅・初老民法研究者の総動員的な「民法改正論議」にリードされる形で、実は、民法の規範状況への問題提起ないし批判的討議ではなく、「従来の判例・学説の整理」に奔走・消耗するのは、前述の規範的議論の停滞状況と無縁ではないだろう。

　(4)　第4に、《法社会学的・比較法的ないし法政策的・法原理的叙述と総合的理解》の強調である。私自身は、自分の講義スタイルとしては、新鮮味がなく、単に先学・恩師から学生時代に習ったことの伝達のつもりと考えていた。ところが、近時の学生諸君からは、「この講義は、他の先生の講義の情報量の2倍はあります。」という感想を聞き、「それは褒め言葉か（昨今の平易化教育のゆえか……）」などと思うと実はそうではなく、その裏には、「どうして法解釈論に余計な話をするのか。そんな基礎法的な話がなくとも、当該論点には解釈論上の答えが出せる。」「そんなことは資格試験の答案に書くべきではない（そのように予備校で習っている）。」という批判的ニュアンスが隠されているのである。これは「民法教育の場における民法学の崩壊ではないか」と、落ち込まざるを得なかった。

　そしてこうした状況の激変は、民法学の近時の動向とも一致しているようにも思われる。1990年頃の平井教授の利益考量論批判以来、その後は法教義学の復権、ないし概念法学の復活（そしてそれが、奇妙にも受験生向きのマニュアル的な民法教育とドッキングする）、そしてかつての日本版のリアリズム法学の急変があり、他面で、これまで有機的連関が見られた、私法学と法社会学・法哲学との両極分解現象ないし細分的蛸壺化現象である（こうした状況が、果たして批判を提起した論者の意に添うものかは疑問というべきだろう）。確かに同教授は、「社会学主義」と称して法と社会の直結主義を批判されたが、法システムの自己満足的概念法学で事足りる等と後進が捉えるのは大きな誤解であろう。それは論理実証主義風な直結的な「対応説」批判なのであり、法の認識論の

哲学的洗練化として捉えられるべきもので、だからと言って、「法と社会」研究の否定に繋がるまい。《法と社会との有機的考察ないし総合的考察》自体は、昨今その必要性は高まりこそすれ、視野狭窄的法律学になってはならない。同様のことは、《哲学的原理論》とか、《経済学的な政策論》とかについても言えるだろう（最後者は、わが国でも以前よりも関心は高まっているが、その部分だけ突出している観すらする）。

　(5)　もう少し債権総論に即して論ずるならば、この分野を大学時代に習ったのは、1979〜1980年のことであり、恩師星野英一先生からであり、本講義録には、随所にその影響が出ていることがすぐ見てとれるであろう。しかし上記の方法論論議をもう少し敷衍するならば、債権総論、とくにその後半の金融法の部分は、利益考量論を最先端まで論じられた代表論客である先生の特色が、最も出やすいところと言えるであろう。先生は比較的最近私に、「自分は、方法論から民法を始めた。」と仰ったことがあるが、その点とともに、先生の民法学と基礎法学との連関研究に改めて共鳴した。

　私自身は、日本版リアリズム法学の大きな刺激（というか法学教育上の斬新さ）にも魅かれて、平井教授の利益考量論批判が始まった頃、アメリカに初めて渡り、リアリズム法学のメッカで、1920〜30年代のリアリズム法学の研究から始めて、最近の様々な批判法学の潮流の洗練を受けた。しかし、帰国して日本民法学に立ち返ると、その後の振幅は大きくかつての状況が一変するかに見える様には、戸惑うことが多かった。「なぜこうなのか。」直近の先輩の内田貴さんは、（平井教授の鋭い利益考量批判を意識されてか）「僕の教科書には、利益考量という言葉は一度も使わなかった。」とかつて言われたことがあったが、その変わり身の早さには、愚鈍な私には付いていけなかった。それどころか、本講義録の方法論的スタンスは何かと問われれば、——近時の動向とは違って、——《利益考量論の擁護、ないしその継承・延長線上としての批判法学からの分析》である。その意味で、恩師の世代の継承の面が強く、30年前の先生とレベル的にどこが違うかと追及されれば、情けない限りである。

　＊そんな中で、火付け役の平井先生から聞かされたのは、「僕の著作から期待したのは、累々たる利益考量論からの批判であった。それを殆ど聞かなかったのは、大変な肩透かしであった。」という言葉であった。むしろこちらの発

はしがき

言の方が、私にとっては、ストンと胸に落ちた。

　一体日本の法学者は、何を寄る辺に動いているのか、「流行」とか「ムード」とかで動くのか。近時のわが民法学の状況について考えると、大学紛争時に極左の議論で暴力的に教場を荒らした団塊の世代が、今ではすっかり転向して保守陣営に奉仕している様を見るにつけ、そういう振幅の大きさともちょっと類似したところがあり、これが丸山眞男博士の言われる「イデオロギー暴露の早熟的登場」という日本の思想の特徴なのかと、嘆息交じりに合点する次第である。

　(6)　既に記したように、債権総論の分野は、優れた業績が多い。とりわけ教科書レベルで、オリジナルで大きな飛躍を遂げた著作は、平井教授のものであろう。その最初のものが「講義案」として出たのは、私が助手を終えた直後の1985年、そして2版は、1994年で、講義のテクストにすることは多かった（今年度も用いたが、もう10数年経っているのに、そのアクチュアリティないし分析の熱気に、新鮮度が落ちないのは不思議なくらいである）。本講義では前記のように《批判的討議》に力点を置いて分析したが、近時の教科書類の量産にも拘わらず、innovative な解釈論という点でも未だに群を抜いているように思われる。

　ところで、本講義の分野は、近時の債権法改正の論議の対象であり、もういずれ規定も塗り替えられるのか等と思うと、あまり教科書類刊行への触手も動かなかった。1,300時間と言われる改正論議、そこから出された刊行物、さらにその関連の出版物を十分に咀嚼する気力も私にはなかった。ところが、──近時の債権総論の力作の双壁は、潮見佳男教授、中田裕康教授のものであるが──改正論議がなされるようになってから出された（論議の中心メンバーの一人でもある）中田教授のものを見ると、改正論議関連の叙述の少なさには、驚かされた。もちろん、同教授の謙虚さの現れかもしれないが、もし「規範刷新」という本来の学問的営みに、これだけ総動員的になされ、画期的大行事と喧伝されている改正論議が、寄与していないということならば、逆に大変な問題を露呈しているのではないかとも思う。「嵐の前の静けさ」なのかもしれないけれど、だからこそ、もう一度冷静に、これまでの債権総論の法解釈論の蓄積を地道に積み上げていくことの意義を訴えたくも思う。

　最後に、諸種の面で激動の時代の中で、──「学術著作の重要性」という終

　　　　　　　　　　　　　　　　　　　　　　　はしがき

始変わらぬ姿勢から──本書のような講義録の公表にもご支援下さる、信山社社長の袖山貴さん、稲葉文子さん、校正を手伝って下さった本堂あかねさんには、深甚の謝意を表したい。

　2012年2月
　　　　　　　　　例年にない大寒波に襲われている札幌にて
　　　　　　　　　　　　　　　　　　　　　吉 田 邦 彦

＊本書の分量は、20数回分の講義を前提としたものであり、大体1回10頁余りを目処に作成した。債務不履行法などは、ややコンパクトにまとめすぎたとの思いもよぎるが、責任法は、三ケ月章博士の言葉を借りると、「円環的構造」をなしており、ひとまとまりで一気に学び、その理論的流動化の状況を把握するというやり方が良いと思い、意識的に長い叙述は避けたところがある。その点、読者諸賢にはお汲みとりいただければ幸いである。

目　次

はしがき

はじめに …………………………………………………………………… *1*
　＊一般的諸注意（*1*）
　1．講義の内容・方針など ……………………………………………… *1*
　　　⑴　従来の議論の祖述（*1*）
　　　⑵　比較法的位置づけを行う（*3*）
　　　⑶　判例を条文同様に重視する（*5*）
　　　⑷　総論的、理論的問題意識を交叉させて検討する（*6*）
　2．債権総論の民法上の位置づけ ……………………………………… *17*

第1部　債務不履行責任等（債権総論前編） ………………… *23*

　1．債権の意義 …………………………………………………………… *23*
　　　⑴　定　　義（*23*）
　　　⑵　性質──物権との対比（*23*）
　　　⑶　「請求権」（Anspruchの訳語）との異同（*24*）
　　　⑷　債権関係の特質（*25*）
　2．債権の内容 …………………………………………………………… *26*
　　2－1　債権の内容の要件（*26*）
　　　⑴　契約（法律行為）の要件（*26*）
　　2－2　債権の分類の仕方（*30*）
　　　⑴　フランス民法上の区分（*30*）
　　　⑵　日本民法上の区分（*32*）
　　　⑶　その他、ドイツ法的区分（*32*）
　　2－3　特定物債権と種類（不特定）債権（*32*）
　　　⑴　区別の意義（*32*）
　　　⑵　特定物債権の保存義務（民法400条）──引渡しをなすまでの
　　　　　「善良なる管理者の注意」（善管注意）をもってする保存義務（*33*）
　　　⑶　種類債権の品質規定、その特定・集中（民法401条）（*34*）

目　次

　　2-4　金銭債権・利息債権 (*39*)
　　　(1)　通　　貨 (*39*)
　　　(2)　名目主義と増額評価 (*40*)
　　　(3)　利息に関する任意規定 (*41*)
　　　(4)　利息に関する強行規定──利息制限法を巡る法理の変遷 (*42*)
3．債務不履行による損害賠償……………………………………………48
　3-1　総論──通説的見解とその批判 (*48*)
　　　(1)　通説の立場 (*48*)
　　　(2)　これに対するその後の批判、問題提起 (*49*)
　3-2　契約責任の拡張現象について──付随義務・安全配慮義
　　　　務論、「契約締結上の過失」等交渉責任論 (*55*)
　　3-2-1　付随義務論及びその評価 (*55*)
　　3-2-2　安全配慮義務に関する判例法理の展開 (*56*)
　　3-2-3　「契約締結上の過失」ないし契約交渉責任論 (*62*)
　　　(1)　「契約締結上の過失」(culpa in contrahendo[cic]) 論の検討 (*62*)
　　　(2)　判例の展開──契約交渉破棄の場合 (*62*)
　　　(3)　学説の展開──検討も兼ねて (*65*)
　　　(4)　契約締結前の情報提供義務、説明義務 (*67*)
　3-3　個別的諸問題 (*70*)
　　3-3-1　損害賠償（塡補賠償）と解除 (*70*)
　　3-3-2　賠償額算定の基準時など (*72*)
　　　(1)　金銭的評価原則 (*72*)
　　　(2)　基準時問題 (*73*)
　　　(3)　損害軽減義務 (*75*)
　　3-3-3　賠償額の減額 (*77*)
　　　(1)　損益相殺 (*77*)
　　　(2)　過失相殺（民法 418 条）(*77*)
　3-4　損害賠償に関する特約及び規制 (*78*)
　　　(1)　金銭債務の場合の賠償額の限定（民法 419 条 1 項）(*79*)
　　　(2)　損害賠償の予定に関する裁判所による増減額の否定（民法 420
　　　　　条 1 項）(*79*)
　　　(3)　免責約款とその規制 (*80*)

3－5　第三者の行為による債務不履行責任——いわゆる「履行補
　　　　　助者の過失」の問題 (82)
　　　　(1)　従来の伝統的通説（我妻博士ら）(82)
　　　　(2)　これに対する落合教授の批判 (83)
　　　　(3)　更なる展開の必要性（私見）(84)
　4．債務不履行による契約解除 ………………………………………………88
　　4－1　伝統的通説及び判例の状況 (89)
　　　　(1)　伝統的通説 (89)
　　　　(2)　判　　例 (90)
　　4－2　新たな批判的議論の展開 (90)
　　　　(1)　解除効果論に関する立法者意思の確認——間接効果説の拡充 (90)
　　　　(2)　解除における「帰責事由」論不要論 (92)
　　　　(3)　解除の要件としての「債務不履行」要件 (93)
　5．契約の対第三者保護 ………………………………………………………94
　　5－1　「第三者の債権侵害」（不法行為）による損害賠償 (94)
　　　5－1－1　通説的見解 (94)
　　　　(1)　責任の成否 (94)
　　　　(2)　通説的立場の中身 (94)
　　　5－1－2　その批判 (95)
　　　　(1)　問題状況 (95)
　　　　(2)　批判的見解（吉田）のポイント (96)
　　5－2　債権（賃借権）に基づく妨害排除 (103)

第2部　金融取引法（金融債権総論） ……………………………107

　6．債権譲渡・債務引受け ……………………………………………………109
　　6－1　債権の譲渡性、譲渡禁止特約論 (109)
　　　　(1)　債権譲渡を巡る起草時の議論 (109)
　　　　(2)　譲渡自由の例外——とくに譲渡禁止特約 (109)
　　6－2　債権譲渡法制の構造——とくに、債権の二重譲渡の処理 (118)
　　　　(1)　民法等が定める債権流通保護の法技術 (118)
　　　　(2)　債権の二重譲渡——対抗要件（民法467条1項）の構造 (118)
　　　　(3)　留　意　点 (119)

目　次

　　6－3　債権流動化をめぐる近時の立法動向（*124*）
　　6－4　異議を留めない承諾（民法468条1項）——抗弁の切断（*128*）
　　　⑴　民法468条の法律構成——保護される債権譲受人の要件（*129*）
　　　⑵　異議なき承諾と抵当権の帰趨（*130*）
　　　⑶　その他（「抗弁事由」の射程）（*132*）
　　6－5　証券的債権の譲渡（*133*）
　　6－6　債務引受け、契約上の地位の譲渡（*134*）
　　　⑴　債務引受け（*134*）
　　　⑵　契約上の地位の譲渡（*136*）
　7.　債権の消滅——債権の任意的実現（弁済、相殺など）……………………*139*
　　7－1　弁済——一般的な債務解放原因（*139*）
　　　7－1－1　弁済の意義（*140*）
　　　7－1－2　第三者弁済（民法474条）（*141*）
　　　　⑴　第三者弁済が制限される場合（*141*）
　　　　⑵　利害関係を有しないものによる第三者弁済で、債務者の意思に
　　　　　　反する場合（民法474条2項）（*141*）
　　　7－1－3　債権の準占有者に対する弁済（民法478条）など（*143*）
　　　　⑴　「債権の準占有者」とは（*144*）
　　　　⑵　「弁済」及びこれに準ずべきもの——判例法による民法478条の
　　　　　　拡張（*145*）
　　　　⑶　弁済者の「善意無過失」（*147*）
　　　　⑷　その他——受取証書の持参人に対する弁済（民法480条）（*151*）
　　　7－1－4　差押え債権の弁済（民法481条）——債権者に対する
　　　　　　　　弁済が無効な場合（*152*）
　　　　⑴　適用場面（*152*）
　　　　⑵　趣旨と通説的（修正的）解釈（*153*）
　　　　⑶　差押えの競合（重複差押え）の場合の第三債務者の弁済の効力（*153*）
　　　7－1－5　その他の細則的解釈規定（任意規定）（*156*）
　　　　⑴　弁済の場所（*156*）
　　　　⑵　弁済費用（*156*）
　　　　⑶　利　息（*157*）
　　　　⑷　弁済充当——金銭債務で一部弁済がなされる場合（民法488条

目 次

　　　　　～491条）(*157*)
　　　(5) その他、物の引渡し債務について、やや趣旨不明で、あまり用いられない規定 (*157*)
7－2　弁済の提供及び受領遅滞 (*161*)
　7－2－1　弁済提供（民法492条以下）の効果・要件 (*161*)
　　　(1) 効　　果 (*161*)
　　　(2) 要　　件 (*162*)
　7－2－2　受領遅滞（債権者遅滞）（民法413条）の意義 (*163*)
　　　(1) 通説的見解 (*163*)
　　　(2) 債務不履行説の主張 (*164*)
　　　(3) 近時の動向 (*164*)
　　　(4) そ の 他 (*166*)
7－3　代 位 弁 済 (*167*)
　7－3－1　意義・性格 (*167*)
　　　(1) 意　　義 (*167*)
　　　(2) 制度趣旨 (*168*)
　　　(3) 要　　件 (*168*)
　　　(4) 効　　果 (*169*)
　7－3－2　代位権者（第三者）相互の関係（民法501条各号）(*170*)
　7－3－3　代位弁済額に関する特約の効力など (*173*)
　　　(1) 他の第三者に対する特約の効力 (*173*)
　　　(2) 原債権と求償権との関係――とくに内入弁済があった場合の充当の仕方 (*174*)
　　　(3) 共同抵当の場合の次順位者の代位（民法392条2項）との関係――共同抵当の目的物に物上保証人の提供したものがある場合 (*175*)
　7－3－4　一部代位（民法502条）(*175*)
　7－3－5　担保保存義務免除特約の効力 (*177*)
　　　(1) 特約の効力の考量枠組 (*177*)
　　　(2) 特約の第三取得者への効果 (*179*)
7－4　弁済供託（民法494条以下）(*179*)
　　　(1) 要　　件 (*179*)
　　　(2) 効　　果 (*180*)

目　次

　　　7 - 5　相殺——弁済の確保（*181*）
　　　　7 - 5 - 1　意義及び現実的機能（*181*）
　　　　　⑴　意　　味（*181*）
　　　　　⑵　趣　　旨（*181*）
　　　　7 - 5 - 2　相殺の要件概観——相殺適状、相殺禁止事由（*182*）
　　　　　⑴　積極的要件（*182*）
　　　　　⑵　消極的要件（相殺禁止事由）（*183*）
　　　　7 - 5 - 3　不法行為債権相互の相殺の可否（*184*）
　　　　7 - 5 - 4　差押えないし債権譲渡と相殺（民法511条、468条2項）
　　　　　　　　　（*187*）
　　　7 - 6　その他——更改（民法513条〜518条）、免除（民法519条）、
　　　　　　 混同（民法520条）（*193*）
　 8.　債権の簡易の強制的実現（債権者代位・取消し）………………………193
　　　8 - 1　はじめに——民法上の制度の民事執行における位置（*193*）
　　　8 - 2　債権者代位権（民法423条）（*195*）
　　　　8 - 2 - 1　制度趣旨・存在意義に関する見解の対立（*195*）
　　　　　⑴　見解の対立状況（*195*）
　　　　　⑵　日仏法の相違——その経緯（*197*）
　　　　　⑶　今後の方向（*198*）
　　　　8 - 2 - 2　債権者代位の個別的要件論・効果論（*199*）
　　　　　⑴　無資力要件（*199*）
　　　　　⑵　代位債権者の優先的満足——債権回収（前述）（*201*）
　　　　　⑶　代位訴訟の判決効（*201*）
　　　　　⑷　差押的効果の有無（*202*）
　　　　　⑸　代位できない権利（*203*）
　　　　8 - 2 - 3　転用の場合——非金銭債権による債権者代位（*206*）
　　　8 - 3　債権者取消権（民法424条〜426条）（*207*）
　　　　8 - 3 - 1　制度趣旨の理解の仕方と沿革（*207*）
　　　　　⑴　沿革・系譜（*207*）
　　　　　⑵　制度趣旨の理解の仕方（の動揺）（*207*）
　　　　8 - 3 - 2　詐害行為取消の要件（*208*）
　　　　　⑴　取消債権者の債権（被保全債権）の存在（*208*）

　　　　(2)　詐害行為の存在 (*212*)
　　　　(3)　受益者・転得者の悪意 (*220*)
　　8-3-3　詐害行為取消の効果・行使方法及び性格論 (*220*)
　　　　(1)　性格論ないし制度趣旨 (*220*)
　　　　(2)　具体的問題点 (*222*)
　8-4　(附)：強制履行 (*226*)
　　8-4-1　強制履行（強制執行・民事執行）の意義・種類 (*226*)
　　　　(1)　意　　義 (*226*)
　　　　(2)　種　　類 (*226*)
　　8-4-2　間接強制の位置づけ (*227*)
　　8-4-3　訴求・強制履行できない場合——自然債務 (*233*)
　　　　(1)　債権の効力の属性との関係での意義 (*233*)
　　　　(2)　自然債務概念の有用性の有無 (*233*)
　　　　(3)　自然債務の諸場合 (*234*)
9．人的担保（対人担保）——多数当事者の債権債務関係……………*236*
　9-1　序——人的担保と物的担保 (*236*)
　　　　(1)　人的担保・物的担保の比較 (*236*)
　　　　(2)　担保の性質 (*237*)
　9-2　保証債務（民法446条以下）(*238*)
　　9-2-1　保証契約（債務）の成否（要件）(*238*)
　　9-2-2　債権者と保証人との関係（効果その1）（民法446条）(*239*)
　　　　(1)　カバーする対象（民法447条）(*239*)
　　　　(2)　保証人固有の抗弁権（民法452条、453条）(*241*)
　　　　(3)　主債務との関係——存続（内容）における付従性（民法448条）
　　　　　　(*241*)
　　9-2-3　主債務者と保証人との関係（効果その2）(*243*)
　　　　(1)　保証人から主債務者への求償 (*243*)
　　　　(2)　求償権の制限——事前・事後の通知義務を保証人が怠った場合
　　　　　　（民法463条1項——443条1項、2項の準用）(*245*)
　　　　(3)　主債務者複数の場合（連帯債務、不可分債務）の一人だけ保証
　　　　　　した場合。——他の債務者への負担部分の求償権の創設（民
　　　　　　法464条）(*245*)

目 次

   9−2−4 保証の特殊形態（*245*）
    (1) 連帯保証（民法454条）（*245*）
    (2) 共同保証（保証人が複数の場合）（*246*）
    (3) 根 保 証〔継続的保証〕（*247*）
  9−3 連帯債務（民法432条以下）・不可分債務（民法430条）（*252*）
   9−3−1 適用場面・社会的機能（*252*）
    (1) 機能の不明瞭さ（*252*）
    (2) アプローチの仕方（*252*）
   9−3−2 連帯債務の成立の仕方（要件論）（*254*）
    (1) 連帯の特約による場合（*254*）
    (2) 法律の規定による場合（*254*）
   9−3−3 債権者と連帯債務者との関係（効果その1）（*254*）
    (1) 債権者の全額的権利行使（*254*）
    (2) 債務者に生じた事由の効力──絶対的効力事由の多さ（*254*）
   9−3−4 連帯債務者相互の求償関係（効果その2）（*257*）
    (1) 求 償（*257*）
    (2) 連帯の免除（*258*）

 終 わ り に……………………………………………………………259

債権総論講義録（契約法Ⅰ）

はじめに

＊一般的諸注意
- 準備するものは、六法（常時座右に）（試験の時には、判例付きのものは駄目）。
- 指定した教科書、判例教材も準教科書として、予習・復習を小まめに行う。一夜漬けは、難しい。
- ゼミを通じて、議論を深める（講義では、判例に深入りする時間的余裕がないので、それを本格的に読んでみたりするのがよい）。
- 演習ものや答案練習は、試験の前あたりに、知識の整理のためにするもので、そればかりやるのは、知識の幅を狭めるので、要注意。むしろ内容を深めた論文などを読んでみるのが、実力を伸ばす。思考力を高めることの方が、まずは重要であろう。
- 復習を兼ねて、議論をする機会を持つのも良い。
- 試験は、①明晰な文章で、②様々な立場、問題点に論及しつつ書き進めるのが肝要である。また、③判例・主要な学説に触れてから、自説を展開する。答えだけではなくて、それに至るプロセスの説得力が問われる。（なお私の試験は、いつもボーナス問題を出すので、120〜130点満点ぐらいになる。因みに、私が不可をつける答案は、経験則上30点未満であり、極めて甘い教師であろうかと思う。）

1．講義の内容・方針など（平井・はしがき2〜5頁参照）

(1) 従来の議論の祖述

- (判例)(学説)の流れ及び今日における到達点、課題を伝える。──最先端の刺激的なところまで伝えたい。流動的なものとして（「所与のものを鵜呑みにしない」「疑ってかかる」ことが、大学での研究・教育の出発点。その前提として、従来の業績に謙虚に耳を傾けることは大事だが……）。
- また、甲説・乙説・丙説……として並列してただ暗記するのではなく、問題の重要性、ある学説、見解の意義（優れたものか否か）を見極めができるよ

はじめに

　うにする。議論の背景、問題の核心をつかめるようにする。

＊法律学で求められること
　法律学修得の際に留意すべきスキルとは、第1に、明晰な議論ができること。法律構成（論理構成）に強くなり、筋道だった議論ができるようになること。（単に、原告または被告を勝たせるべきだということでは、法律論になっていない。）第2は、種々の考量のファクター、視点、ものの見方を示すこと。その意味で、わが国では、従来民法学は、アメリカのリアリズム法学の影響を受けて、議論の自由度が高かった（東アジアの民法学の中で、日本民法学は最もアメリカ法学の影響を受けていたという点で、「開けていた」）。……そういう意味で、アメリカ的な良い点、アイデアで勝負する、また、「生ける法」を問題にする。そして、ヨリ大きな問題、根本的な問題提起をすることが優れるという点を忘れてはならない（Cf. 近時の議論の矮小化傾向。細分化、蛸壺化、また「社会の要請との乖離」傾向）。末弘・川島両博士等のリアリズム法学的な概念法学批判の系譜の重要性。そして、総論的な「民法理論研究」が盛んという点も、アメリカ法学の特徴である。

＊「大学で何を教えるべきか」が問われている
　長期不況の影響で、学生の資格試験志向は高まっている。しかし、司法試験を通るために法科大学院（2004年〜）ができて、問題は山積している。①法曹になるために、お金がかかるような制度の問題性（法曹倫理にも関係する〔わが国における公共的法曹教育の弱さ〕）、②合格率の低さ（2〜3割）（当初は、7〜8割は通るはずだった）。一番問題なのは、③どのような法科大学院教育、法学部教育をするか？　という理念面が詰められていないこと。——この点で、韓国でも法学専門大学院が発足したが（2009年〜）、大きく日本のそれとは異なる（それは、(i)ロースクールの定員を限定したこと、(ii)法学教育を法学専門大学院に限定したこと）。しかし両国ともに、<u>大学における法学教育をどのようなものにするか</u>、が問われている。……おそらく、日本で流行しているような、予備校の真似を大学がするというやり方は、早晩失敗するであろう。本場である、アメリカのロースクールでは、研究・学問の成果を伝え、刺激的な学問をする場と考えられている。それが「研究機関である大学が行う、その固有の意義」で

ある。また社会は常に動いていて、その社会的要請に応えて、かつ国際化・グローバル化した学問要請に応えることをやらなければならないのに、試験に照準を合わせて、そのためのマニュアル式の教育に特化することをやろうとするのは、自殺行為であり、それを続けると、日本の学問を崩壊させる。

☆アメリカでは、このようなことは、あまりにも当たり前のこととされ、ロースクール生も、研究の最先端に通じていることが要求される（そうでないと学生によるローレビューの編集ということはありえない）。そして、「大学での研究の面白さ」を学生が学び、少なからぬ学生が、研究者を目指すという好循環が確立している。本来アメリカで始まった授業のアンケートは、「どの教師が、手を抜かずに研究成果を伝えているか。その教師は、きちんと研究の最先端で頑張っているか。」を評価するものである。

☆日本では既に悪影響は現れていて、例えば、①結構優秀な学生は、費用の割に存在意義が問われる法科大学院に行かずに別の道を目指すこともあるし、②他方で、司法試験を通っても、マニュアル勉強ばかりしていたものは、社会のことを知らずに、「未知の問題の法的処理」（そういうことは、世の中では驚くほど多い）に立ち往生する（意外に、非法律家の集会に出ると、法律家の世界では聞いたことのない新たな問題を教えられることは少なくないのである！）、柔軟な頭による応用力がないものが増えている。③また、端から日本の司法試験に関心のない留学生の方が、皮肉にも、学問的な勉強を最もしているという奇妙な現象も出て、日本人の研究者の卵が育たないという深刻な問題にも遭遇している。

私の講義では、そういうことを及ばずながら絶えず意識して、色々な学問営為を伝えるべく努力するが、試験に対応できる必要最小限の知識も伝達する。要するに、「試験勉強だけをやるのが、大学教育ではない」「どのような勉強が、（予備校では学べない）大学ならではの勉強なのか」ということにも留意しながら、講義に臨んでほしい。

(2) 比較法的位置づけを行う

＊この点も、近時はわからない学生がいるようなので、述べておきたい。
・日本の法制度は、外国法の「継受」によって進展してきた。だから一見わか

はじめに

　　りにくいのもその辺りにも理由がある。「訳語」も多い（例えば、「相当因果関係」「違法性」）。
・しかし、ある制度・条文が、「いかなるものか」「何のためか」「どのようにしてそうなっているか」を正確に知るためには、比較法的経緯を知る必要がある。……わが民法が、ヨーロッパ法の継受から来ているためにその作業は不可避である。
・日本民法学の構造的問題と関係する[1]。——もともと「比較法学の果実」と言われるまでに、バランスよく多くの外国法から摂取して民法典はできていたが、明治終わりの「（ドイツ）学説継受」により、本来フランス法及びイギリス判例法の影響からできていた本来の規定が、性質が異なるドイツ法一辺倒に歪められてしまった（我妻法学は、そういう構造的問題の上にできた傑作であった）。
　　……第二次大戦後、とくに1960年代後の民法研究を大きな課題は、《そうしたドイツ流の無理な解釈を直すこと（！）》であった。その際には、制度本来の趣旨に光を当てて、従来の解釈を脱構築していくという作業が、各論的に次々となされた。（その意味での「我妻法学を追いつき追い越せ」がキャッチワードとなった。）
　　　　（例）①物権変動（末弘が嚆矢。その後、星野、滝沢）、②時効（星野）、③損害賠償の範囲（民法416条、709条）（平井）、④債権侵害の不法行為（吉田）、⑤瑕疵担保（民法570条）（五十嵐、北川）、⑥債務不履行形態（北川）、⑦債権の準占有者に対する弁済（民法478条）（来栖）、⑧連帯債務（淡路）、⑨強制履行（民法414条）（我妻、森田（修））（敬称略）。
・比較法研究は、従来と比較して、ドイツ法からフランス法・英米法にウェイトが移っている。（もっとも、関西の「京都学派」的潮流の影響力としてのドイツ法志向は根強い。）

＊フランス法の概念法学的傾向？
　　フランス法は、もともと形式も重視するところである。この点で、星野英一教授は、アメリカ的な利益考量論ないしケースメソッド論をフランス法研究し

---

[1] この詳細は、北川善太郎・日本法学の歴史と理論（日本評論社、1971）、星野英一・民法講義総論（有斐閣、1983）など参照。

つつ展開されたという点で、興味深いが、教授が示唆を受けられたのは、法社会学的なカルボニエ教授、また法哲学的なヴィレイ教授であった。そこにはフランス的なセンス、勘所の良さを抽出されたと言っても良い。しかし近時のフランス研究はともすると、概念法学的でやたらと細かく（例えば、森田宏樹教授など。他方で、森田修教授のように、説明・分析の際に沢山用語を作られたりするが、果たしてそういう用語を態々用いるのが必要かと思われることもある。ともかく、星野教授が、不要な「中間命題」はできれば通さない方がよいと言われた頃と、異質なものを感ずる）、その意味では、概念法学の対象として、従来しばしばやり玉に挙げられたドイツ法と大差ないのではあるまいか。

＊近時の法学教育における比較法の減退
　もっとも、近時は、法学研究において、比較法が語られることが減っているのは、学生の内向き志向、さらに、学生諸君の外国法への関心の減退を進めるようで、大変問題であろう。民法の解釈学自体も、法文化の産物の側面があり、グローバル化の今日、若い人も関心を失ってはならないだろう。

(3)　判例を条文同様に重視する

- これは以前から言われていること（とくに、東大判例研究会発足（1921年）以来、中でも我妻博士は、教科書でそれを実践した）。今日でも、判例研究は盛んで（因みに、比較法的に見ても、判例研究がこれだけ盛んなところは珍しい）、演習における体系的な判例研究等は、本講義を補うものとして、不可欠であろう。……これ自体は、慶賀すべきことではあるが、他方で「判例研究」だけで足りるかという問題意識も必要であろう（例えば、契約法における裁判外の企業行動の研究は、アメリカの「法と社会」研究の代表的特徴である。特に契約法学では、司法の行き届かないところで、かなりの契約実務が動いているとの認識も必要であろう。関係契約論の問題意識もそういうところから出て——つまり古典的な契約法がカバーしていないところの継続的契約が、孤立的契約規範とは違う形で重要な契約規範になっているという指摘であり、——関心の幅を広げたわけである）。
- 判例の重要性は、領域により異なるが、債権総論（つまり大別して、責任法と金融取引法（銀行取引法））は、かなり判例の持つ意味が大きい領域であろう。

はじめに

特に前者は制度が抽象的なだけにそれを埋めていく判例法の役割は大きい。

＊判例研究の歴史的意義と近時の問題状況

歴史的に判例研究は、どのような経緯で起きてきたかを考えておくことが肝要であろう。すなわちそれは、「生ける法」志向の概念法学批判から出てきている[2]。それならば同様の関心での《新たな生ける法研究》をしていかなければいけないから、上記のようなところに関心は向くはずであり、判例中心主義にも問題が出る。立法（法政策）との関係にも目を向けなければいけない（この点は後述する）。

ところが近時は、判例研究ばかりが量産されて、しかも、判例研究の技巧化が進んでいる観があり、その背後の方法論的問題意識が忘却されていると思えなくない（長年東大の判例研究を支えてこられた星野博士から、近時の東大の判例研究会について、このような不満を私は耳にしているのである。例えば、やたら、判例の射程等ということを無目的に議論する。しかしその際に川島博士などは、ホームズなどの議論を受けて、裁判統制等を意識していたことをどう考えているのか。もし判例研究方法論の議論で川島理論が変化してくるならば、どう変わるかなども議論しなければならないだろう）。「何のための判例研究か」を忘れてはならないゆえんである。それを忘れると、学生諸君が、わかりにくい（しばしばやらなくても良い概念法学的分析も含んでいたりする）判例研究を読んで、民法学習の意欲をそがれたら、民法教育上も有害ではないか。

(4) 総論的、理論的問題意識を交叉させて検討する

それは例えば、——

＊実際上は、各論的議論のフォローに追われるが、終始以下に述べるような総論的問題意識も忘れない。

(a) 法解釈方法論上の問題

・従来の主流的立場は、いわゆる利益考量論ないし実益論的アプローチであった（既に我妻博士には、この傾向があったし、その後、加藤（一）、星野、米倉、

（2） このあたりは、大正10(1921)年の判例研究会発足当時の『判例民法（判例民事法）』（有斐閣）の序文を参照。

鈴木(禄)各教授などの我々の恩師の世代の論者)(比較法的には、アメリカのリアリズム法学の他に、ドイツの利益法学・評価法学の影響がある)。しかし、20年ほど前に、平井教授によりその批判がなされた⁽³⁾。

＊近時の法教義学への萎縮現象への危惧

　ところが、それを後進が間違って受け取り、概念法学が復権する動きが近時は見られる。ここには、方法論的関心を持たない民法研究者が、法教義学（概念法学）へのお墨付きを得たかのごとく、平井教授の利益考量論批判を使おうとし、しかもそれを法学教育上の安易なマニュアル教育と結び付けようとするから、事態は厄介であろう。こうした近時の状況に鑑みると、(吉田)は、わが国の従来の良き伝統としての、利益考量論の良い遺産を擁護したくなるのである。

（検討）

　具体的には、個別問題に即して見たいが、利益状況に即した分析は、問題の所在を明らかにする点で有用で、問題発見に寄与したが、他方で法律論軽視の弊害が出ると、平井教授は指摘する。……しかし、法律論を軽視すべきではないとの主張はその通りだと思うが、他面で、「発見のプロセス」と「正当化のプロセス」とは、競合することはあろうし、法律論の中から、利益分析を排しなければならないものではなかろう（平井教授のいわゆるハンドの定式的な過失（民法709条）の再整理も、利益分析的なところがあろう）(吉田)。

　すなわち、同教授の問題提起の評価としては、第1に、法命題の型として、「スタンダード型ではなく、ルール型を志向する」という側面があり、日本の状況への批判考察として、聞くべきものがあるが、スタンダード型命題を排斥できるものではなかろう。第2に、優れているのは、法規範に関する認識論を洗練させ、法的議論の不可避性を組み込んだところ、反面で単純な「客観主義・主観主義」、また固定的な「価値のヒエラルヒア」という整理の仕方を排して、規範の認識を議論のプロセスを経て動的に捉えたところであり（従って、その判例なり通説の権威は、議論のプロセスで生き残ったものというような暫定的

（3）　平井宜雄・法律学基礎論覚書（有斐閣、1989）、同・続・法律学基礎論覚書（有斐閣、1991）〔平井著作集1巻（有斐閣、2010）に所収〕参照。

はじめに

な捉え方となる)、この点は、(吉田) も全面賛成で、むしろこうした捉え方は、(吉田) が志向する、ダイナミックな批判法学的方法論に繋がるであろう[4]。

(b) いわゆる「近代法 (近代市民法)」モデル及びその修正・批判の問題——民法規範の前提となる社会編成原理についてのビジョン、パースペクティブ。……人間観、国家と市場との関係 (国家の市場介入の仕方)、共同体論・制度論 (集合行為論) 等が、社会編成原理として関わる。こうした視角が意識的・批判的に出てきたのは、70 年代後半から 80 年代以降有力になったアメリカの批判法学の成果である。

・もっとも戦争直後、近代法理論が、川島博士[5]を中心として、有力に説かれた (その他、広中、水本、甲斐等の各教授。我妻博士も、それ以前に同様の関心を寄せる (「資本主義と私法」を生涯のテーマとされた) が、具体的な民法原理の示され方は、やや異なる)。——その特徴としては、例えば、債権と物権の峻別、法的人格の自立性 (意思の自律)、契約自由の原則、責任原理の古典的理論のクローズアップ、法と道徳の峻別。……資本主義経済の法的構造の抽出として。

＊マルクス主義は、十分にわが民法学に摂取されているのか
　マルクス主義は、民法研究者に浸透していると言われるが、そうなのだろうか。影響と言っても、上記のような資本主義の構造の抽出という形での摂取であり、まだその影響は一面的であり、マルクスが直面した問題群 (例えば、疎外論) などは十分に民法的に検討されてこなかったということには注意を要しよう。川島民法理論が求めたのは、古典的で、その意味で、市場主義的であることからもそのことは窺われよう。

・これに対して、各論的には、有力な批判があり (とくに星野教授)、また歴史的考察を通じての批判も出されている (村上教授[6])。…近代法モデルの歴

---

(4) これらについては、さしあたり、吉田邦彦・民法解釈と揺れ動く所有論 (民法理論研究 1 巻) (有斐閣、2000) 1 章、2 章参照。
(5) 川島武宜・所有権法の理論 (岩波書店、1949) (新版、1987) が代表。
(6) 村上淳一・近代法の形成 (岩波書店、1979)、同・ドイツ市民法史 (東京大

史的裏付け方の問題。またその立場の比較法的なドイツ法への偏りに対して。

いわば70年代以降は、近代法モデルの型崩しが主流的傾向となったが、それに代わるべきパースペクティブが十分に示されているとは言えない（例えば、近時の代表見解（星野教授）は、民法典に戻ることを強調されるが、川島モデルを包括的に批判する態度も必要であろう）。

・こうした中で、（吉田）は、80年代以降アメリカ法学で有力に展開しつつある関係理論に注目している。

・その批判理論とは、(1)単純な個人主義・意思主義・市場主義に対するアンチ＝テーゼとして、「社会的」「関係的」側面も重視する。(2)また、国家によるパターナリスティックな市場への介入を積極的に評価する。(Cf. 単純な新自由主義的な規制緩和（deregulation）論。)——債権法との関係では、債権関係（契約関係）の連帯的、共同体的な側面にも留意する。この点で、我妻・川島両博士の緊張関係に留意せよ（我妻[8][20]、星野8頁）。(3)さらに、無造作な「法」と「道徳」の分断的考察にも批判のメスを入れる（この点は、自然債務の箇所［8－4－3］参照）。

＊なおこの点で、古典的法理の変容に関する平井教授の指摘（平井6頁）にも留意せよ（債権債務概念の拡大（付随義務、信義則上の債務）、不動産利用権の保護、法定担保物権（先取特権）の拡大を挙げつつ、「現代社会における市場機構への国家ないし権力の介入の増大」として指摘するのは、至言であろう）。

＊国家の市場への介入を積極的に見るという（吉田）の上記見方は、従って、「大きな政府」志向がある。これは、近時流行する規制緩和なり、新自由主義なり、小泉構造改革などでの「小さな政府」志向とは逆向きだが、長期不況で社会の格差が進む昨今では、まさに時代の要請として求められているビジョンではないか。こうした必要性が高い具体的分野としては、住宅ないし居住福祉分野があり、居住生活を公共的に支える（その意味で国家が市場に介入して保護していく）という発想が、何故かわが国では、先進国の中でも突出して弱く、市場主義的・自由尊重的な立場がとられている

学出版会、1985）など。

はじめに

　からである（この点は例えば、（わが国では、アメリカと比較して、平等主義的な）医療保障の領域と比較してみれば、すぐわかる）[7]。換言すれば、衣食住の三本柱の一つであるすまい問題について、「私的なもの」と性質決定して、近代法的に国家と市場とを区別して、国家が市場から引いているということに他ならず、ここでの近代法モデルの影響とも窺えるのである。

＊なお留意してほしいのは、（吉田）は、どちらかの原理で一律に処理すべきだとしているのではなく、多面的に処理するということであり、ときに、個人主義的法理を重視するということはあり（川島博士の抽出した法的人格尊厳の要請は、真理を言い当てていることに違いはないからである）、法理相互が拮抗するということはありうる（とくに、個人が集団的圧力にさらされているような場合。例えば、①団地建替えによる売り渡し請求により、強制退去させられる高齢者、②居住差別にあっている在日居住者など）。

＊しばしば債権法の性格として、その任意法規性、その信義則の支配等と言われる（我妻[18]～、柚木＝高木25頁など）が、編成原理的には、両者は拮抗する側面があり、また漠然とした（素朴な）「任意法規」的理解に対しては、強行規定的再評価ないし半強行法規化の動きが随所に見られることは、折に触れて指摘することである。ともかく、こうしたことは、総論的には、ここでの問題に関連することに留意されたい。

・具体的には、――

（i）契約関係の類型化として、「単発的（個別的）（discrete）契約か、関係的・継続的（relational）な契約か」に留意する（マクニール教授からの示唆）。

　　＊経済学でも、いわゆる新制度派経済学では、継続的・関係的契約の分析に関心は集まっている。

　　……いずれかにより、規制の仕方が異なってくる（①損害賠償〔「契約を破る自由」を一般化できない。代替的（fungible）契約か、特定的（idiosyncratic）契約かで、賠償額算定も異なる〕、②解除理論〔信頼関係

（7）吉田邦彦・居住福祉法学の構想（東信堂、2006）は、このような問題意識からのものである。〔野口定久ほか編・居住福祉学（有斐閣、2011）8章、12章（吉田邦彦執筆）も参照。〕

破壊理論、解雇権の濫用法理など〕、③関係的契約侵害の不法行為法理の有無など)。

*関係契約論と近時の債権法改正との断絶への疑問(8)
　この点で、近時の民法(債権法)改正は、改正論議以前の関係理論のわが国への影響にもかかわらず、古典的な意思理論の一般化的様相を示していて、法理の発展という点では、いただけない(それがベースとするウィーン条約は、関係理論の登場以前のレベルであることを想起せよ)。わが国の学説展開が、継続性がなくぶつぶつに切れた形になっているとの丸山眞男博士の一般的指摘(9)がここでも妥当している。

(ⅱ)　とくに、後者〔関係的・継続的契約〕の場合には、①信義則の強調、②付随義務による債務の拡張(安全配慮義務、契約交渉上の責任など)、③不作為の不法行為(英米では、今でも原則として否定。これに対して、わが国の国家賠償におけるこのタイプのものは、少なくない)、④継続性の保護(借地借家における、「正当事由」論(6条、28条)、解除における信頼関係破壊理論)、⑤取引法における取引安全の保護(動的安全保護)としての外観信頼保護理論(民法94条2項、96条3項、110条、478条など)が、これに関係する。……意思主義の修正ということである。(そもそもわが国の固有法では、意思による規律という思想的発想は弱い。)

(ⅲ)　また、関係契約で権力関係が構造化されてくると、行政的・後見的規制の必要性が出る。
　　　例えば、①消費者保護に関する約款規制、②製造物責任の強化、③環

―――――
(8)　吉田邦彦・都市居住・災害復興・戦争補償と批判的「法の支配」(民法理論研究4巻)(有斐閣、2011)9章3節、とくに357頁以下。
(9)　丸山眞男・日本の思想(岩波新書)(岩波書店、1961)12頁(新たなもの、本来異質なものまでが、過去との十全な対決なしに次々と摂取され、新たなものの勝利は驚くほど早いとする)(なお、23頁では、思想相互の優劣は、日本の地盤で現実に持つ意味という観点より、西洋史上で各思想が生起した時代の先後により定められるとされる)参照。本問題に即して考えると、時期的に古典的(新古典的)な契約理論のウィーン条約よりも時期的に後の関係契約理論が忘却されるということであり、その域にも達していないように思われる(吉田)。

はじめに

境保護領域、④医療保障及び事故救済システム構想（近時は、医療過誤訴訟の弊害に鑑みた、行政的塡補システムの必要性が医師サイドから説かれている[10]）。

(iv) 関係契約に即した紛争解決制度（とくに裁判外の代替的紛争解決制度〔関係修復制度〕）の必要性。

関係契約において、関係維持が求められる場合には、訴訟的解決に対立的処理には、関係破綻を導き、好ましくなく、そうではないADRの検討に必要性に、迫られることになる。

＊「関係修復・関係構築」のためには、法的アプローチには限界があり、さらに道徳面も連続的に捉えて責任論を扱うという近時の（吉田）の研究（例えば、戦後補償の領域）もその延長線上にある。

(c) 功利主義ないし「目的＝手段的」思考様式の台頭に対する接し方（法正義思考様式との拮抗）。……とくに、政策志向的訴訟のような分野が注目されると、効率性要請は抜きにできず、正義性要請との拮抗が前面化する。その意味で、法政策と法解釈との関係 にも関わる[11]。

・とくにアメリカでは、経済学理論の法律問題への応用という研究分野が、進展してきた（いわゆる「法と経済学」の分野）（とくに、不法行為ないし契約法の分野）。──そしてこれにより、このアプローチの有用性ないし限界の検討から、法的思考固有の問題は何かという問題意識が出ることが出ることになる。

・具体例としては、①不法行為領域では、最安価費用回避者による責任負担という発想（キャラブレイジ教授）、②効率的契約違反の考え方[12]、③危

---

(10) 例えば、小松秀樹・医療崩壊──「立ち去り型サボタージュ」とは何か（朝日新聞出版、2006）242頁以下。

(11) これらについては、平井宜雄・法政策学（2版）（有斐閣、1995）70頁以下（効率性基準と正義性基準）、同・現代不法行為理論の一展望（一粒社、1980）（平井著作集Ⅱ不法行為法理論の諸相（有斐閣、2011）155頁以下）（政策志向型訴訟）参照。

(12) 樋口範雄「『契約を破る自由』について」アメリカ法[1983-2]。その批判的考察として、吉田邦彦・債権侵害論再考（有斐閣、1991）第5章。さらに、同・前掲書（都市居住・災害復興・戦争補償と批判的「法の支配」）9章3節も

険負担についてのどちらが、ヨリ容易に損害を防止できるかという発想[13]、④錯誤についての情報入手のコスト（そこからは開示義務否定の要請）と錯誤のコストとの考量（情報に関する所有問題と考えると、著作権などとも同一平面で語り得て、開示義務の強調と知的所有における情報所有の保護とのアンバランスという問題も出る）[14]。

＊ともかく、効率性基準からの経済学的分析というのは、アメリカ等では、それへの賛否はともかく、不可欠のプロセスであり、特に、法政策的考量においては、なおのことということは強調しておきたい（例えば、東日本大震災の災害復興で、20兆円という復興予算をどう使うか。その政策の選択肢として、(i)除染、(ii)集団移転、(iii)津波対策としての高所移転などの費用便益分析をして、限られたパイをどう使うのかという議論がなされなければならないだろう）。

＊民法の講義では、とかく法解釈学に没入しがちであるが、「法と経済学」ないし平井教授の「政策志向型訴訟」という分析の示唆は、不法行為に限らず、全ての民法分野に及ぶ。債権総論の分野でも、例えば、利息規制が個別的訴訟の枠を超えて、いかなる法政策的意義を有するかというような分析は、――当該裁判の理由として書けるかという問題はともかく――須らく行うような心構えも必要であろう。因みに、(吉田)は、公共政策大学院の講義で、このようなスタンスから、法政策学を民法分野で具体化するという講義を試みている。

(d) **法文化的相違の考慮（欧米的民法思想とわが国固有の規範思想との相違・交錯）**

・欧米的な個人主義思想・権利保護思想・契約（意思の合致）ないし社会的ルールによる規律という思想はどんどん普及するが、それに吸収されない日本ないし東アジア固有の規範思想、法思想があるかどうか（例えば、日本的な集団主義、間人主義の問題[15]）。……(吉田)は、いわゆる法文化的相対主

参照。
(13) やや古いが、例えば、小林秀之＝神田秀樹・「法と経済学」入門（弘文堂、1986）26頁以下、樋口範雄・法セミ396号（1987）46頁以下。
(14) 詳しくは、吉田邦彦・前掲書（民法解釈と揺れ動く所有論）9章参照。

はじめに

義でもないが、欧米的な法律論・権利論の中での東アジア的な特殊性も見ていかなければいけないと考える。具体的に見ると、

① **（人格の捉え方）** 妊娠中絶（abortion）に関する日本（東アジア）と欧米の状況との相違。…宗教的な背景の相違もあるが、胎児に対する「人権」感覚の相違も大きい（因みに、「自殺」も悪という考え方（生命の捉え方〔人間中心主義の裏返し？〕）の根付き方も欧米と東アジアではかなり違う）。自己決定思想もわが国では弱く[16]、家族の意思が前面に出たりする（例えば、臓器移植、死ぬ権利、エホバの証人信者の輸血拒否）。

② **（家族における血縁主義の強さ）** 欧米では通例の完全養子（特別養子）の根付かなさ。親子関係における血縁主義の根強さ（とくに韓国）。人工生殖の運用（例えば、代理母）などでも、東アジアでは、欧米とは異なる展開も予想される。

③ **（ウチとソトとの規範的相違）** それに関連して、ウチの世界では、無償行為が多く（贈与、無償委任など）、そこにおける信頼関係が重視され、ときに情緒的・人格的に関係形成される[17]（例えば、離婚後の夫婦は、逆に顔も見たくない関係となり、子の扶養に関する共同監護、協力関係が築けないのも、欧米との相違である。またよく言われることだが、研究者間で、批判的議論の状況の日米の相違（日本では仲良しクラブ的になりやすく、生産的な批判的議論が展開されていかない。川島博士や平井教授などは、例外的である（それでもわれわれの恩師の頃はそういう批判志向的研究者は多かった）[18]）。他方で、ソトの世界では、ホモエコノミクス的（損得勘定的）な行動様式となる（これに対して、欧米では、ソトの世界に利他的公共活動、その意味では、非営利のNPOなどの社会的役割も大きい（その背後には、言うまでもなく、宗教的背景がある））。

---

(15) 例えば、中根千枝・タテ社会の人間関係（講談社、1967）、濱口恵俊＝公文俊平・日本的集団主義（有斐閣、1982）、濱口恵俊・間人主義の社会日本（東洋経済新報社、1982）、小此木啓吾・家庭のない家族の時代（ABC出版、1983）。
(16) 例えば、山田卓生・私事と自己決定（日本評論社、1987）。
(17) 韓国家族法の特徴については、さしあたり、吉田邦彦・前掲書（民法解釈と揺れ動く所有論）9章1節、特に323頁以下（初出、平井古稀（有斐閣、2007））参照。
(18) これについては、吉田邦彦編・民法学の羅針盤（信山社、2011）参照。

＊この点で、韓国も、ウリ意識は強力であるが、他面で、教会の根付き方も、日本とは比較にならないほど大きい。

＊これを、日本およびアジアでは、タテの関係（縁（血縁）あるいは親の情・甘え・穏やかな愛情）を重視し、欧米では、ヨコの関係（性愛を中心とする夫婦関係、また人為的な隣人愛）を重視するという区別（小此木啓吾氏）と関連付けることもできよう。

④ **(所有・財産感覚)** 落し物（財布など）の帰趨に関する日米での相違研究（West教授（ミシガン大学））（同教授は、警察などの保安システムの制度的理由に求めるが、（吉田）は、ヨリ法文化的なところにも理由があると思う。アメリカでは落し物を誰かが持っていってしまう）。また、災害の場での略奪は、何故東アジアでは起きないのか（例えば、四川大地震で、都江堰の中国銀行が倒壊し、その散乱紙幣の盗難はなかったとのこと。Cf. 東北大地震では、一部盗難は出ているようだが）。……この相違は、所有観念の強さにもよるのか、それとも静的財産帰属秩序にも関わる。Cf. 川島博士は、前近代法では、所有観念が弱い（例えば、隣地の柿を取って食べる）ことを強調したが。

⑤ **(社会的規律の仕方)** 日本では、個人的な権利義務の問題に還元せずに、集団的・全体的な規律として考えやすい。例えば、「赤信号皆で渡れば怖くない」的感覚（他者の行動を気にしながら行動する）（Cf. アメリカのjay walkerは、自己のリスクの下に行うという個人主義から来ている。赤信号での車の右折もリスクがないからという合理主義から）。また、喫煙事情も近年大きく変わったが、他者（受動喫煙者）への配慮からというのではなく、JRのルールが、大学のルールが変わったから、規律するという行政的な規律が前面に出る（Cf. アメリカでの膨大な訴訟）。

⑥ **(帰責のイメージ)** 「帰責」は法的思考の核心的なものとも言えようが、ときにコミュニティ的な規範と齟齬を来す（例えば、1980年代の隣人訴訟の例が有名だが（提訴行動に対するコミュニティ的非難には、「裁判を受ける権利」に損ねるとして、法務省から警告も出された）[19]、卑近な例でも、家族で「風邪を移された」などと帰責を問題にすると、厭な顔をされる）。法文化的相違として、行動的「法と経済学」を使いながら、日米の帰責に関する比較

---

[19] 例えば、星野英一編・隣人訴訟と法の役割（有斐閣、1984）、小島武司ほか・隣人訴訟の研究（日本評論社、1989）。

はじめに

　　法的相違研究も出ている（Mehra 教授（テンプル大学））。わが国の、災害における諦観ないし受忍思想（例えば、岩手・宮城における津波被害者）及び、わが国の災害支援の貧しさも関係するか？
⑦　**（契約の拘束のさせ方）**　債権法の領域に即して言うと、意思の合致による契約的拘束という欧米的発想は、元来弱い。＊もとより、グローバル化の昨今、こうした規律スタイルを普遍化させなければいけないという要請はわかるが……。

　　　しかし元来は、中国の「法三章」的伝統もあり、あまり契約書面も詳細ではなかったということも指摘されて、むしろプロセスを経て（例えば、会食やゴルフなど）、信頼できる契約関係に入っていく。そしていったん信頼関係ができれば、契約の拘束力は欧米よりも強いとされる（星野教授）[20]。
　　＊もっとも、1990 年代後半から、雇用市場などの構造が大きく変化し（非正規雇用の急増[21]）、セーフティネットも崩れ、終身雇用制なども、部分的な制度と変貌している。そうなると、アメリカ式の契約的規律の場面は急増しているということも言えようか。
⑧　**（紛争解決メカニズム）**　わが国では、伝統的に、共同体内部では、コミュニティの仲介者（go-between）が、有効に機能してきて[22]、それが、法廷外の解決（和解、示談、調停など）の重要性という現象を生んできた。それに対して、アメリカでは、それが不在で、その分「法廷」に持ち込まれるということになる（たばこ訴訟、アスベスト訴訟などの混乱状況は、アメリカ社会における権利主張の極端さの表れか）（グレンドン教授）（ハーバード大学）[23]。

・近時の法化（法現象のアメリカ化）の進行とともに、こうした日本固有法の

---

[20]　星野英一「日本人の法意識——一民法学者からの問題提起」同・民法論集 7 巻（有斐閣、1989）（初出、法社会学 37 号（1985））。
[21]　例えば、湯浅誠・反貧困（岩波書店、2008）21 頁以下によれば、1997～2007 年で、非正規労働者は、574 万人増加し、逆に正規労働者は、419 万人減少した。
[22]　川島武宜・日本人の法意識（岩波書店、1967）。
[23]　See, e. g., Mary Ann Glendon, Rights Talk: The Impoverishment of Political Discourse (Free Press, 1991).

特質は、相対化し見えにくくなっていると思われるが、しかし無視できないことでもあろう。また、日本社会の中にいると、忘れがちになるが、アメリカの日本法研究者などと議論すると、わが国の法状況の特殊性に気付かされたりする。

2. 債権総論の民法上の位置づけ

・債権総論は、2つに大別できて、前半は、責任法（債務不履行法・契約責任法）であり、包括的制度である。もっとも、最初の方の規定等は、いわゆる（不動産）引渡し債務を念頭にしている規定が多い（民法400条、401条、483～485条など）。＊平井教授は、この点をとらえて、民法は、引渡債務をベースにできているが、今後は、行為債務にも焦点を当てるべきことを強調し（平井19-20頁）、同著作の特徴的な視角となっている。

　他方で、後半は、多くが金銭債権に関するものであり（平井10頁、18頁。同旨、星野11頁）、金融取引〔銀行取引〕に関する諸制度である。＊それゆえに、『金融法』と称したこの分野の教科書も存在する[24]。

　すなわち、金銭債権に関する金銭消費貸借（民法587条～）、消費寄託（民法666条）を巡る具体的制度を扱う（一見、抽象的なようだが、そうではない。利息債権（民法404－405条）、債権譲渡（466条～）、弁済充当（488条～）、相殺（505条～）、債権の準占有者に対する弁済（478条）、供託（494条～）など、皆金銭債権に関わる）。＊因みに、このような「債権総則の総則性」に対する疑問を初めて出したのは、来栖博士である[25]。

　そして、金銭債権を担保する人的担保（連帯債務（民法432条～）、保証債務（446条～））、そして物的担保（担保物権法）が、密接な関係を有しており、機能的には、まとめて履修することが望ましい。またこの分野は、民事執行との繋がりが深い。

---

(24)　例えば、鈴木禄弥＝清水誠編・金融法（有斐閣、1975）。
(25)　来栖三郎「法律家」末川還暦・民事法の諸問題（有斐閣、1953）〔来栖著作集Ⅰ法律家・法の解釈・財産法（信山社、2004）52頁〕。民法総則が無造作に家族法に適用されないし、債権総則も一切の債権に適用されるわけではなく、契約総則（例えば、解除）も、継続的契約には適用されないとする。

はじめに

・星野教授は、民法典の「モザイク的構造」を指摘され、様々な性格の規定が含まれるが、それは以下の3つに分けられるとされる[26]。すなわち、

　第1　に、一方で、生産・分配等に、関わる具体的な社会的・経済的活動（取引活動）の規律（……各種契約、担保物権、用益物権。ここでは、社会・経済体制の変化に応じて、指導原理も内容も変わるとされる）、

　第2　に、他方で、抽象的・総則的な制度（……法人、条件・期限、時効、解除、弁済、契約の成立、所有権。指導原理の変化とは関係しないとする）、

　第3　に、第1ともオーバーラップするが、その中間的な裏側の制度（……不法行為、不当利得、物権的請求権など）とされる。

　……こうしたグルーピングとの関係では、債権総則の規定は、一見第2グループのようだが、必ずしもそうではない。すなわち、債務不履行の規定は、第3グループであるし、金融取引法に関する規定は、第1グループに属すると言えよう。

・日本の現行民法は、旧民法（ボアソナード民法）と違い、フランス式の編別（インスティッチオーネンシステム）（人、財産、財産取得方法等という編別）ではなく、ドイツ式のパンデクテンシステム（総則、物権、債権等という編別）を取っており、債権総論では、大体「債権総則」の部分の規定を学ぶと言ってよいが、債権各論の契約のところの「契約総則」と、「債権総則」や「民法総則」との関係は、必ずしも明らかではない（平井9頁では、「債権総則は契約総則と言ってもそれほど大きな誤りではない。」とする。因みに、台湾民法では、スイス法の影響を受けて、日本では契約総則に規定する「契約の成立」に関する規定を債権総則（同国の債権通則）に規定するし（台湾民法153条以下）、「代理・表見代理」についてもそうだし（同民法167条以下）、「事務管理・不当利得・不法行為」についてもそうである（同民法172条以下）。さらに、債務不履行のところでは、損害賠償とともに「解除」も規定する（同民法254条以下）。規定の構成の仕方という点で、参考になる点が多い[27]）。要するに、金融取引などの契

---

[26]　星野英一「民法典の意義――民法典からの出発」同・民法論集4巻（有斐閣、1978）（初出、1974）。

[27]　機能的に類似する規定の構成・編成の仕方に関する日台民法の比較については、例えば、陳自強「台湾民法の百年――財産法の改正を中心として」北大法学論集61巻3号（2010）936-939頁参照。

約に関わる規定という意味では、相互にオーバーラップしている。

　なおこの点で、近時の債権法改正は、ヨリ機能的に契約法に関する総則規定としてひとまとめにする如くである。これらは、ヨーロッパ統一の契約法立法と通ずるが、その限りでは、妥当な動きであると思われる（吉田）（私は実質的内容重視の機能主義に好意的であり、あまり不毛な体系論は振り回したくないというスタンスである）。もっとも、この点に関しては、従来の体系を志向する民法学者もいて、帰趨は予想できない状況である。本講義では、一方で債権総論に関する（広い意味での）契約法規定を機能的に講義したいが、他方で、便宜上現行の民法の編成に従い講義する必要性も感ずるので、その折衷というところで妥協する（例えば、通常の債権総論の講学上の語り方とやや違うのは、せめて債務不履行に関する解除くらいは併せて講ずることにするくらいである）。

＊ヨーロッパなどの国際的な契約法統一の動き[28]

　近時の債権法改正の議論にある意味で最も影響を与えている動きとして、比較法的な債権法（契約法）統一の動きがあると言えるが、それは例えば、第1に、ウィーン売買条約（国際物品売買契約に関する国連条約）(United Nations Convention on Contracts for the International Sale of Goods [CISG])（1980年成立、1988年発効。日本は、2008年に加入し、2009年に効力が生じた）、第2に、ユニドロワ国際商事契約原則（UNIDROIT Principles of International Commercial Contracts [PICC]）（1994年に条文・解説を公表し、2004年、2010年に対象を拡大する）である。また第3に、ヨーロッパにおける契約法統一の動きとして、ヨーロッパ契約法原則（Principles of European Contract Law [PECL]）（1995年に第1部、2000年に第1部の改訂版と第2部、2003年に第3部が出る）、及びヨーロッパ私法の原則、定義、モデル原則（共通参照枠草案）(Principles, Definitions

---

[28] これについては、例えば、ペーター・シュレヒトリーム（内田貴＝曽野裕夫訳）・国際統一売買法——成立過程からみたウィーン売買条約（商事法務研究会、1997）、曽野和明他訳・UNIDROIT 国際商事契約原則（商事法務、2004）、（オーレ・ランドー他（潮見佳男ほか監訳）・ヨーロッパ契約法原則ⅠⅡⅢ（法律文化社、2006、2008）、川角由和他・ヨーロッパ私法の動向と課題、ヨーロッパ私法の展開と課題（日本評論社、2003、2008）、潮見佳男・契約法理の現代化（有斐閣、2004）など参照。

はじめに

and Model Rules of European Private Law: Draft Common Frame of Reference [DCFR]）（不法行為や信託もカバーしつつ、私法に関する条文形式の準則、解説。2008 年に暫定版、2009 年に完成版）があるが、それらの体系としては、上記のようなことが指摘できる。

　ただ、わが民法改正の理由としては、別のことも挙げられて（市民のための民法にするなどと言われる）、必ずしも趣旨ははっきりしないところがあり、これまでの民法改正とタイプの異なる改正であり、他方で、ウィーン条約自体には加入しており、ヨーロッパには、欧州連合という特殊の事情もあるわけだから、どの程度こうした動きに従う必要があるのかは、具体的中身に即した慎重な検討が必要だと言えるであろう。

【Q0-1】債権法の個別の論点を勉強していく際に、それらを横断的、総論的に分析する視座としてどのようなものがあるかを考えてみなさい。

【Q0-2】債権総論で勉強する諸制度は、民法の様々な性格を有する諸制度の中で、いかなる特徴を有しているかを説明しなさい。

【Q0-3】比較法的な契約法統一（債権法統一）の動きに対して、わが国はどのように臨んだらよいのかを考えなさい。

（以上については、勉強が進んだ段階で、復習的に考えなさい。）

（文献紹介）

　我妻栄・新訂債権総論（民法講義Ⅳ）（岩波書店、1964）……がっちりとした、従来の通説理解の必読書。

　川島武宜・債権法総則講義第一（岩波書店、1949）……近代法理論に特徴がある。当時としては、例外的なフランス債権法への着目等、刺激的な著作である。

　柚木馨＝高木多喜男・判例債権法総論（補訂版）（有斐閣、1971）（初版、1951）……ある意味で伝統的通説の代表作。

　於保不二雄・債権総論（新版）（法律学全集）（有斐閣、1972）（初版、1959）……これも通説の代表作。

　鈴木禄弥・債権法講義（4訂版）（創文社、2001）（初版、1980）……体系を

崩してあるところに特徴がある。

星野英一・民法概論Ⅲ（債権総論）（良書普及会、1978）……起草者意思に留意して、叙述も利益考量論的な特徴がある。

沢井裕・テキストブック債権総論（有斐閣、1980）……コンパクトな良書。

松坂佐一・民法提要債権総論（4版）（有斐閣、1982）（初版1956）……我妻著に内容は類似するところが多い。

林良平＝石田喜久夫＝高木多喜男・債権総論（改訂版）（現代法律学全集）（青林書院新社、1986）……通説の代表作。

奥田昌道・債権総論上（筑摩書房、1982）、同下（筑摩書房、1987）（現代法学全集）（増補悠々社版、1992）……文章は読みやすい。

倉田卓司監修・要件事実の証明責任（債権総論）（西神田編集室、1986）……実務家による証明責任の叙述に特徴がある。

平井宜雄・債権総論（2版）（弘文堂、1994）（初版は1989、その元の講義案は、1985）……随所に法理の刷新がある。

安達三季生・債権総論講義（信山社、1990）（4版）（2000）……独特の概念的記述がある。

前田達明・口述債権総論（第3版）（成文堂、1993）（初版、1987）……叙述の仕方に特徴がある。

そして、平井教授のものの後には、以下のようなものが出ている。またこの頃から、意識的な平易化教科書が出されるようになる（例えば、内田・大村著等）。

北川善太郎・民法講要Ⅲ（債権総論）（3版）（有斐閣、2004）（初版、1993）……この分野の大家によるものだが、引用があまりないのが残念であろう。

内田貴・民法Ⅲ（債権総論・担保物権）（3版）（東京大学出版会、2005）（初版、1996）。

中田裕康＝高橋眞＝佐藤岩昭・民法4債権総論（有斐閣、2004）……このシリーズとしては、充実しているだろう。

加藤雅信・新民法体系Ⅲ債権総論（有斐閣、2005）……全体として、クラシカルなところがある。

潮見佳男・債権総論Ⅰ（2版）（信山社、2003）、同Ⅱ（3版）（信山社、2005）

はじめに

（初版、1994）（講義案、1991）……関西のこの分野の論客の著作で、力作であろう。やや冗長なところもあるが、自説がきちんと書かれているのは良い。なお、同教授のものとしては、新版注釈民法(10)Ⅱ（有斐閣、2011）の民法415条、416条の箇所も欠かせない。

平野裕之・債権総論（2版補正版）（信山社、1996）（初版、1994）。

内田勝一・債権総論（弘文堂、2000）。

淡路剛久・債権総論（有斐閣、2002）……叙述に安定感があるし、読みやすい。

川井　健・民法概論3 債権総論（有斐閣、2002）（2版補訂版、2009）。

大村敦志・基本民法Ⅲ 債権総論・担保物権（2版）（有斐閣、2005）（初版、2004）。

渡辺達徳＝野澤正充・債権総論（弘文堂、2007）……文献等の引用にやや偏りを感ずる。

角紀代恵・債権総論（新世社、2008）。

本田純一＝小野秀誠・債権総論（新・論点講義シリーズ）（弘文堂、2010）……司法試験問題にも言及があるユニークさもあるが、文献の引用もなされている（繁閑もあるが）。

中田裕康・債権総論（新版）（岩波書店、2011）（初版、2008）……近年の本格的教科書。その丹念なフォローぶりは群を抜くが、オリジナルな叙述はやや地味か。

第1部　債務不履行責任等（債権総論前編）

1．債権の意義
(1) 定　義
「ある者（債権者）が、別の者（債務者）に対して、特定の行為〔作為・不作為。ドイツ法的には、「給付」（Leistung）とも言われる〕を請求する権利」である。
＊現行法では、このような定義規定は意識的に排したが、旧民法財産編293条2項では、与える債務、なす債務（なさざる債務）という、フランス法的な整理による定義規定があった。

(2) 性質――物権との対比
① 相対性、② 排他性がない、③ 物権の優先（「売買は賃貸借を破る（Kauf bricht Miete. 何故か従来よくドイツ語が使われる）」のローマ法的格言）、④ 金銭債権の場合の債権者平等の原則（かつては、これが一般原則として、強調されていた（我妻77頁、79頁など）[29]）。
＊債権法と物権法と分化自体も、初学者にはわかりにくいであろうが、それは私的所有権と契約法との分化に対応していると一応は理解しておけばよい。ただ、講学的には、所有法で学ぶ物権変動は、契約各論の売買法と密接不可分だということも押さえておこう。
＊なお、かつては、債権には、不可侵性がないなどとされることがあったが（平井2頁参照）、これはドイツ的な物権・債権峻別の原理（そして、債権は、相対性ゆえに、債務者によってのみ侵害され、第三者には侵害されないなどとされる）によるもので、特殊ドイツ的理解であり、あまり影響される必要はな

---

[29] この批判の嚆矢は、鈴木禄弥「『債権者平等の原則』論序説」法曹時報30巻8号（1978）1199頁。吉田邦彦・債権侵害論再考（有斐閣、1991）651頁などは、これを拡充させた。なお、中田裕康「債権者平等の原則の意義――債権者の平等と債権の平等性」法曹時報54巻5号（2002）参照。

い。わが国は、ドイツ的な債権・物権の区別を継受していない[30]し、あまり峻別論にかかずらう必要はないだろう[31]。

＊また昔ローマの頃は、物権のみ、譲渡性があるとされたことがあったが、債権が法鎖とされた頃の過去の議論であり、民法466条は、それを窺わせる規定である（債権譲渡のところを参照）。

・しかし、その修正がなされた。例えば、――
　(i)　第三者の債権侵害による不法行為。――契約の対抗力論。……従来は、債権の相対性を貫徹するドイツ法的な立場に偏り過ぎていた。「債権にも不可侵性がある」と言われる。一般論としてはもう大正初期に決着したが、（その後も、日本独特の自由競争観から、契約侵害は許容されていて、）実質的にそのように考えられ始めたのは、1980年代後半から（後述）。
　(ii)　不動産賃貸借（ボアソナードは、これを物権としている〔ボアソナード草案370条、そして、旧民法財産編350条〕[32]）における特別法（民法605条は、空文化しているので、建物保護法１条（明治41(1909)年）、借家法１条１項（大正10(1921)年）（これらは、平成３(1991)年の現借地借家法10条・31条で、統合された）＊賃貸借の基本的なところなので、契約各論に詳細を譲る）、また、（判例）は、これによる妨害排除を認める（後述）。……物権は、アプリオリに債権に優越するという原則の修正。

(3)　「請求権」（Anspruchの訳語）との異同

・本来、渾然一体であった実体法と訴訟法のドイツ法における分化に伴い、私権と訴権とを架橋するものとして、導入された（とくに、Windscheidによる）

---

(30)　この点は、吉田邦彦・前掲書14頁以下参照。日本法が、起草時に継受していたのは、イギリス的な right in rem/right in personam であり、両者は、オーバーラップしている。

(31)　この問題について、赤松秀岳・物権・債権峻別論とその周辺（成文堂、1989）など。

(32)　これについては、小柳春一郎「ボアソナード草案とフランスにおける貸借権物権論(1)～(4)」山梨大学教育学部研究報告37～40号（1986～1989）、星野英一「日本民法典及び日本民法学説におけるＧ・ボアソナードの遺産」（加藤古稀）現代社会と民法学の動向（下）（有斐閣、1992）72頁以下。

(奥田論文[33])。
Cf. フランス法、英米法。
＊このような歴史的意義があった概念であるから、債権と請求権との差異などはあまりなく、あまり神経質になる必要はないことになる。

(4) **債権関係の特質**
① 一方で例えば、我妻博士は、信義則により支配される協同体という見方を示す（我妻[8][20]）（共同目的に向かって、協力する一個の共同体とし、ここには、ドイツの共同体理論の影響がある）のに対し、② 他方で、川島博士は、対立関係──理性的関係を強調する。

(検討)
・契約関係の性質によるだろうが、現代社会における関係契約（継続的契約）の重要性の閑却に鑑みると、①的な捉え方が再考を要する。……星野教授も、この点で、「取引におけるミニマムの倫理」（信義則）の支配（とくに継続的契約の場合）を指摘する（星野8頁）。

＊**共同体論の多義性**
共同体論は、概して、近代法論者が、戦時中の前近代への反省から、嫌うという論調が強かった。しかし、その中身は多義的で、分けて考える必要があり、一律に排除すべきではなくて、その主張の中には、現代的要請に添うものがあることを押さえておくことも必要であろう。
例えば、第1に、集団主義的な発想は、現在でも強く、それに対する個人主義の抑圧ということには、常時警戒が必要であろう。それに対して、第2に、共同体的連帯の意味で、弱者保護的な意味ならば、必要な考量であろうし（長期不況が続き、社会の格差化が進んでいるならば、益々そうであろう）、第3に、長期的・関係的・継続的契約においては、その関係性ゆえに、例えば、解除や損害賠償などで、独特の配慮が必要だという意味での契約当事者の共同的考慮ということもあってよいだろう（前述）（こういう場合に、対立構造を説くことは

---

(33) 奥田昌道「ヴィントシャイトの『アクチオ論』」法学論叢63巻3号（1957）〔同・請求概念の生成と展開（創文社、1979）所収〕。

第1部　債務不履行責任等（債権総論前編）

異様だろう）。

> 【QⅠ-1】債権と物権との相違について、古典的にはどのように捉えられ、それはどのような修正を受けているのだろうか。そこにおいて、比較法的には、どのような影響があったかなどを論じなさい。
> 【QⅠ-2】請求権という用語が、使われるようになった背景を説明しなさい。
> 【QⅠ-3】近代債権法モデルとの関連でかねて批判されることが多かった、共同体論には、いかなる現代的意義があるのかを考えなさい。

2．債権の内容

＊民法では、「債権の目的」（民法399条以下）と書かれてあるが、ミスリーディングである。これは、フランス語のobjetの訳語であり（英語ならば、object）、「目的物」の意であり、いわゆる「目的」（purpose）ではない。ここでは誤解無きように、「内容」として進める。――余談ながら、日本語は、英語と違って厳密性に欠けるところがあり（よく川島博士が言われたことである。日本語のみならず、中国語や韓国語などでもこういう問題はあるかもしれない）、他方で、法律学（民法学）は、厳密に進めるべき分野なので、誤解無きように、用語を明晰に使っていくという姿勢が求められるであろう。

2-1　債権の内容の要件

(1)　契約（法律行為）の要件　＊詳細は、民法総則ないし契約総則に譲る。
・通常言われるのは、①適法性、社会的妥当性、②可能性、③確定性が説かれる。
・原始的不能論――②との関連で、従来から多くの議論がある。その意味は、「債務発生以前に不能になる」ということで、この場合には、債務は発生しないとされてきた（次述）。……イェーリング（R. von Jhering）に始まる「契約締結上の過失（culpa in contrahendo）」による責任の議論も、これを前提とする。また、瑕疵担保（民法570条）の性質論における伝統的通説の法

2. 債権の内容

定責任説などもこれに関連する。

　（例）　軽井沢やニセコで別荘を買おうとして、売買契約締結以前に、火事で燃えてしまったという場合（不老不死の薬の売買などのようにおよそ性質上不能のものも仮想的にはある）。こうした場合に、現地への交通費や家財道具の購入など、契約成立前の損害について、賠償の余地を認めるのが、「契約締結上の過失」の議論である（伝統的には、履行利益までは認められないにしても、信頼利益の賠償請求はできるとされる。後述）。

・（通説）（我妻・各論上80頁以下など）は、債権成立時における不能（原始的不能）の場合には、債権不成立・無効だとする。

　Cf. 後発的不能（履行不能）は、債務不履行法の問題（損害賠償なり、解除なりになっていく）。

　……これは、ローマ法の厳正契約に関する法理としての「何人も不能により義務付けられない（impossibilium nulla est obligatio）」の原則（i.n.o.の原則）を継受したドイツ法（改正前のBGB（ド民）306条）の立場を継承したものである（磯村論文）[34]。

　＊もっとも、フランス法にも目的物滅失の場合には、無効とする規定があり（フ民1601条1項。旧民法財産編322条も同旨である。因みに、フランス法系では、他人物売買でも、〔公序良俗に反して〕無効とするくらいである（フ民1599条。旧民法財産取得編42条参照））、日本民法には明文はないが、この点は、広く共有された法理とも言える。

・しかし、これに対しては、「原始的不能のドグマ」（なお、瑕疵担保の領域で議論される「特定物のドグマ」〔民法483条なども引用しつつ、「瑕疵ある特定物の場合、その物の給付で債務は終わる」という考え方〕も関連する）として、比較法学者（Rabel教授ら）があり、国際統一売買条約（ハーグ条約（1964年）、ウィーン条約（1980年））では、これと異なる立場がとられる（その後、ヨー

---

[34]　磯村哲「I.n.o.原則の形成とその批判理論」（石田（文）還暦）私法学の諸問題・民法（有斐閣、1955）。その後の研究としては、廣瀬克臣「原始的不能論前史(1)(2)」法学新報84巻4＝5＝6号、7＝8＝9号（1977～78）、前田達明「原始的不能についての一考察」（林還暦）現代私法学の課題と展望 下（有斐閣、1982）、下村正則「原始的不能法に関する一考察」阪法136号（1985）、田中宏治「原始的不能と契約無効」阪法48巻5号（1998）など参照。

ロッパ契約法原則4：102条も同旨である。そして、ドイツ民法も、2001年にその方向に修正された（現行ド民311a条））。──すなわち、「後発的不能」と区別せずに、債務不履行として扱う。いわば当事者意思を重視する考え方であるが、わが国でも、そのような立場は、有力に出されている（北川教授など[35]）。

（検討）

債権債務の入口のところを広く考えるという有力説の立場で良いのではないかと思うが、契約交渉に関する付随義務論が展開してくれば、結局従来的立場でも実質的に大差ないのではないか。

他方で、関係契約的には、当初の合意で処理できない事情が、事後的に生じた場合の対応に関する契約修正問題には、ここでの新展開は関わっておらず、結局意思主義的という限りで、古典的（少なくとも、新古典的）アプローチに止まることには、留意しておきたい。

・③（確定性）との関連では、契約締結時に確定していなくとも、「確定的な意思表示」があり、その後何らかの方法で確定していればよいとされる。……（判例）で、確定性・具体性がないとして、債務を否定したものとして、ゴルフ場建設工事中のゴルフクラブ入会契約で、「プレー的魅力があり、戦略性に富む名門コース」とした事例がある（最判平成9.10.14判時1621号86頁）。

(2) 法定債権の場合には、当該規定の要件の問題になる。
(3) 金銭評価できない債務の取扱い（民法399条）。──沿革的・歴史的意義を有するにとどまり、意思解釈の基準に止まる。

＊民法399条の規定の背景──ユニークなボアソナードの立場の否定

民法399条は、ドイツ民法第1草案理由書の影響を受けて、旧民法財産編323条の立場を修正したものである。すなわち、ボアソナードは、旧民法では、

---

(35) 北川善太郎・契約責任の研究（有斐閣、1963）347頁以下、星野Ⅳ 51-52頁。また近時では、能見善久「履行障害」別冊NBL51号・債権法改正の課題と方向（商事法務研究会、1998）145頁以下、また潮見Ⅰ 45頁、加藤 65頁。なお内田 25頁以下も同旨だが、信頼利益の賠償に限る。

教師・医師・弁護士などは、金銭に評価できず、報酬の対象とならないとする理想主義的な立場をとっていた。つまり、そういうものは、法的債務の問題ではなく、自発的な弁済に委ねるというわけである（星野12頁も参照）（もっとも、フランス法では、一般的にローマ法の継承として、伝統的にこうした立場がとられていた）。

　こうした彼の理想主義は、時効制度における道徳の強調（それゆえに例えば、援用要件の規定）、物権変動における取引安全の保護を善意の第三者に限定するなどとも関連するが、精神的価値を金銭評価の対象としなかったわけであるが（なお、ドイツ、ロシアにおける慰謝料は未だに消極ないし限定的である）、現行法は、それを現実的な形で否定して、この問題についての債務の範囲を拡充したわけである。

＊社会徳義上の契約
　これとは別に、「デートする約束」「情婦とのベッドにおける約束」などは、「社会徳義上の契約」等とされて、一般的に法的拘束力は否定される（詳細は、民法総則、契約総論参照）。

・なお、民法399条の適用の（判例）としては、「永代常念仏を行うべしとの契約」を有効としたものがある（外形上の行為については、法律上有効で履行義務があるとするが、一心になすべきことを強要することはできないとする）（東京地判大正2年(ワ)922号（年月日不詳）新聞986号25頁）（土地贈与契約にリンクして、処分禁止及び祖先の追福を祈るための永代常念仏を東京市浅草区の寿松院（浄土宗）の寺僧に行わせる旨の契約という事例）とされる。
　　……しかし、これは謝罪の法的強制の可否（この点は、最大判昭和31.7.4民集10巻7号785頁〔民法723条と憲法19条との関係が問われる〕）などとも繋がる、399条とは別の次元の問題であろう（同旨、平井15頁）。

第 1 部　債務不履行責任等（債権総論前編）

> **【QⅡ-1】**「原始的不能」法理とはどのようなものか、その背景を含めて説明しなさい。そして近時は、それに対して、どのような批判法理が示されているかも論じなさい。
> （瑕疵担保のところも併せて予習・復習するのが望ましい。）

2-2　債権の分類の仕方

(1)　**フランス民法上の区分**（で、わが国にも導入されたもの）……(i)(ii)。

(i)　「与える債務」(obligation de donner)（フ民 1136 条以下）と、「なす債務」(obligation de faire)（フ民 1142 条以下）。……強制履行（民法 414 条）との関係で、我妻博士により導入されて[36]、後者は履行強制できず、損害賠償のみだとされたりする。

　＊もっとも、わが国では、「引渡債務」と「作為・不作為債務」の区別（平井 19-20 頁はこれを強調する）と同視されてきた感があるが、厳密には、これとは異なる。フランス法では、物権変動における意思主義を採用し（フ民 711 条、1138 条など）、その限りでは、「与える債務」は意味を持たない（「なす債務」とされる）ので（例外的に種類売買における債務に「与える債務」が観念されるに止まる）、「引渡債務」とは同視できないのである（それについては、平井 16 頁参照）。

・（日本流のそれとして、「引渡債務」「行為債務」的に捉えて）その（意義）としては、以下のものがあると指摘される（とくに平井 19-20 頁ほか）。すなわち──
　　① 強制履行における相違（後述）、② 債務不履行要件における相違（次に述べる(ii)とリンクさせて、述べられるので、次述を参照されたいが、結果債務的な行為債務を認めてよいのではないか（吉田）、③ 債権総則規定の妥当範囲（歴史的には、dare（引渡債務）が念頭に置かれた規定だとする）、④ 行為債務の今日的重要性。

---

(36)　我妻栄「作為又は不作為を目的とする債権の強制執行」同・民法研究Ⅴ（有斐閣、1966）（初出、加藤正治還暦（1932））。

(ii)「結果債務」(obligation de résultat) と「手段債務」(obligation de moyen)
……フランスで、20世紀前半にR・ドゥモーグ(Demogue)により提唱され、定着した用語。わが国では、川島博士が着目し(37)、契約責任におけるフォートの立証の中身が異なる。前者は、結果の実現に向けられた債務(例えば、売買、請負)だから、その不達成からフォートがあるとされるのに対し、後者は、注意深く最善を尽くして、行為する債務である(例えば、診療債務、広く委任。また、物の保存義務(民法400条、フ民1137条))から、その注意義務違反が、手段債務不履行のフォートとなる。

＊わが国では、従来かなりの影響力があったが、フランスとの違いは、「帰責事由」要件にリンクして、導入されていた点であり(星野教授ら(38))、これを債務不履行のレベルで導入しようとする(反面で、「帰責事由」は、「不可抗力ではない」という如く、消極的に不可抗力論として、捉えるようにする。従来、帰責事由を過失要件と等置させたのは、ドイツ法の影響ないし近代法の過失責任主義のモデル的普遍化の現れである)ようになったのは、吉田論文(39)以降であり(なお、債務不履行レベルで、この区分を導入した嚆矢は中野論文(40)であり、診療債務のような手段債務の場合には、不法行為の過失の立証と大差ないとされる)、その後こうした立場が、一般化している(例えば、淡路16頁、116頁)(ヨーロッパや国連の統一法の動きも同様である。例えば、UNIDROIT 2010, 5.1.4)。

＊詳しくは、債務不履行のところでも、再論する。

---

(37) 川島武宜「契約不履行と不法行為との関係について」同・民法解釈学の諸問題(弘文堂、1949)所収(初出、「同(3・完)」法学協会雑誌52巻3号(1934)486頁注7)。
(38) 例えば、星野57頁、奥田164頁以下。また平井17頁も、同様の立場をとりつつ、消極的立場をとる(これは、川島武宜＝平井宜雄「契約責任」経営法学全集18 企業責任(ダイヤモンド社、1968)のある種の改説である)。
(39) 吉田邦彦「債権の各種——『帰責事由』論の再検討」民法講座別巻2(有斐閣、1990)〔同・契約法・医事法の関係的展開(民法理論研究第2巻)(有斐閣、1993)第1章に所収〕。
(40) 中野貞一郎「診療債務の不完全履行と証明責任」同・過失の推認(弘文堂、1978)(初出、現代損害賠償法講座4(日本評論社、1974))。

(2) 日本民法上の区分……(iii)(iv)(v)（民法400～411条）
(iii) 「特定物債権」と「種類債権」
(iv) 「金銭債権」と「非金銭債権」
(v) 「可分債権」と「不可分債権」
　……次述。

(3) その他、ドイツ法的区分……(vi)「給付義務」と「付随義務」「保護義務」という分類。契約責任の拡大（「債務」概念の拡大）現象と関係する。
＊これも後述する。

> 【QⅡ－2】結果債務・手段債務の導入の仕方の変化を指摘し、それにより、契約責任の要件論の構造がどのように変化してきているかを説明しなさい。
> （債務不履行の勉強が進んだ段階で、復習としても検討しなさい。）

2－3　特定物債権と種類（不特定）債権
(1)　区別の意義
・両者の区別の意義としては、①「履行不能」の有無（履行不能になれば、損害賠償、解除、危険負担の問題が出る）、②危険の移転（特定物売買の場合における債権者主義〔民法534条1項、2項（不特定物の確定）〕）、③善管注意義務（民法400条）、④所有権の移転（民法176条における（判例））、⑤その他、履行地における特則（民法484条）（特定物の場合には、債権発生時の存在場所として、持参債務の例外）、瑕疵担保責任（民法570条）の適用の有無（伝統的通説の立場）。

　＊なお、特定債権は、非金銭債権の意味なので、混乱しないように、注意を要する。
　＊種類債権と不特定債権の関係は、後者がヨリ包括的で、その内種類債権は、種類と数量で定められる場合をいう（星野14頁。於保34頁、奥田40頁は、種類債権は、便宜ないし慣用とする）。両者を区別しないこともある（中田34頁は、広義の種類債権は、不特定債権と同義とする）。

＊これとオーバーラップする区分として、「代替物」と「非代替物」の区分がある（「特定物」「不特定物」が契約当事者による基準だが、こちらの方が、世間一般の客観的基準による区別という意味合いがある）。……前者は、商事的取引として重要であり、歴史的には後者から前者に向かっていると概論できようが、後者も関係的・継続的取引として重要性は残り（その場合には、財貨に即した特定的投資がなされる。例えば、トヨタ系列の請負・販売契約、マクドナルドなどのフランチャイズ契約）、また所有権が人格的なものとなる（例えば、終の棲家としての不動産）という意味でも、閑却できない。……① 強制履行の態様に相違が出るし、② 賠償の算定や ③ 解除の要件、④ 契約侵害の不法行為にも相違が出る（前述）。⑤ 瑕疵担保（民法570条）でも、救済法との関連で（つまり、代物請求か、修補請求かの相違が出る）、注目する有力説がある（末弘博士、星野教授など）。

以下、関連規定。

(2) 特定物債権の保存義務（民法400条）──引渡しをなすまでの「善良なる管理者の注意」（善管注意）をもってする保存義務

- 沿革的には、旧民法財産編334条から、フ民1137条に遡ることができ、<u>所有権移転義務に関わる規定である</u>。
- しかし従来は、この規定が一般化されて、広く贈与、売買、賃貸借、寄託などから生ずる債務の債務者の義務の一般的規定とされ（我妻[33]）、本条に違反する場合を、「抽象的過失（culpa in abstracto）」とされ、過失責任の一般的規定とされた（そしてこれを《近代法の一般原則》とする）。

  Cf. 具体的軽過失（culpa in concreto）（「自己のためにする注意義務」）……無償寄託の場合（民法659条）。

  Cf. フランスでは、フ民1137条は、手段債務に関する一般的規定だとされる。善管注意義務は、同条では、「良家父の注意」（soins d'un bon père de famille）という。

- これに対しては、本条の適用範囲を限定すべきではないかとする見解（つまり、賃貸借、寄託、請負などについては、契約の解釈の問題であり、せいぜい同条は補充規定（解釈指針）にはなるとする見解）が有力である（平井21頁。賃

貸借につき、星野教授も 594 条（616 条）によるとされる。星野 13 頁、同・借地借家法（法律学全集）（有斐閣、1969）166 頁）。

（検討）

- しかし、このように広く善管注意義務（過失責任原則）を妥当させてよいのかどうか、自体が問題であり、従来は、善管注意義務違反を「帰責事由」（民法 415 条）と等置させていたこと自体に疑問を投じうる（前掲吉田論文）。
- 「善管注意」の保存義務に関する（判例）としては、生まゆの売買で引渡しまでの間乾燥まゆにして保存するのも、善管注意義務に反しないとするもの（大判大正 7.7.31 民録 24 輯 1555 頁）、家屋賃借人の敷地利用（作業場の建設）が本条の保存義務に反しないとするもの（最判昭和 46.7.1 判時 644 号 49 頁）がある。……上記のような、本条の射程を絞る方向で再検討するという立場に立つならば、売買のような結果債務の場合には、ヨリ厳格な方向で考えるということになろう（吉田）。
- なお、債務者は、履行期の現状のままで引き渡せば足りるとされ（民法 483 条。旧民法財産編 462 条 1 項から来る）、また受領遅滞（民法 413 条）の時には、注意義務は軽減されるとする（通説）。

（3） 種類債権の品質規定、その特定・集中（民法 401 条）

- 品質に関する意思解釈規定（1 項）（中等の品質でとする）。……立法例は分かれており、フランス式（旧民法財産編 460 条 3 項。フ民 1246 条と同様、債務者は、最良品を与え、債権者は、最悪品を受け取る責任はないとする規定）から、ドイツ式に変更したものである。もっとも、実際には通常契約で明定しており、あまり大きな意味はない。
- 種類債権の特定・集中（2 項）。
  ① 〔前段〕：物の給付に必要な行為の完了。……旧民法には無く、ド民 243 条 2 項に倣う。弁済の提供（民法 493 条。ここでは、口頭の提供でもよい）よりも狭く、物の分離が必要とされる（判例）（最判昭和 30.10.18 民集 9 巻 11 号 1642 頁【1】〔本件漁業用タール売買が特定されるに足る売主の行為が問われた〕）。
  ② 〔後段〕：指定権の行使（通説）（Cf. 梅 16 頁では、合意による特定とする）。

- 「特定」が意味するのは、債務者の義務が軽くなるということであり、絶対的責任から、過失責任（善管注意義務違反）になり、他方で、無過失の場合には、免責される（危険負担もない〔債権者主義〕（民法534条））。

  Cf. 関連制度として、(i) 弁済の提供（民法492条）（債務不履行責任の免責）、(ii) 受領遅滞（民法413条、536条2項〔債権者主義〕）、(iii) 危険の移転の要件（民法534条2項〔民法401条2項による「物の確定」とする〕）

  Cf. 制限（限定）種類債権……例えば、この倉庫の中の米100俵。この場合には、「履行不能」がある。

  　選択債権（民法406条〜411条）。……例えば、土地の一部の賃貸借（最判昭和42.2.23民集21巻1号189頁）。債務者に選択権がある。個々の給付に個性がある場合である。

- なお、「特定」した場合に、目的物を変更できるかという「変更権」も、明文はないが、（通説）は取引上相当な場合には、認めてよいとする（我妻[42]、奥田45頁、中田42頁など。判例も同旨である〔大判昭和12.7.7民集16巻1120頁（株式の変更）〕）。これに対して、契約の解釈上認められるだけであるとする見解も有力である（平井27頁）。

＊「種類債権の特定・集中」問題に関するアプローチの相違

　いかなる行為があれば、「特定・集中」があったと言えるかについて、《効果からのアプローチ（実益論的アプローチ）》（星野15-16頁）をするかどうかが問題になる。この場合には、問題となっている効果毎に、例えば、① 義務の程度、② 危険の移転、③ 債務不履行責任からの解放、④ 所有権移転などに即して、類似制度も含めて総合的に考えるということになろう。それともやはり、「概念」から出発する《三段論法（syllogism）ないし包摂（subsumption）アプローチ》なのかという、法解釈方法論的問題に繋がる〔所有権移転時期に関する議論についてもこういうアプローチの仕方の相違が出る〕。

　次述の漁業用タールの事件もそうであるが、一体何が問題になっているかをズバリ意識しながら、事件処理するという意味では、効果アプローチは、法学教育上も捨てがたく、事件の理解もしやすいのではないか（吉田）。もちろん、答案上ないし弁護士の弁論として、どのように展開するかは、別問題であるが……。

第1部　債務不履行責任等（債権総論前編）

＊漁業用タール事件（昭和30年最判）の問題点

　まず、タール事件とは、室蘭市輪西の事例であり、漁業用タール（中小船舶の防腐剤として使われる(41)）の売買（タール2,000トンにつき、見積価格49万5,000円）が、（A→）Y→Xとなされ、X・Y間では、手付20万円が授受され、取立て債務であった（適宜X（債権者）がドラム缶を引渡し場所に持ち込み、タールを受領する。Cf. 持参債務の原則（民法484条））。品質が悪いと言って、X漁協側が受け取りに行かなかったところ、Y側も引き上げ、そうこうする内に、同タールが保管されている製鉄所構内のため池のタールをA（新日鉄）の労働組合員が、処分してしまったというもの。Xは、Yに対して、引渡し不履行を理由に、本件売買契約を解除して引き取り分を控除した手付の返還請求。

　これに対して、原審は、目的物の特定を認め、Yのタール保管における善管注意義務違反を肯定し、タール滅失による履行不能を理由とする解除を肯定し、Xの請求認容。これに対して、Yは上告し、Yは引き渡し準備をし、その通知をXにしており、「履行の提供」（民法492条、493条）をし、債務不履行責任は負わず、他方で、Xは、受領遅滞（民法413条）の責任を負うのであり、Xの解除は認められないとする。

　最高裁は、⑴本件は、通常の種類債権であり、そうであるならば、履行不能ということもなく、他方で、⑵限定種類債権ならば、履行不能にはなるが、品質が悪いから引き取らないというXの理屈は通らず、受領遅滞の責任を免れない。さらに、⑶Yは、履行の提供（言語上の提供）（民法493条）をしたから

---

(41)　これは、室蘭市輪西町3-4-4の光昭寺の橋本昭道住職による。当時は、石炭を蒸し焼きし、コークス、タールなどが出て、室蘭市の3分の1を占める新日鉄（当時は、日本製鉄輪西製鉄所）の敷地にこのような溜池があったのであろうということである。ネット情報では、タールは燃料に使われたとのするものもあるが、誤りであろう。

　因みに、同寺院には、1945年7月の砲艦射撃の犠牲となった韓国・朝鮮人の強制労働者の犠牲者（10代後半で死亡した）の遺骨が長年保管されていて、2008年にソウル江南の奉恩寺で遺骨奉還慰霊祭を行いその遺族返還に、私自身お供したこともある。また同市イタンキ浜（アイヌ語で、お盆の意味）からは1954年10月には、125柱もの中国人犠牲者の遺骨が発見されて、毎年10月には、慰霊祭も行われているが、新日鉄関係の中国人強制労働者の死亡率は、3割を超えている。企業城下町の暗部の問題である。私は、ゼミ生とともに、そうした場所へのフィールドワークにもよく行くのであるが、ご参考までに。

と言って、債務の特定に必要な行為を完了した（民法401条2項前段）とは言えず、Yが善管注意義務を負うとした原審の判断も誤りだとして破棄差戻した。
＊なお、差戻し審（札幌高裁函館支部判昭和37.5.29高民集15巻4号282頁）は、本件タール売買を制限種類債権として、言語上の提供だけで、残余タールの溜池からの分離など給付に必要な行為を完了していないから、まだ特定していないとする。そして、民法400条の反対解釈として、「自己のためにすると同一の注意義務」で足りるとして、義務違反はないとした。

　　☆論点整理すれば、　　　　　　　　　　　　　（差戻し審）
　　1. 種類債権か、限定種類債権か　　　　→　後者
　　2.「特定」があったか否か　　　　　　　→　特定なし
　　3. 引渡しは、「履行不能」か　　　　　　→　履行不能
　　4. 損害賠償ないし解除の可否　　　　　→　否定（解除否定）
　　　（Yの注意義務違反の有無）
　　5. 受領遅滞の有無　　　　　　　　　　→　？

(検討)
1. 個別的には、第1に、差戻し審の注意義務の捉え方に異論を出しうる。すなわち、限定種類債権の特定前の保存義務（注意義務）は、独自に考えることができて、善管注意義務を負うとも解し得る（同旨、北川22頁。中田45頁も、契約の解釈として、同様の方向性を探る）。第2に、受領遅滞の効果として、義務が軽減されて、「帰責事由」ないし「義務違反」[42]はなかったとして、解除を否定すべきではないか。
　　＊「受領遅滞」と「弁済の提供」との関係をどう考えるかは、一つの問題である。この点で、① 両者の効果を同一として、民法413条を弁済提供の効果を債権者から見て規定しただけとする注目すべき有力説（平井教授）があるが（平井173-175頁〔もっとも、契約解釈によりそれを膨らませる余地は認める〕）、② 弁済提供は、債務者の行為で責任から解放される効果が生ずるのに対して、受領遅滞は、債権者の行為の評価であり、この効果は、

---

[42] 伝統的には、民法400条の善管注意義務の問題は、民法415条などの「帰責事由」の問題とされたが、吉田論文（「債権の各種」論文）以降は、「債務不履行」のレベルと捉えるので、このような書き方をする。

民法492条の効果以外のものも含み（ブラックボックスだが）、協力義務など重要となれば、損害賠償、解除もクローズアップされる余地があるとして（例えば、我妻[341]、星野133頁以下）、「受領遅滞」の効果をやや大きく捉える方が、自然ではないか（吉田）。

＊従来は、危険移転の前提として必ず「特定」を問題としていた（それは、民法534条2項の文言からも。その「確定」を「特定」と等置するわけである）。しかし、受領遅滞を別個の危険移転原因として、位置づける（特に債務の種類如何によっては（例えば、取立債務の場合）、そうすることも合理的である）ことは既に指摘されている（新田論文(43)）。

2．本件のアプローチには、どうもわかりにくいものがある。すなわち、本件で、問題とされているのは、解除の可否、延いては、目的物滅失のリスク負担のあり方であり、これに即して考えると、注意すべき着眼点は、《債務者・債権者の行為態様及び帰責性》、ないし《取引のプロセスとの関係での各当事者の目的物に対する支配（コントロール）可能性》である（従って、関連する制度は、「債務不履行」（による解除、損害賠償）、「危険負担」、「受領遅滞」ないし「弁済提供」である）。

ところが、従来の民法学上の議論は、これらを 物の性状に関する「特定」の有無の問題 にリンクさせてきたところに、問題がある（なおこの点で、本条項の「特定」のためには、「分別及びその通知」が必要であることが有力説で強調された〔柚木・民商34巻3号406頁〔ド民243条2項の解釈論を導入する〕。また、同旨、三淵乾太郎・最判解昭和30年度196頁〕（しかし、このようなことを要求するのが、タールの溜池で現実的なのか疑問であろう（吉田））。

＊これは、前記の効果からのアプローチをとるかどうかに止まらず、「正当化のプロセス」「内的正当化」の仕方自体の問題でもある。

3．従って、今後の議論の方向性としては、――

(1) 第1に、「債務不履行」が問題ならば、端的に民法400条の類推適用を議論すればよい。さらには、その注意義務を軽減する意味での「債権者遅滞」（民法413条）を問題とすればよい（「弁済の提供」（民法492条）があれば、もは

---

(43) 新田孝二「種類物売買における危険移転の時期」東洋法学9巻1号（1965）。同論文66頁以下（及び【1】（3版）新田解説）では、昭和30年最判を危険移転の問題としているが、「注意義務」の程度の問題ではないか。

や債務不履行責任は問われない)。ないしは、「過失相殺」(民法418条)ないし「損益相殺」を問題にしてもよい。

(2) 第2に、「危険負担」が問題ならば、民法534条2項の問題(物の確定)として考える(それに同制度の趣旨をモディファイして考える)。また、それとの関連で、「債権者遅滞」(民法413条)を併せて考えればよい。……この点で、民法の規定は、物の特定(民法401条2項)とリンクさせる構造を採っているが、前記見解(新田説)のように、「特定」せずとも、「受領遅滞」から危険は移転したと考える余地はあると考える(吉田)。

(3) なお第3に、「所有権帰属」が問題となるときにも、(判例)は、「特定」の有無を問題としている(大判大正8.12.25民録25輯2400頁【1】(1版)(鱈の売買の事例)が、これも端的に、各取引のプロセスに即した所有権移転時期を問題にすべきではないか(学説上は、代金支払いとリンクさせるものが有力である)。また、民法176条の意思主義に忠実に考えるならば、契約時に既に観念上買主に移転したと考えることも可能である。

> 【QⅡ-3】いわゆる漁業用タール事件において、何が問題になった事件かを明らかにし、それに関わる関連制度を指摘し、判例の立場を批判的に考察しなさい。
> (債権者遅滞、弁済提供などを勉強してから、再度復習しなさい。)

2-4 金銭債権・利息債権

(1) 通 貨

・通貨——強制通用力ある貨幣。なお、硬貨の場合には、額面の20倍まで強制通用力があるとされる(通貨の単位及び貨幣の発行等に関する法律(昭和62(1987)年法律42号)7条)。

　Cf.「電子マネー」は、「通貨」ではない。前払い式証票の規制等に関する法律(平成元(1989)年法律92号)が適用される[44]。また、「地域通貨」も、ここでの通貨ではなく、地域経済の活性化、地産地消等のために、導入さ

---

(44) 詳しくは、森田宏樹「電子マネーの法的構成(1)~(5)(未完)」NBL616号~626号(1997)。

- なお、民法402条1項但書は、契約自由の原則から当然のことであり、旧民法財産編463条3項〔特殊の通貨の給付を無効とする〕を否定する意味があった。また、外国の通貨についても同様（民法402条3項）。

(2) 名目主義と増額評価

- 名目主義（ノミナリズム）——わが国の（判例）は、フランスと同様に、かなりこの立場を徹底する（最判昭和36.6.20民集15巻6号1602頁）。……これは金融政策に関する「政策志向型訴訟」であり（星野・法協80巻2号は、これを意識する）、しかし「訴訟」である限りは、個別的正義性への配慮も優位する（吉田）。
- しかし、その実質的緩和（つまり実価主義（バロリズム））の要件・局面の検討は、今日的に重要である。貨幣価値変動の金銭債務に及ぼす影響であり、事情変更の原則とも関係する。——類型的考察（五十嵐教授、和田教授など）[45]として、①扶養債務、②損害賠償債務（全部賠償の原則からの要請）（東京高判昭和57.5.11判時1041号40頁〔インフレ加算〕）、③遺産分割（評価基準不揃い調整の要請）（最判昭和51.3.18民集30巻2号111頁）（特別利益の持戻しに関し、贈与時の金額を相続開始時の貨幣価値に換算する）などでは、貨幣価値変動を考慮しやすい。
Cf. 消費貸借契約……経済的安定の要請が強い。

＊ドイツでの議論

　戦間期のドイツで盛んにこの問題は議論され（事情変更の原則として、判例も信義則から増額評価を認め、1925年には、増額評価法が成立した）[46]、現代でも、ラテンアメリカ諸国などでは、インフレが激しく、価値主義（valorism）が採られる。

---

(45) 和田安夫「金銭債務と貨幣価値変動(1)～(3・完)」民商法雑誌92巻6号、93巻1号、2号（1985）（比較法研究49号（1987））参照。また、能見善久「金銭の法律上の地位」民法講座別巻1（有斐閣、1990）125頁以下も参照。

(46) 詳しくは、五十嵐清・契約と事情変更（有斐閣、1969）72頁以下参照。

2. 債権の内容

＊補償訴訟と増額評価（Aufwertung）[47]

　近時は、強制連行・労働や慰安婦、虐殺・細菌戦などの、いわゆる戦後補償などに関する訴訟が多く提訴されており、上記のように不法行為事例では、個別的公平処理の要請は高く、しかも戦後数10年経ってからの訴訟であるので、「増額評価」がなされることが求められようが、実際には、この議論に入る前の入口のところ（例えば、消滅時効・除斥期間や国家無答責等。近時は、条約による請求権放棄による）で処理されて、あまり問題は露見していない。しかし本件問題については、積極的に考えるべきものであろう（吉田）。未払い賃金の支払いについても同様に考えるべきものである。

　また、アイヌ民族の共有財産返還についても、北海道旧土人保護法廃止時（平成9（1997）年）に問題とされて（アイヌ文化振興法（平成9（1997）年法律52号）附則3条の手続である）、ここでも名目主義がとられたが、この手続は性質的に補償問題であるので、やはり価値主義（実価主義）が採られるべきものである。

> 【QⅡ－4】金銭債権に関するいわゆる名目主義と価値主義との論拠を論じなさい。その上で、問題になりそうな具体例を検討しなさい。

(3) 利息に関する任意規定

・法定利率（民法404条）……年5分。商事の場合には、年6分（商法514条）。
　この利率は、実際上重要なのは、不法行為法等における損害賠償の算定の際の中間利息控除にも使われていることであり、近時の超低利時代の状況との関係で、（判例）では、控除のし過ぎではないかという点が、問題とされるが、今のところは、法的安定性から、従来のやり方が支持されている（最判平成17.6.14民集59巻5号983頁）。関連してホフマン式（単式）か、ライプニッツ式（複式）の控除をするか（後者の方が、控除額が大きくなる）ということも問題とされている。＊詳細は、不法行為法参照。

---

[47]　これについては、吉田邦彦・多文化時代と所有・居住福祉・補償問題（民法理論研究3巻）（有斐閣、2006）280頁、338-339頁、357頁、450-451頁、494頁参照。同「アイヌ民族の補償問題」関西大学法学研究所ノモス28号（2011）29頁も参照。

第1部　債務不履行責任等（債権総論前編）

　　＊なお、近時の債権法改正では、本規定は、変動制にすることが提案されている。実際上は、大きな変化となろう。
・法定重利（複利）（民法405条）……1年分以上の利息延滞の場合の元本への組み入れを認める（形成権として）（債権者保護）。
　　Cf. フ民1154条ないし旧民法財産編394条1項では、特別の合意ないし裁判所への請求を必要としていた。
・重利の予約（「あらかじめ」の利息組み入れの合意）
　　Cf. 多くの立法例では、これを禁止する（ド民248条、フ民1154条、ス債314条3項）。
　　（判例）（通説）は、毎期の組入れ利息とこれに対する利息との合算額が、本来の元本額に対する1年の利息制限法所定の制限利率による額の範囲内ならば、よいとする（最判昭和45.4.21民集24巻4号298頁）（我妻[57]、於保48頁、奥田55頁等）。
　　これに対して、（有力説）は、ヨリ慎重であり、民法405条を任意規定的に見てよいかに疑問を投じ、同条の要件を満たさない弁済期前の重利の予約の効力を否定すべきだとする（柚木＝高木57頁、平井33頁）。
　　＊任意規定の強行法規化の見方として興味深いであろう。

【QⅡ－5】何故、どのような局面で、法定利率の規定が問題になっているのか、を検討しなさい。

(4)　利息に関する強行規定──利息制限法を巡る法理の変遷[48]
＊本項目のことは、金銭消費貸借に関することとして、契約各論でも本格的に学ぶので、従来債権総論で講ぜられたいきさつから、概要を記すにとどめたい。
＊2006年に貸金法制の大改正がなされ、2010年からはその全面施行がなされているし、近時の判例動向も、極めて積極的であり（例外的な民事における積極司法の一場面）、興味深いが、ここでは、順序を追って、論じてみる。

---

(48)　例えば、森泉章・判例利息制限法（増補版）（一粒社、1978）、小野秀誠・利息制限法と公序良俗（信山社、1999）。

＊旧制度においては、制限超過利息は返還請求できないとする規定（旧1条2項、4条2項）が存在していた。……クリーンハンヅの原則から。

1. この旧制度は、旧利息制限法（明治10(1877)年太政官布告66号）（同2条では、超過分は「裁判上無効」とされる）の下での（判例）（民法708条による）を明文化したもの（昭和29(1954)年制定。法律100号）。……なお、利息制限の定め方は、旧法は、「100円未満で1割5分、100円から1,000円未満で1割2分、1,000円以上で1割」とされていたのが、新法では、「10万円未満で2割、10万円から100万未満で1割8分、100万円以上で1割5分」とされた。その他、2条が利息天引きに関し、3条がみなし利息に関する。
2. 他方で、同時期に成立した出資法（出資の受入れ、預り金及び金利等の取締に関する法律）（昭和29(1954)年法律195号）により処罰高金利利率は、日歩30銭（年109.5％）〔その意味は、1日100円について、30銭（0.3円）の利息を取るということで、0.003×365＝1.095で、年109.5％ということになる〕とされた（3条）。……それ以前の大蔵省銀行局長通達（日歩50銭）より規制を強めたものであるが、それにしても、大きなグレーゾーンを認めるものであった。これすなわち、サラ金問題の背景であった。
3. 昭和30年代から40年代の判例の展開による利息制限法旧1条2項の空文化……債務者保護。ある意味、「虚を衝く」アイデアで、直接的に法1条2項、4条2項に抵触せずに、実質的に空文化を行った。＊当時の判例法の積極性を示すものである。
   (1) 元本充当（民法491条、利息制限法2条）（最大判昭和39.11.18民集18巻9号1868頁）（昭和37年最判の変更である）
   (2) 過払い分の返還請求（民法705条）（最大判昭和43.11.13民集22巻12号2526頁【2】（5版）、法協87巻11＝12号星野、民商62巻3号谷口、ジュリ415号広中、判タ237号吉原）。さらに、一括して払った時にも、「特段の指定」なき限り、返還できるとする（最判昭和44.11.25民集23巻11号2137頁）

（学説）の多数は、これを支持したが、適用法条との関係で、問題があるとされ（民法705条では、知りつつ弁済した場合の処理に窮するとされた）、不法原因給付（民法708条但書）の問題とする説が有力であった（星野、吉原、谷口各

第 1 部　債務不履行責任等（債権総論前編）

評釈など）。

＊星野評釈では、このような判断をしても、「庶民金融の梗塞の危険はない」との政策的見方が、決め手であるとされていることに注意せよ。……利益考量論の法政策的見方との連続性を示すものである。(この点では、広中教授のものでも、当時消費者金融の立法的環境は整備されて、高利貸しに対する厳しい評価がなされ、借主保護の強化が推進されたとし、その分析は、当該訴訟を超えているという意味で、法政策的である。)

4. サラ金業法（貸金業法）（正式名は、「貸金業の規制等に関する法律」（昭和 58(1983) 年法律 32 号）の制定。……同 43 条では、契約書面（17 条書面）、受取証書（18 条書面）の交付を条件として、利息制限法の超過利息の任意の支払いは、有効な債務の弁済とみなすとされる（従来の判例法の修正である）。これに関する（判例）は、同条につき、別段の縮小解釈が行われているわけではなかった（例えば、最判平成 2.1.22 民集 44 巻 1 号 332 頁〔利息・予定賠償金に充当されていることを認識した上での自由意思での支払いで足り、制限額を超え、それが無効であることまで認識している必要はないとする〕）。

　他方で、出資法の限度額（同法 5 条 2 項）の引き下げが進行して（当時は、57.75 ％、そして 40.004 ％、さらには、29.2 ％になる）、刑罰的規制の強化がはかられた[49]。

（学説）は、概して「みなし弁済」規定には、慎重な立場を採っていたが（平井 37 頁はその例）、グレーゾーンがある限りは、従来の利息制限法の（判例）

---

[49]　もともと 109.5 ％が、日歩 30 銭であることは説明したが、どうしてここでの割合が、中途半端に変化しているのかも、日歩で変更されていることによる。既に、貸金業法制定前の昭和 58（1983）年から 73 ％（日歩 20 銭）、同 61（1986）年から 54.75 ％（日歩 15 銭）となり、そして最近まで、40.004 ％（平成 3（1991）年以降）（日歩 10.96 銭）、さらに、平成 12(2000)年改正により、29.2 ％（日歩 8 銭）に引き下げられた。
　なお、日賦金融業者〔日掛け金融〕（西日本、九州などで多いとされる。従来日賦業者には、特例金利規制があった）の場合には、同年改正によっても、54.75 ％である（それ以前は、109.5 ％であった）（同法附則 8 条））。

には限界があるとの諦観もあった。

　しかし、こうした中で、サラ金業者の「中利貸し」の要請を積極的に説く見解（竹内博士）も出された(50)。……貸金業者の場合、（銀行が「預金」によるのに比べて）貸し金調達のコスト、貸し倒れのリスクも大きいから（利用者の信用度の低さ故に）、自ずと利率は高くならざるを得ない。このような状況下で、一律に利息制限法の制限利率を課すことにも無理はあり、同法違反の貸し金をせざるを得ないというような需要、つまり、「中利貸し」の必要性があったのではないか、逆に、同法での低利率の要求は、銀行などの消費者信用への参入を阻止するというマイナスの機能も営んできたとする（24％くらいならば参入できるとの見解もある）。このように、マクロ的な消費者金融への利息制限法の機能という見地から考えると、利息制限法の判例法理（前述3参照）には、批判的に、むしろ貸金業法43条を積極的に受け止めて、利息制限法の判例の運用を排除して、利息請求権まで認めるべきだ（さもないと、債務者の気分しだいで返還の可否が決まり、予測可能性を害するとされる）ともされる（加藤一郎博士も賛同されている）。

＊竹内教授の分析は、やはり、消費者金融一般に及んでいるという点で、法政策的であり、アプローチとしても注目されよう（次述するが、こうしたアプローチは近時希薄である（とくに民法学者）という意味でも、留意すべきである）。ただ当時の出資法の規制基準がなお高い（これには、竹内教授も賛成される）とか、無資力債務者に対する取り立ての厳しさとか、貸金業法の規制が及ばない領域における規制（ここには、前記判例の規制が及ぶ）などの課題も残されていた。

5．その後のサラ金金融規制の厳格化
　(1)　貸金業法の厳格解釈
　　その第1は、貸金業法43条のみなし弁済規定の解釈の厳格化であり、1つに、契約書面（17条書面）、受け取り証書（18条書面）の交付要件に関す

---

(50)　竹内昭夫「消費者金融における金利規制のあり方——利息制限法についての立法的検討」金融法研究3号（1987）10頁以下〔同・消費者信用法の理論（消費者法研究2巻）（有斐閣、1995）に所収〕。その他、同誌における諸議論も参照。

第 1 部　債務不履行責任等（債権総論前編）

る事例として、例えば、最判平成 11.1.21 民集 53 巻 1 号 98 頁（貸金業者の口座への払い込みの場合でも、受け取り証書の交付を要求して、字句どおりの解釈で、消費者保護を図る）、同平成 16.2.20 民集 58 巻 2 号 475 頁（弁済から 20 日余り後に、次回支払いを求める書面で、弁済充当関係の記載をしたことで、18 条の受け取り証書の書面になるかどうかが問題となった。原審では、当たるとしたが、本判決では、18 条書面には、ならないとした）など。

また 2 つ目に、「弁済の任意性」に関する厳格解釈をするものとして、同判決（当時の規制金利（年 40.004 ％）に近い実質年率による利息天引きの事例）及び同平成 18.1.13 民集 60 巻 1 号 1 頁（年 29 ％の利息で 300 万円貸付し、元金・利息支払いを遅滞したときには、期限の利益喪失との特約があった事例）が、法 43 条の「自己の自由な意思により支払ったものと言うことができない」との解釈を示した（これは、平成 2 年最判前掲とは、43 条の任意性に関する異なる解釈態度である）。

(2)　利息制限法の元本充当解釈の新たな展開

その第 2 は、利息制限法に関する元本充当的解釈であり、既に 1960 年代の判例法理の著名な展開は前述したが、近時は、さらに複数の貸付契約をまたいで充当が認められるかということが問題とされている。意思主義的アプローチが採られていて、やや窮屈な印象を受けるが（例えば、最判平成 19.6.7 民集 61 巻 4 号 1537 頁、同平成 19.7.19 民集 61 巻 5 号 2175 頁は充当を肯定するのに対して、同平成 19.2.13 民集 61 巻 1 号 182 頁は否定する）、その後はより柔軟になっているようである（例えば、同平成 20.1.18 民集 62 巻 1 号 28 頁参照）。

(3)　平成 18(2006) 年の貸金規制法の全面改正（グレーゾーンの廃止など）

そして第 3 は、貸金に関する関連立法の大きな改正であり、平成 18(2006) 年改正（法律 115 号）により、「出資法」の規制基準が年 20 ％となり、グレーゾーンは、なくす方向に動くことになった（施行は、平成 22(2010) 年 6 月までの政令によることとされた）[51]。——そして、「貸金業法」上も、利息制限法の規制を超える利息は禁止され、それに違反する場合には、刑罰が科せ

---

(51)　この経緯については、井手壮平・サラ金崩壊——グレーゾーン金利撤廃をめぐる 300 日戦争（早川書房、2007）参照。

られ（法12条の8参照）、「利息制限法」においても、もはや1条2項は削除されて、営業的金銭消費貸借の規定がおかれた（5条以下）。

(検討)
1. 多層的な消費者金融の実態に即した規制と容認の両面から金利を巡る法政策を考えるべきであり、そうなると、従来の利息制限法に関する判例法理をそのまま維持することは難しいであろう（同旨、潮見・各論Ⅰ324頁）。消費者被害の防止に努めることは必要だが、そのようなニーズに応える事業の存続可能性についても相応の配慮をすることも必要であろう。──その意味で、近時の改正からは、保守的に映るかもしれないが、同改正の方が、やや一面的な感は拭えない。

   ＊既に紹介した竹内説と同様の見解が、商法の方では、近時の行動的「法と経済学」の側からも示されている。……「声が大きいマイノリティ」(loud minority) が、プレイヤーたる（過払い金訴訟をする）弁護士、（消費者保護を名目に）判決する裁判官とともに、いわゆる代表性バイアスを起こし、agency 問題を生じさせ、消費者全体の保護要請が見えていない等とされる。医療過誤訴訟とともに、民事における例外的積極的司法領域であるが、医事訴訟についても、同様の分析はできよう。

2. それでは、貸金金利規制推進の背景は何か[52]。(1)サラ金業者・ヤミ金融業者の横行、その実態の悪質さ、多重債務者の悲惨さ、近時の格差社会化（貧困者の増大）及びその矯正の必要性、(2)ヨーロッパ諸国におけるサラ金問題、多重債務者問題の克服の認識（消費者金融は、銀行によりなされている）、(3)クレ・サラ問題対策協議会（1978年～）、クレ・サラ被害者連絡協議会（1982年～）などを通じた関連弁護士の尽力、(4)低利融資は、公共的課題である貧困者対策問題という認識の高まりということであろう。

   悪質な取り立て問題について打開の必要性があり、また公共的低利融資が充実していけば、サラ金・ヤミ金融問題も解決されていくことは誰しも異論がないところであり、近時のサラ金の金利規制の厳格化によるそうした業者の駆逐とともに、低利融資へのアクセス問題があることも忘れてはならない

---

[52] これについては、例えば、宇都宮健児・消費者金融──実態と救済（岩波新書）（岩波書店、2002）参照。

であろう。バングラディッシュのグラミン銀行（1983～。創設者は、ムハマド・ユヌス。銀行及び創設者は、ノーベル平和賞受賞）、韓国の美少金融（ミソ）（2009.12～）などの低所得者向けの公的なマイクロクレジットが求められているということである。

　そうでないと、出資法に拘わらず存在したヤミ金融（出資法違反の金融業者）は、依然存在し続けるのであり、その警察による刑事罰的取り締まりは重要であるが、それも限界があるのが実態である（その実態の指摘として、宇都宮・前掲書92-93頁参照）。――そうなると、一面的に規制が厳格化されても、良心的な「中利貸し」業者は駆逐され、ヨリ悪質なヤミ金融業者は依然として暗躍するという皮肉なことにもなりかねないのではなかろうか。

【QⅡ-6】利息規制のこれまでの変遷について、その規制の多面性に留意しつつ、概観しなさい。
【QⅡ-7】近時の利息規制の厳格化を説明し、その背景を考察し、さらに規制強化には、どのような問題を孕むかについても述べなさい。

3．債務不履行による損害賠償

3－1　総論――通説的見解とその批判
（1）　通説の立場
（要件論）
① 「債務不履行」に関する三分類（履行遅滞、履行不能、不完全履行〔積極的債権侵害〕）（鳩山128頁で既に通説化）。……「不完全履行」は、「民法が明らかに認める観念ではないが、民法415条前段に含まれる」とする（我妻[136]）（具体的には、例えば、(i)コップにひびが入っていた場合、(ii)家具屋が売却家具を買主の家に運ぶ際に、床を傷つけた場合、(iii)ヒヨコの売買で、一部病気を持っていて、買主のオウムに感染した場合など）。
② 「責めに帰すべき事由」（帰責事由）＝債務者の故意・過失又は信義則上これと同視すべき事由（これは、履行補助者の故意・過失の意味とされる）。……主観的要件。

③　不履行の違法性＝同時履行の抗弁権・留置権の不存在。……客観的要件

(効果論)
・損害賠償の範囲──民法416条による。「相当因果関係」の原則についての規定。
　第1項＝相当因果関係原則の立言　　　→通常損害
　第2項＝その基礎とすべき「特別の事情」の範囲を、債務者の債務不履行時における「事情」についての予見可能性で画する（我妻[168]）。→特別損害
　❖「特別損害」＝「特別事情から通常生ずべき損害」とされる（我妻[166]）。

(2)　これに対するその後の批判、問題提起
　……基本的に、(通説)はドイツ民法的解釈をするが、わが民法とドイツ民法とは構造が異なり、そのような解釈をする必要はないという批判。

① 　三分法に対して（川島博士、北川教授[53]）
　わが民法415条は、旧民法財産編383条、さらには、フ民1147条に由来しており、債務不履行について、包括的に規定している。
　Cf. これに対して、ドイツ法は、「不能と遅滞のパラレル構成」（ド民旧280条、旧286条）であり、債務不履行について、2類型の規定しかなかった。そこで、ドイツの学説（とくにシュタウプ（Staubの1902年論文））は、これに漏れた債務不履行類型として、「積極的契約侵害」（positive Vertragsverletzung）として論じて、通説化して、以上の三類型が「学説継受」された（岡松論文[54]）。
・「履行遅滞」に関する民法412条は、旧民法財産法336条が依拠する、フ民1139条の付遅滞（mise en demeure）（督促（sommation）を必要とする）手続を否定するために設けられたもの。

---

(53)　川島89-90頁、北川善太郎・契約責任の研究（有斐閣、1963）6章。さらには、早川眞一郎「不完全履行、積極的債権侵害」民法講座4巻（有斐閣、1985）、中田裕康「民法415条、416条」民法典の百年Ⅲ（有斐閣、1998）も参照。
(54)　岡松参太郎「所謂『積極的債権侵害』ヲ論ス」法学新報16巻1号〜4号（1906）。

第1部　債務不履行責任等（債権総論前編）

- 「履行不能」を民法415条後段で規定したのも、それが前段に含めることができないのではないかとの危惧の解消のために、念のために置かれた（議事速記録23巻150丁）。
  - →従って、「債務の本旨履行」（そしてその不履行）の内容を明らかにすることが重要だとされる（平井48頁）。

＊三分類は無意味か
　それでは三分類は、全く意味はないかというと、そうでもなく、少なくとも第1に、「履行不能」は、本来の債務の消滅という効果を持つという点（帰責事由ある場合に、損害賠償義務として存続する）で、区分する意義はあるとされ（平井48頁もこの立場）、また第2に、「履行遅滞」も区別すべきだという有力説もある（川井66頁以下、中田98頁）。……比較法的コンテクストのドイツ特殊の事情を知っておけば、——理論的には、平井教授のような二分論でよいとも言えるが——整理概念としての三分法も、取り立ててめくじらを立てなくてもよいと言えよう（吉田）。

② 「違法性」要件について——不法行為法と共通の問題
　主観、客観の各要件を対置させて、一般的要件として位置付けるのは、ドイツ特殊の理論である。従って、他の要件（「債務の本旨履行」をしない〔債務不履行〕、「帰責事由」）で賄えるのであれば、重ねて違法性要件を置く必要はなく、「同時履行の抗弁権」「留置権」を個別に問題にすればよいと言える（同旨、平井50頁）。

③ 履行補助者の故意・過失の扱い方
- 「他人の行為による責任」の問題として、——不法行為法上の使用者責任（民法715条）と比較しつつ——債務不履行責任プロパーとは区別して位置づけるべきものである（この指摘は、星野教授以来である。星野62頁、平井47頁など）（詳細は後述）。……なお、従来は、ドイツ法の規定（ド民278条）が参照されているが、日独の不法行為法の規定の相違（ド民831条の免責の容易さ）ゆえに、同一に論じることはできない（フランス法では、フ民1384条5項（免責立証を容易に認めない）を類推する処理がなされている）（落合論文[(55)]）。

＊不法行為法との比較

　どういうことかちょっとわかりにくい向きには、不法行為法と比較すると良いだろう。すなわち不法行為法では、「自身による不法行為」（民法709条）と、「他人による不法行為」の1種としての「使用者責任（被用者の不法行為（民法709条）による使用者の責任）」（民法715条）とを分けて規定している。それとの比較で、「債務者自身による債務不履行責任」は前者に、「履行補助者（その意味は、後述するがさしあたり、被用者類似と考えておこう）による債務者の債務不履行」は後者にあたり、債務不履行では根拠条文が、いずれも415条であるので、従来渾然と扱われてきたが、不法行為で類型的に分けて考えられているように、債務不履行法でも、分けて考えようというのが、上述した近時の傾向である。

④　「帰責事由」の内容について
- （通説）によれば、③の問題を除外すれば、債務者の「過失」と、等置している（過失責任主義）。＊（判例）は、通説と同様に、一般的に過失を要求する（大判大正 10.11.22民録27輯1978頁ほか）。……学説の影響であろう。
- これに対して、その後、フランスの結果債務・手段債務の区分を導入して、二分して理解しようとする立場（すなわち、結果債務の場合には、債務不履行〔履行不能、履行遅滞〕だけで、帰責事由があるとする）が有力に出された（平井（初版）53-54頁（なお、2版では、このような解釈は、トーンダウンしている））。
- しかしさらに一歩進めて考えると、従来の意味での「帰責事由」が要件として必要と考えること自体が問われるべきではないか。──「債務の本旨に従った履行をしない」の判断で、大差ない（しかもこの要件論に、「結果債務」「手段債務」の区分を導入すればよい）とするならば、「債務不履行」要件の問題とするだけで足りる（吉田論文以降[56]）。

---

(55)　落合誠一・運送責任の基礎理論（弘文堂、1979）。
(56)　吉田邦彦・前掲（「債権の各種」）（初出1990。このような見方を東大民法懇話会で示したのは1988年である）。
　　　その後、森田宏樹・契約責任の帰責構造（有斐閣、2002）（初出、1993）（森田論文に対する私の評価は、吉田邦彦・契約法・医事法の関係的展開（有斐閣、2003）66頁参照）、能見善久「履行障害」前掲（1998）、中田・前掲、平野裕之「契約上の『債務の不履行』と『帰責事由』」（椿古稀）現代取引法の基礎的課題

- これに対して、「帰責事由」理解は、むしろ沿革的に見ても、民法415条の基となっているフ民1147条では、「責めに帰すべからざる事由」は、「不可抗力」的なものが考えられているにすぎない。そして、フランスでは、「契約上のフォート」（faute contractuelle）は、債務不履行の問題として扱われている（そもそも、そのような言い方は、20世紀の産物で、プラニオルが不法行為法理の一般化として始まったのであり、フランスでは、もともと不法行為（フォート責任）と契約責任とは区別されていた[57]。この点は、今野論文[58]が、詳論するように、安全債務等の本来不法行為責任の問題が契約責任化されることにより、契約上の債務が曖昧になったということもできるのである）。
  - ＊なお、わが国の「帰責事由」の捉え方として、判例分析から、単純な過失として理解されているのではなく、それより広い。さりとて、不可抗力不存在よりは絞られるという折衷的な立場がとられていた（長尾教授[59]）。……しかしそれでもなお、従来的な要件理解の前提があって、結果債務の場合には、なお狭いと評し得る（吉田）。
    - →このように考えると、むしろ重要なのは、帰責事由要件ではなくて、債務不履行要件のレベルでの判断ということになる。
  - ＊なお、強制履行、危険負担との関係で、「帰責事由」をどう考えるかということも問題だが、前者の場合には、そもそも損害賠償と同様に考える必要があるか、疑問であるし、後者の場合でも、不可抗力的な場合として考えていけば足りるだろう（吉田）。

⑤ 「相当因果関係」論について（平井論文[60]）
- 「相当因果関係」概念が前提とするのは、ドイツの損害賠償法の構造である

（有斐閣、1999）、潮見Ⅰ258頁以下、淡路142頁以下、小粥太郎「債務不履行の帰責事由」ジュリスト1318号（2006）、荻野奈緒「契約責任における不可抗力の位置づけ」同志社法学58巻5号（2006）など参照。

(57) この点については、吉田邦彦「プラニオルの民事責任論と方法論的特色——後世への遺産と時代的制約の比較法的考察」北大法学論集52巻5号（2002）参照。

(58) 今野正規「フランス契約責任論の形成(1)～(3・完)」北大法学論集54巻4～6号（2003～2004）。

(59) 長尾治助・債務不履行の帰責事由（有斐閣、1975）。

3. 債務不履行による損害賠償

「完全賠償主義」であり、それは、日本のそれである「制限賠償主義」とは異なる。
・沿革的にも、民法416条は、イギリス判例法（Hadley v. Baxendale, 156 Eng. Rep. 145（1854年）〔クランク軸の運送契約違反から、それを用いて操業する製粉工場の得べかりし利益の填補賠償が問われた。「契約当事者の予見可能性」要件を設けて、破棄差戻した〕）に由来する。
・従来の「相当因果関係」の問題を、(a)損害賠償の範囲（保護範囲）の問題と(b)その金銭的評価の問題とに区別すべきであることを主張する（平井50-51頁）。……従来は、両者が、渾然一体として扱われてきた。損害の捉え方にも関わり、従来は、差額説的理解であるのに対して、平井教授は、「損害＝事実」説を採る。そうなると、「損害」と「(特別)事情」との区別も、意味を失う（平井97頁参照）。
　＊なお、予見時期（及び予見主体）について、（判例）は（通説）（我妻［168］、於保141頁ほか）と同様に、不履行時（履行期）を基準とし（債務者の予見可能性を問題とする）（大判大正7.8.27民録24輯1658頁【6】〔マッチの売買契約の事例〕）、他方で、有力説は、英米にならい、契約締結時（の契約両当事者）の予見可能性を論ずる（平井教授ら[61]。好美解説（3版【7】）参照）。……もっとも、大正7年事例は、金銭評価の基準時の問題だということができよう。

＊損害賠償の範囲（保護範囲）の基準論と契約理論
　基準に関する見解の上記対立は、近時の潮流ないし債権法改正との関係で考えてみても興味深い。すなわち、平井説ないし英米法的立場は、合意志向的という意味で、契約法統一の立場に一致しており（例えば、CISG74.1は、契約締結時における債務者の予見可能性を基準とし、PECL9.503も同様の基準を採りつつ、債務者の意図的又は重過失による不履行を除くという立場を採る）、近時の債権法改正もこの関連で議論が進んでいる。
　この点で、両説で、具体的にどのような違いが出てくるのかは、必ずしも明

---

(60) 平井宜雄・損害賠償法の理論（東京大学出版会、1971）76頁以下。
(61) 平井・同上理論173頁、181頁、平井96頁の他、川村泰啓・商品交換法の体系Ⅰ（勁草書房、1972）150頁、奥田180頁など。

示的ではなかったが、近時、瑕疵担保（民法570条）の事例であるが、瑕疵を合意志向的に限定的に解釈して、救済を絞る事例が出てきたのが興味深い（最判平成22.6.1民集64巻4号953頁ジュリ1416号榎本、私判リ43号潮見、判セレ野澤、重判田中、民商143巻4＝5合併号吉政〔売買対象土地にフッ素が含まれ、本件契約の後にフッ素の危険性が意識されるに至ったという事例。原審は、瑕疵とは、通常有すべき安全性を欠くことと捉えて、本件土壌に人の健康を損なう有害物質が危険な程度に含まれているとして、瑕疵を肯定したが、最高裁では、契約当時の取引観念上の認識との関係で、合意志向的に瑕疵を解釈して、買主保護を否定する。そして興味深いのは、多くの評釈は、それを支持することである〕）。

　もっとも、興味深いのは、平井教授の有力な批判にも拘わらず、近時の有力論者は、なお伝統的通説を志向しているということである（例えば、潮見Ⅰ340頁以下、とくに352頁、中田169頁）。しかし、潮見教授も、債務不履行類似の瑕疵担保の問題については、合意志向的であり（もっとも、平成21年最判につき、買主保護を実質的に否定するわけではなく、不法行為として保護すべしとも言う〔潮見・前掲41頁〕）、中田教授も、通説支持の契約理論を提示する風でもない。

　しかし、こうした合意志向的契約解釈は、契約理論として古典派ないし新古典派的であり、関係理論により克服されている（しかもわが国では、こうした動きが好意的に受け止められた）のに、それと近時の改正論議との関係が明らかではない。すなわち、関係契約理論によれば、当初の合意は、問題解決の一資料に過ぎず（それは確かに有力根拠ではあるが）、新たな事態が生じたときには、柔軟な処理を志向することも包含する。安全配慮義務法理には、既にそのような方向性があったはずである。だから、フッ素事例のような場合には、明示的に当初の合意で明らかでなければ、安全配慮義務のように、法定債務的に契約内容を拡充・推定させて、瑕疵内容を柔軟に充填していくということもできるのではないか。その意味で、原審判決のアプローチの方が、関係理論にはなじむと言えよう（吉田）。債権法改正においても、国際的取引人が関わり、予測可能性が強く求められ、契約志向的アプローチがなじむ事例と、消費者保護的要請が高い事例を一律に規律するという安易な方向──改正論議には、そのような国際基準に横並び的方向性が強い──に走らないことが肝要であろう。

＊概して、理論的・構造的批判が多いといえ、実質的規範判断では大差ない。

強いて言えば、「帰責事由」要件の理解の展開で、結果債務的場合に厳格責任（無過失責任）を正面から認めるという点では、実質規範的展開があるといえようか（また、「保護範囲」基準で、今度は有力説の方が、買主保護を狭める方向性も出てきかねない）。

【QⅢ－1】従来の債務不履行責任の伝統的通説の理解を述べて、それが、「ドイツ学説継受」の所産として、どのように本来のわが民法規定と乖離していたかを、論点ごとに整理して論じなさい。

【QⅢ－2】各債務不履行要件の批判により、実質的に規範判断にどのように変化があったのかを検討し、もしそれがないとすると、批判の意味は、どこに認められるのかを考えなさい。

3－2　契約責任の拡張現象について
　　　　──付随義務・安全配慮義務論、「契約締結上の過失」等交渉責任論

3－2－1　付随義務論及びその評価

　北川教授（『契約責任の研究』）は、前述のように、「債務不履行」に関する日独の構造的相違を指摘しつつ、契約義務の観点から再構成を試みる。──そこでは、伝統的な給付義務〔これに対応するのが、基本的契約責任とする〕以外の 付随義務（Nebenpflicht）〔これに対応するのが、補充的契約責任とする〕に光を当てた。

……これは、「債務」概念の拡張・柔軟化を示唆するもので、昭和50年代の安全配慮義務論の先駆けをなしている点で、意義深い。学界へのインパクトも大きく、その後も、下森、宮本、潮見等の各教授に承継されている[62]。ドイツ法的構成につくかどうかは別として、付随義務論は、現代契約法の重要な一側面を言い当てていると考える（吉田）。

---

(62)　例えば、下森定「契約責任（債務不履行責任）の再構成」（内山＝黒木＝石川還暦）現代民法学の基本問題（中）（第一法規出版、1983）、潮見佳男「債務履行構造に関する一考察」同・契約規範の構造と展開（有斐閣、1991）（初出、1984）、平野裕之「契約責任の本質と限界」法律論叢58巻4＝5合併号（1986）、宮本健蔵・安全配慮義務と契約責任の拡張（信山社、1993）。近時では、長坂純・

第1部　債務不履行責任等（債権総論前編）

（検討）

1. 議論の仕方が、やや観念的・抽象的ではないか（アプリオリに「保護義務」「付随義務・注意義務」を措定するところ）。さらに、給付（Leistung）義務が、ドイツ法特殊の狭い概念であり、それを議論の出発点とするべきなのかという問題もある（星野教授などは、この北川分析により、「自ら大胆な学説継受」がなされたと、批判される[63]）。

    →実例に即した個別的・各論的アプローチがなされるべきではないか（例えば、安全配慮義務、情報提供義務、説明義務、守秘義務等）（同旨、平井49頁）。
    また、効果の相違の応じた類型論、分類学がなされるべきではないか。その意味で、前述の契約責任の帰責性（faute contractuelle）において差異のある、「結果債務・手段債務」（「与える債務」（引渡し債務）、「なす債務」（行為債務）は、大体対応する）の区別は再評価されるべきである。

2. 確かに、契約責任の拡張、その規範的契約義務の設定は、次述のように、今日的に重要な現象であるが、そこには、ドイツ特殊の背景（不法行為責任の不備等）があることに注意を要する。

    →何故、不法行為責任ではなく、契約責任でなければならないかにつき、意識的に検討を進める必要がある。

3-2-2　安全配慮義務に関する判例法理の展開[64]

（判例）が、最高裁レベルでは、昭和50年代から承認した、「契約相手方の生命・健康等を危険から保護するように配慮する義務」であり、「特別の社会的接触の関係に入った当事者間において、付随義務として、信義則上負う義

　　契約責任の構造と射程──完全性利益侵害の帰責構造を中心に（勁草書房、2010）。
　　　なおこれとは別に、「第三者のための保護効を伴う契約」論等、ドイツにおける契約責任の拡張現象を緻密に分析する、奥田昌道「契約法と不法行為法の接点」（於保還暦）民法学の基礎的課題（中）（有斐閣、1974）も古典的文献である。
(63)　星野英一「民法の解釈のしかたとその背景」民法論集8巻（有斐閣、1996）236頁（初出、法学教室95号、97号（1988））。
(64)　下森定編・安全配慮義務法理の形成と展開（日本評論社、1988）、奥田昌道「安全配慮義務」（石田＝西原＝高木還暦）損害賠償法の課題と展望（日本評論社、1990）、高橋眞・安全配慮義務の研究（成文堂、1992）、淡路剛久「日本民法の展開(3)判例の法形成──安全配慮義務」民法典の百年Ⅰ（有斐閣、1998）。

務」ともされる。……主として、労働契約の場面であり、それ以外にも、請負、学校事故、さらには、売買でも認められることがある。——給与（賃金）の提供が主たる給付義務ならば、安全配慮義務は、付随義務ということになる。何故こういう義務が注目されたかの背景を言えば、時効であり、不法行為責任としては、保護されない（民法724条では短期消滅時効（3年）が定められる）のに対して、安全配慮義務では、債務不履行責任の問題となるので、その損害賠償債権の消滅時効は、10年（民法167条）であるからである。救済の実質的拡充として機能した。

・事例及び論点を述べると、以下の通りである。

① 最判昭和50.2.25民集29巻2号143頁【2】（自衛隊の自動車にひかれる事故）……時効。

② 同昭和55.12.18民集34巻7号888頁 法協100巻2号吉田（下請業者の塗装工の転落死）……付遅滞時。遺族固有の慰謝料。

③ 同昭和56.2.16民集35巻1号56頁（ヘリコプター墜落という自衛隊員の事故）……主張・立証責任。

④ 同昭和58.5.27民集37巻4号477頁【3】（5版）（自衛官の交通事故）……自衛官の履行補助者としての安全配慮義務違反の否定。自衛官（履行補助者）の運転上の注意義務違反があっても、国の安全配慮義務違反があったことにはならないとする。

⑤ 同昭和59.4.10民集38巻6号557頁（第三者による殺人〔見習い従業員の宿泊勤務中の元従業員による殺人〕）……使用者の安全配慮義務肯定。

⑥ 同昭和61.12.19判時1224号13頁（第三者による殺人〔過激派活動家による陸上自衛隊朝霞駐屯地自衛官殺人事件〕）……駐屯地司令、警衛司令の履行補助者としての安全配慮義務不履行の肯定。

⑦ 同平成3.4.11判時1391号3頁（造船所の騒音による騒音性難聴）……元請企業と下請企業の労働者（社外工）との間の安全配慮義務肯定。

⑧ 同平成6.2.22民集48巻2号441頁（長崎塵肺訴訟）……消滅時効の起算点（塵肺に関する最終の行政決定を受けた時からとする）。

⑨ 同平成12.3.24民集54巻3号1155頁（電通事件。過重労働のために、睡眠不足で疲労困憊し、うつ病になり、自殺した事例。ただ、本件下級審と異なり、最高裁は、安全配慮義務違反の言葉を避けているようでもある）……うつ病を

第1部　債務不履行責任等（債権総論前編）

　　　心因的素因として、減額することを否定。なお根拠条文としては、不法行為規定を挙げる（つまり不法行為について、安全配慮義務を論じている（少なくとも下級審）〔最高裁は、使用者の715条の責任、上司の715条2項の責任を問題にするが、いかにもおかしく、まだ下級審のように、上司の709条の責任、使用者の715条の責任とする（それ自体は、自衛隊関連の安全配慮義務の履行補助者構成とパラレルである）方がよい。素直に捉えれば、使用者の709条の責任を問題にすべきだろう〕）。
⑩　同平成18.3.13判時1929号41頁（高校の課外活動としてのサッカーの試合中の落雷事故）
⑪　同平成24.2.24判時2144号89頁（屑類製鋼原料販売業者の被用者のプレス機による両手の指を失う事故。原審が、こういう場合に弁護士費用の賠償を認めなかったのに対して、破棄差戻した）

（検討）
　《「安全配慮義務違反構成」をするところには、いかなる意義があるか》という見地から、以下検討を加えよう。
1．消滅時効期間の長さ（民法167条）は前述。……実際にも、昭和50年最判（①）が打ち出したこの点は大きな意味があるが、不法行為責任と時効の扱いを異にする点は、あまり合理的な根拠はない。
　　＊なお、近時の債権法改正では、時効期間の短縮が議論されているが、それによると、安全配慮義務による実務の営為を掘り崩す危険があり、もっと慎重な議論が求められる。
2．立証責任ないし義務内容。Cf. 診療債務。……昭和56年最判（②）により、不法行為の場合と大差なくなった。安全配慮義務が、「手段債務」だと考えると、このような帰結は予想されるところである（すなわち、手段債務には、善管注意義務（民法400条、644条参照）が債務の内容として含まれ、その債務不履行の立証責任は、被害者（債権者）側が負い、不法行為（民法709条）で、過失（注意義務違反）の立証責任を被害者が負うのと同様になるというわけである）。
　　しかし、契約関係の特殊性から、ヨリ厚い被害者保護が図れないか（立証責任の転換や、さらには、「結果債務」的処理）（竹下教授、國井教授等[65]）。その意味では、昭和56年最判（③）には、疑問があり、場合によっては、義

務の程度は高くなることは、昭和 59 年最判（⑤）、61 年最判（⑥）によっても示されている（cf. 不作為の不法行為の扱い）。

3. なお、国が被告の場合には、やや消極的に過ぎるものもあるのではないか（例えば、昭和 58 年最判（④））。履行補助者を論ずる際には、民法 715 条とのバランスにも配慮する必要がある（「選任監督上の義務違反」を被害者に立証させるのであれば（同判決の立場）、民法 715 条の場合と逆になり、被害者に不利になってしまう）。

4. 人的拡張については、契約関係の相対効との関係で、自ずと限界がある（この点につき、例えば、昭和 55 年最判（②）が、元請け会社と下請け会社の労働者との間に安全保証（安全配慮）義務を認めていて、注目される（さらに、平成 3 年最判（⑦）も社外工の事例で同旨）が、例外的である（ドイツでは、第三者のための保護効を伴う契約等の議論がある））。他方で、同判決は、遺族固有の慰謝料〔かつては、「慰藉料」とも書いたが、慰謝料の字で統一してよいだろう〕請求を否定しており、不法行為の場合（民法 711 条）ともバランスを失していて、問題である（吉田評釈参照）。

5. その他、時効の起算点の蓄積型損害の場合の扱い（⑧）について、不法行為でも同様となろうし、過労死のうつ病による素因減額否定（⑨）は注目されて、これも安全配慮義務のメリットとしたいところだが、⑨自体は、債務不履行構成による特殊性という意識は弱い。

6. なお、最近の事例（⑪）で、安全配慮義務事案で、不法行為法実務で確立している「弁護士費用の賠償」法理が妥当することが明らかにされた。従来この点は、学説上は、積極論であまり問題ないとされていたが（我妻 127 頁、於保 140 頁、奥田 208 頁等）、他方で、（判例）は、金銭債務不履行の事案で、消極的に解するものも見られた（最判昭和 48.10.11 集民 110 号 231 頁）（民法 419 条の文言を問題にする）。――昭和 40 年代のこの法理確立（これについては、不法行為法に譲る）以後の事例なので、両者の関係をどう考えるかが問題となる（また、実務では学界とやや異なり、この法理は、不法行為構成に適用があ

---

(65) 例えば、竹下守夫批評・民商法雑誌 86 巻 4 号 (1982) 625 頁、和田肇「雇傭と安全配慮義務」ジュリスト 828 号 (1985) 125 頁、國井和郎「第三者惹起事故と安全配慮義務」判タ 529 号 (1984)（結果債務の絶対的安全配慮義務と、手段債務の通常の安全配慮義務とに分ける）。

るというドグマが見え隠れしていた)。

　すなわち、一方で、事案類型的に、医療過誤や労災など不法行為事案との類似性が強い場合に、本法理の適用を認める考え方で(例えば、小泉博嗣「債務不履行と弁護士費用の賠償」判タ 452 号(1981) 57-58 頁、山本矩夫「債務不履行と弁護士費用の賠償」判タ 466 号(1982) 52 頁。また、伊藤眞「訴訟費用の負担と弁護士費用の賠償」(中野古稀)判例民事訴訟法の理論(下)(有斐閣、1995) 107-108 頁は、債務不履行の場合にも及ぶとし、その基準を被侵害法益または侵害行為の態様に求め、人身損害の場合、さらには違法性が強ければそれ以外でもよく、契約の信頼関係が破壊されたときとするが、あまり理論的・法政策的という論法ではない)、本判決もその路線に乗っていると見られなくもない。

　しかし他方で、本法理は、敗訴者負担原則が弁護士費用に及ばないことを矯正する特殊政策上のものと位置づけると、原則として不法行為の場合と類比すべきことになり(平井 95-96 頁参照)、契約法上の取引的損失絡みであっても、弁護士依頼は多く、同様に解すべきことになろう(淡路 180 頁なども広い)。議論を一般化すると、微妙に見解は分かれてくるが((吉田)は、一般論としては後説(平井説)に傾き、場合により民法 419 条とも理論的には、衝突し得ると考えるが、他方で、国際的な企業間の取引行為など、損害回避義務要請が高いような場合に、取引費用の低廉さを求めて、ADR(代替的紛争解決手続)も踏まえて、民法 419 条的な賠償限定の趣旨を、当事者主義的な契約解釈としてどう活かすかは一つの課題となると思う。因みに、CISG74 条は、民法 419 条 1 項とは異なり、遅延利息とは異なる「実損害の賠償」を認めているが、それは、得べかりし利益・費用返還(物品の保存・返送費用、代替取引費用、第三者への損害賠償)、信用棄損に止め、弁護士費用の賠償は認めていない。また同 77 条には、損害軽減義務もある。これについては、さしあたり、曽野裕夫「国際物品売買契約に関する国際連合条約の解説(3・完)」民事月報 64 巻 4 号(2009) 13-16 頁参照)、ともかく安全配慮義務事例では、法理適用に異論はないであろう。

＊概して、近時は、「安全配慮義務違反」構成の特殊性への関心は、低下している(だから、⑨⑩等では、不法行為責任とあまり区別せずにこの用語を用いている)ようだが、やはり不法行為とは違う何らかの強い義務を認める場合があることは、否定できないだろうし(従って、潮見Ⅰ 126 頁が「過渡期の理論」

3. 債務不履行による損害賠償

とすることには賛成できない)、この点で、(判例) にはやや混乱があると思われる (吉田)。

＊安全配慮義務による履行請求権

学説上、安全配慮義務に基づく履行請求権が議論され、それを肯定するのが、多数である (相手方の生命身体を危険から保護するように配慮することが契約から求められる場合等に限る) (奥田教授ら)[66]。付随義務・保護義務論にリンクさせるかはともかく、労働契約や請負契約等で認められる場合があることは問題ないだろう (吉田)。

＊安全配慮義務論と強制連行・労働事例

安全配慮義務論は、戦後数十年もたってから提訴された強制連行・労働事例で独自の意義が指摘される。それは、不法行為構成だと「国家無答責」の抗弁 (戦前は、国家は不法行為責任を負わない立場であったという抗弁) が出されるが、債務不履行構成である安全配慮義務違反構成ならば、債務不履行構成なので、同抗弁を回避できるということが指摘されるのである (例えば、最決平成 23.2.18 判例集未登載 (酒田海陸運送中国人強制連行事件) の 1 審、2 審 (訟務月報 57 巻 5 号 1044 頁) では、安全配慮義務違反の責任の余地を肯定した (1 審は、国についても) が、請求権放棄から棄却した。また、最決平成 20.7.4 判例集未登載 (新潟港湾物流リンコー事件) の第 1 審 (新潟地判平成 16.3.26 訟務月報 50 巻 12 号 1292 頁) でも、安全配慮義務違反から責任を肯定していた (時効を問題にせず、さらに、請求権放棄には、触れなかった))。

しかし、考えてみると、安全配慮義務違反は、1970 年代後半に開拓された判例法理であり、もしそれが適用できるとするならば、国家無答責法理の適用という姿勢、すなわち、戦前・戦中の強制労働時に時点に立って、国家賠償がない法状況を適用するということ自体もおかしなことだと言えないだろうか。別の言い方をすれば、確かに不法行為時の法状況を適用するとしても、その後の法発展があると、やはりそれを考慮するべきだ (だから安全配慮義務法理も適用する。国家賠償が今では多く認められる事態も考慮するならば、「国家無答責」を

---

[66] 奥田・前掲 35 頁、潮見 I 122-124 頁。なお、中田 119 頁も肯定説だが、契約の継続性、相手方の離脱可能性等を考慮するとする。

第1部　債務不履行責任等（債権総論前編）

今の時代に振り回すのはおかしい）と言えないだろうか（こういう問題を「時際法」と言い、「国際私法」における公序と同様に、かつての法状況の適用があまりに今日の法正義に反するならば、公序的に退けるということはあってよい）（吉田）（これらについて、詳細は、吉田邦彦「中国人強制連行・労働問題の現今の諸課題」季刊中国111号（2012）参照）。

【QⅢ-3】ドイツ式の保護義務論の日本法への導入には、どのような問題があると、考えられるか。

【QⅢ-4】いわゆる安全配慮義務違反の判例法理の意義について、具体的に論じなさい。

3-2-3　「契約締結上の過失」ないし契約交渉責任論

(1)　「契約締結上の過失」（culpa in contrahendo [cic]）論の検討

・かつては、契約不成立・無効の場合を念頭に議論されてきた（前述）、その後北川教授により、契約責任の構造論ないし付随義務論の一環でより広く検討されるに至った[67]。

・そしてその後、やはりドイツ法の影響の下に類型化がなされ、(i)前記のいわゆる「原始的不能」の原型事例以外に、(ii)契約の準備・交渉に止まる場合（交渉挫折）、(iii)準備交渉で相手方の身体・財産を害する場合、そして、(iv)契約有効の場合等に分ける。とくに、消費者保護の見地からの契約内容の合理化、適正化のために本法理を再評価しようとする（とくに、(iv)の場合）（森泉、本田論文[68]）。

(2)　判例の展開――契約交渉破棄の場合

（判例）は、従来あまりなかったが、最高裁で1980年代（下級審では、1970

---

(67)　北川善太郎「契約の成立、契約締結上の過失」契約法大系Ⅰ（有斐閣、1962）は、その嚆矢である。

(68)　森泉章「『契約締結上の過失』に関する一考察」民事研修285号、287号、290号（1980～1981）、本田純一「『契約締結上の過失』理論について」現代契約法大系（有斐閣、1983）。

年代後半)から、「契約交渉の中途破棄・挫折・打切り」に関するものが出てきている。例えば、

① 最判昭和 56.1.27 民集 35 巻 1 号 35 頁(前村長の企業誘致策により、X が製紙工場の建設に着手したところ、村長が変わり、方針も変わり、工場建設も不可能となったために、X が Y 村〔沖縄県宜野座村〕に対して工場用の機械設備の代金相当額等の損害賠償を請求した(民法 709 条、国賠 1 条)(村長の責任ならば、前者でよいが、村の責任ならば後者が通常である。民法(不法行為)が問題とされるのは、非権力的な契約に関わることゆえであろうか(吉田))事例。相当長期の施策継続を前提として、資金・労力を投入する活動に入ったものが、その信頼に反して活動を妨げられ、社会観念上看過できない程度の積極的損害を被る場合には、地方公共団体の施策変更は、やむをえない客観的事情がない限り、信頼関係の不当破壊の違法性を帯びて、地方公共団体の不法行為責任が生ずるとする)。

② 同昭和 58.4.19 判タ 501 号 131 頁(土地売却交渉破棄。X に売り渡す約束をしつつ(代金その他約定条項につき相互に了解し、契約締結日まで取り決める)、第三者に売却、移転登記経由。つまり二重譲渡類似の売買交渉破棄である。「X の期待を侵害しないよう誠実に契約成立に努めるべき信義則上の義務がある」として、不法行為責任を肯定する)。

③ 同昭和 59.9.18 判時 1137 号 51 頁【3】池田、民法の基本判例【31】本田(マンション購入の中途拒絶(買取り交渉にあたり、歯科医院対応のスペース、電気容量について注文していた事例)。「Y の契約準備段階における信義則上の注意義務違反」を理由として損害賠償責任を認めた原審は、是認できるとする)。本件が、有名でリーディングケースのように説かれるのは、1・2 審で、契約責任として損害賠償義務が認められた(そして最高裁も、それを是認した)事例だからであろう。

④ 同平成 2.7.5 集民 160 号 187 頁(マレーシアの政治家・実業家 X と日本総合商社 Y との間で、インドネシアの林業合弁事業の計画・交渉がなされ、X 所有のブルネイ法人の株式 50 %を Y が譲り受ける契約も相互了解に達し、契約書案が作られ署名されるばかりとなっていたが、木材市況が悪化し、Y の事業意欲が減退し、結局契約締結されなかったという事案。X から Y への不法行為責任追及に対して、原審は、「契約締結の準備が進捗し、相手方が契約の成立が確実と期待するに至った場合、右期待を侵害しないように誠実に契約の成立に努めるべき信義則上の義

第1部　債務不履行責任等（債権総論前編）

務がある」とし、交渉費用（交通費、宿泊費、代理人への報酬、事業実施のための賃貸借事務所の賃料、林区の調査費用）の賠償を認め、最高裁もそれを支持した。契約準備段階における信義則上の注意義務違反という）。

⑤　同平成 18.9.4 判時 1949 号 30 頁（X は、Y 大学の研究教育施設の建物の施工業者（元請業者）を介した下請的建具業者で、元請業者との下請契約前に、下請として外壁用建具納入、取付けを、Y の了解を得て行っていたが、その後、Y の収支が不安定となり、建設計画を中止したために、準備作業に要した経費相当額につき、不法行為による損害賠償を求めた事例。原審は、「X・Y の関係が、契約締結上の過失が問題となる場合（契約締結のための準備交渉段階における信義則が妥当すべき場合）とは異なる」として、請求棄却していたが、最高裁は、「Y が、X の支出費用を補填する等の代償的措置を講ずることなく、将来の自身の収支の不安定から建設計画を中止することは、X の信頼を不当に損なうものであり、不法行為責任を免れない」として、破棄差戻した）。

⑥　同平成 19.2.27 判時 1964 号 45 頁（A の意向を受けつつ開発・製造されたゲーム機が、X→Y→A と販売される契約で、A が突然ゲーム機の改良を要求したために、契約締結に至らなかったというもの。X は Y に対して、契約の準備段階における信義則上の注意義務違反があり、これにより商品の開発費、制作費、得べかりし利益等相当額の損害を受けたとして、損害賠償を求めたケース。原審は、（交渉決裂の原因は、A にあり）Y が、信義則に違反するとまで認められないとしたが、最高裁は、Y の積極的関与（口頭による発注、具体的発注書、条件提示書交付）を認め、「本件売買契約が確実に締結されるとの過大な期待を抱かせて、ゲーム機の開発、製造に至らせた」とし、「契約の準備段階における信義則上の注意義務違反に違反した」とする（破棄差戻し））。

（留意点）
・契約責任か不法行為責任かには、それほど頓着していない（問題にしていない）。また、ドイツ的な「契約締結上の過失」という表現は、それほどとられていない。……「契約責任の拡張」と捉えるドイツとは、事情が異なる。ともかく交渉に関わる責任を肯定するという実質は同じである。
・①～④が、二当事者ケースであるのに対し、⑤⑥は、三当事者ケースで、こういうものにも、契約交渉上の責任を拡充した。複合的契約が増えている

昨今では、このような柔軟な態度は妥当であろう。

(3) 学説の展開──検討も兼ねて

1. 契約交渉破棄について、このレベル（契約準備段階）で、「信義則上の注意義務」が認められ、損害賠償が認められるに至ったことは、（契約）責任の拡張の一側面（時的拡張）として、注目される。……もっとも、性質論としては、前述の如く、あまり詰められていなく、契約責任への執着もない（ドイツ法との相違）。

2. 責任の要件・根拠づけ
・責任の要件のメルクマールとしては、(i) 相手方の信頼惹起の「先行行為」、(ii) 契約準備交渉の「成熟度」、その際の「誠実交渉義務」が考えられる（例えば、本田解説、平井 54 頁。また新注民(13) 139 頁（潮見）参照）。

＊　交渉破棄責任の根拠論からの類型化

　この点で、この分野での研究を行った池田清治教授は、(a)「誤信惹起型」と(b)「信頼裏切り型」とにわける[69]。潮見教授は、これを「先行行為に対する信頼の挫折」と「契約成立への期待の挫折」に対応させて説明する[70]。後者の方が、多少わかりがいいように思うが、いずれにしても、相手方の「信頼」に反したということであり、区別の基準は微妙と言えないか（山本教授は、この点で、「契約を締結しない自由」との抵触状況が異なり、(a)より(b)の方が、抵触度が大きいから、責任の認め方は慎重になるとする[71]が、ややわかりにくい議論ではないか）。従って、この類型論は、それほど成功していないように思われる。

　むしろ池田論文の功績は、契約の成立過程の相違に留意して分析したところではなかろうか（次述）（吉田）。

---

[69] 池田清治・契約交渉の破棄とその責任（有斐閣、1997）（初出、1991～1992）25 頁以下、331 頁以下、342 頁以下。
[70] 潮見 I 561 頁。
[71] 山本豊「契約準備・交渉過程に関わる法理（その 3）」法学教室 337 号（2009）105 頁。

3. 契約締結態様との関係——関係契約論との関係

・すなわち、同教授は、従来型契約の(c)「申し込み・承諾型」と(d)「練り上げ型」とを区別して、後者((d))における交渉責任論を重視し[72]、この点は、注目すべきだと思われる。……つまり、不動産売買のように、一定の期間を経て、契約が成立していく場合には、——即時成立の場合に比較して、——交渉過程における契約法的保護の要請は強いであろう（吉田）。

　なお類似の発想は、既に、鎌田教授の熟度論で出されており[73]、これを受けて中間的合意（交渉中の合意）というような発想ができて（河上教授、横山教授など[74]）（なおこれと同旨の（判例）として、最決平成16.8.30民集58巻6号1763頁、重判【民2】沖野〔企業間の協働事業化に関する基本合意における独占交渉条項の効力に関する〕）、段階的（関係的）契約における合意アプローチができたと言えよう[75]（これに対して、池田論文は、信頼アプローチである）。

・これを関係理論的に言うと、成立過程は、単発的・瞬間的ではないから、プロセス的に拘束力を考えるという同理論の交渉破棄論での反映ということで、同理論は、意思アプローチに対する対抗理論的な側面があるので、池田論文の方が近いと思われる（なお、平井教授の、「組織的契約」からのアプローチ[76]もこれに近いが、同教授の方が、合意志向が強い）。

4. 効果（責任内容及び性質）

・効果では、まず 賠償範囲 について、(i)信頼利益説（池田・前掲書332頁、343頁）と(ii)履行利益説（河上・前掲26頁、平井・各論Ⅰ（上）130頁）、(iii)損害賠償の範囲論（中田123頁）に分かれる。……この点は、あまり一般論で議論すべきではなく、責任根拠を「意思」「信頼」のいずれに根拠づけるかにも関わるが、実際には、大差はなく（平井・同書における信頼利益論への接近を見よ。Cf. 平井71頁）、（判例）も、従来の枠組み（信頼利益の枠組）で動

---

[72]　池田・前掲書348頁以下。
[73]　鎌田薫「不動産売買契約の成否」判タ484号（1983）21頁。
[74]　河上正二「『契約の成立』をめぐって（2・完）」判タ657号（1988）26頁以下、横山美夏「不動産売買契約の『成立』と所有権移転（2・完）」早稲田法学65巻3号（1990）301頁以下。
[75]　さらに、滝沢昌彦・契約成立プロセスの研究（有斐閣、2003）参照。
[76]　平井宜雄・債権各論Ⅰ（上）（弘文堂、2010）126頁以下。また、同＝村井武「交渉に基づく契約の成立（上）（中）（下）」NBL702〜704号（2000〜2001）。

3. 債務不履行による損害賠償

いているとも言える。(吉田)も、契約利益の根拠づけによるラフな区分はあってよいと思われ[77]、その意味で、池田論文に近い。

・ 性質 としても、対立があり、(i) 契約責任説(我妻・各論(上)38頁、本田論文208頁、平井・各論Ⅰ(上)128頁〔平井55頁の改説か〕、中田126頁)と、(ii) 不法行為責任説(石田教授等[78])に分かれる。……しかし、この叙述の根拠としては、日独の不法行為法の相違で、日本の場合には柔軟だからそれでよいという問題意識であり、近時の説明義務に関する新たな状況(次述)は意識されていないので、別途再検討する必要があろう。

5. なお、契約有効の場合のcicの議論は、その意図するところは示唆的だが、強いてcic責任による必要はなく、当事者間の格差是正のための信義則上の契約の規範的解釈(その意味での付随義務)として処理すればよく、次述する。

(4) 契約締結前の情報提供義務、説明義務

これに関する(判例)は数多い。例えば、——

① 変額保険の募集に関する説明義務違反(最判平成8.10.28金法1469号49頁)(肯定)

② 建築基準法関連の建築会社及び融資銀行の説明義務違反(同平成18.6.12判時1941号94頁(肯定)、同平成15.11.7判時1845号58頁(否定))

③ 分譲住宅の価格の適否に関する重要な事実の説明義務違反(同平成16.11.18民集58巻8号2225頁〔賃借人への優先分譲事例。その後の一般公募が、直ちに行われず、値下げ販売されたことに関する〕)(肯定)

④ 地震保険に関する説明義務違反(同平成15.12.9民集57巻11号1887頁)(否定)

⑤ 売主から委託を受けた宅建業者の防火設備に関する説明義務違反(同平成17.9.16判時1912号8頁【4】、民商134巻2号小粥〔売主とともに、宅建業

---

[77] 詳細は、吉田邦彦「アメリカ契約法学における損害賠償利益論」同・契約法・医事法の関係的展開(民法理論研究2巻)(有斐閣、2003) 2章参照。

[78] 例えば、石田喜久夫「信義則上の義務違反による契約不成立と不法行為責任」民商法雑誌89巻2号(1983) 291頁、平野裕之「いわゆる『契約締結上の過失』責任について」法律論叢61巻6号(1989) 68頁、横山美夏「契約締結過程における情報提供義務」ジュリスト1094号(1996) 128頁、潮見・不法行為Ⅰ160頁。

第1部　債務不履行責任等（債権総論前編）

　者の責任が追及された事例]）（肯定。宅建業者の責任を売主に揃えたのは、珍しいとされる（小粥・判批281頁））

⑥　信用協同組合の出資に関する説明義務（同平成23.4.22民集65巻3号1405頁）（肯定）（しかしそれによる不法行為責任は、時効で消滅したとする）

＊なお、契約上の説明義務に関する事例は、さらに多く、ここでは立ち入らない。

＊適合性原則（suitability rule）[79]……狭義では、「金融商品取引業者（証券取引業者）は、一定の利用者に対しては、いかに説明を尽くしても一定の金融商品の販売・勧誘を行ってはならないというルール」、広義では、「金融商品取引業者は、利用者の知識・経験・財産力・投資目的等に照らして適合した商品・サービスの販売・勧誘を行わなければいけないというルール」を指すとされる。

　アメリカの証券取引分野の行政的規制として生成・展開してきたものであったが、近時（判例）（最判平成17.7.14民集59巻6号1323頁〔水産物卸売業者Xに対する証券会社Yの担当者によるオプション取引の勧誘事例]）は、「適合性原則から著しく逸脱した証券会社の勧誘は、不法行為上違法となるとして、責任の可能性を肯定した（責任を認めた原審を破棄差戻し）。この結果として、2006年に法改正がなされ、金融商品取引法〔平成19(2007)年制定。それまでの証券取引法（昭和23(1948)年法律）の現代版〕40条1号で、同原則は拡充され、金融商品販売法3条2項でも同原則は追加されて（そこでは、適合性原則が説明義務の中に取り込まれている）、行政規制は、民事的効果と結合した。

＊情報提供義務に関する私法上の一般的なものとして、消費者契約法3条1項参照。

・ところで、この義務違反の法的性質が、消滅時効との関係で、急浮上している（平成23年最判（⑥））。――同判決によると、義務違反の責任は、不法行為責任で短期消滅時効が適用されるとする（千葉勝美裁判官の補足意見で

---

[79]　アメリカ法の状況等について、王冷然・適合性原則と私法秩序（信山社、2010）参照。

は、「本件の説明義務は、契約に入るか否かの判断に関わり、信義則により定められ、個別的・非類型的なものであり、契約の付随義務として、内容が一義的に明らかなものではない」とする)。

(検討)
・従来の契約締結段階の義務の法的性質論について、それほど詰められていたわけではなく、不法行為責任でも、債務不履行責任でも大差ないという理解を前提に、この点への問題関心も強くなかった。
・「契約上の付随義務」「契約に入るか否かの説明義務」を峻別できるかどうかは、疑問であり、いささか概念法学的であり(このような契約締結前の説明義務は、不法行為法の問題、締結後の付随義務は、債務不履行法の問題として、峻別するやり方に好意的なものとして、平野(裕)・NBL955号22頁)、これに対しては、「Yの説明を根拠として、契約締結したのであれば、契約と有機的な付随義務」と考えることは可能である。しかも効果としても、不法行為責任と性質決定されると、消滅時効の点で、大きな不利益が生ずるとなると、「契約責任を拡張させなければならないドイツ法類似の状況」があるということもできて、(判例)には異論を投じうる(吉田)。
・なお、平成23年最判の事案自体は、ペイオフ解禁前の公費投入による財政不安ある金融機関再生の財産管理という一種の倒産処理的事案であり、その際には、処理対象の債権に一定の制約をかけるべきであるとの手続的理由から、最判の結論自体は、評価してよく、そのために、契約締結前の説明義務の法性決定という大議論をしているという問題があり、もっと事態適合的な処理をしてしかるべきであったと言えよう。

【QⅢ-5】「契約締結上の過失」責任は、本来どのような場合を念頭に議論されて、それがどのように多様に論議されるようになっているかを説明しなさい。
【QⅢ-6】契約交渉破棄・打切りの責任が浮上してきた背景、その責任の根拠を述べなさい。またそれは関係的契約理論とどのように関係するかも考察しなさい。

第1部　債務不履行責任等（債権総論前編）

> 【QⅢ－7】従来、契約締結・交渉責任の性質論が切実に議論されなかった理由はどこにあるのだろうか。また最近、どのような新たな問題が生じているかを説明しなさい。

3－3　個別的諸問題
3－3－1　損害賠償（塡補賠償）と解除
（判例）は、塡補賠償するには、

(1) 履行不能の場合には、解除を不要とする（最判昭和30.4.19民集9巻5号556頁）。＊なお、行為債務の場合には、不能に準じて扱われるとされる（平井（初版）64頁）。

(2) 他方でそれ以外の場合（履行遅滞）の場合には、<u>解除が必要とされた</u>（大判大正4.6.12民録21輯931頁〔山林の3分の1の譲渡〕、同大正7.4.2民録24輯615頁〔米穀商間の売買〕）。

　しかしその後不要とするものも出る（大判昭和8.6.13民集12巻1437頁、判民100事件山田〔傍論〕。同旨、最判昭和30.4.19民集9巻5号556頁〔不能のケースゆえに、傍論〕）。そしてさらに、本来の給付請求をしつつ、執行不能の場合に備えた塡補賠償〔＝代償請求[80]〕を認めることが確立している（口頭弁論終結時を基準に評価する）（大（連）判昭和15.3.13民集19巻530頁、判民

---

(80) Cf. 代償請求権（Ersatzanspruch）——本文における「代償請求」と紛らわしいが、それと異なるものとして、「代償請求権」〔それは、代償の譲渡請求の意味である。奥田150頁〕がある。これは、債務者の履行不能と同一原因で利益を得た場合、とくに債務者の責めに帰すべからざる場合に利益の引渡しを認めるものである（ド民旧281条〔現285条〕、フ民1303条参照）（系譜的には、これに対応する旧民法財産編543条（これはフ民1303条等に行きつく）があったが、債権者は第三者に直接請求すればよいとして、削られた）（最判昭和41.12.23民集20巻10号2211頁【9】田中、法協85巻1号星野）。……実際の例は意外に少ない（田中解説では、昭和41年最判以降、1件も報告されていないという）。
　なお、独仏で、債務者に帰責事由がない場合に限るか否かで違いがあり（限るのがフランス法）、射程の捉え方も論者により広狭あるが、弾力的に運用するならば、広く解することになろう（吉田。中田189頁は謙抑的）。危険負担の民法536条2項とも通ずるものである。この点は、田中宏治「民法536条2項但書類推適用論の批判的検討——代償請求権に関する一考察」阪大法学48巻1号(1998)参照。事例も多くないので、これ以上の深入りは避ける。

27事件兼子、最判昭和30.1.21民集9巻1号22頁【10】（3版）竹下、【11】（4版）上原、法協93巻6号星野）。＊なおこれに対する手続的手当てとして、民事執行法31条2項（引渡執行着手前に、代償請求についても執行文の付与を受けておくことができる）。

（学説）は、以前から肯定説だが、やや（判例）の状況とは異なる。すなわち、
(1) 伝統的多数説（柚木119頁等）は、ドイツ法の影響（ド民326条、ス債107条は、塡補賠償を肯定する）の下に肯定する。但し、債務不履行による損害賠償（この場合に塡補賠償）と解除（その場合には、信頼利益の賠償に限られる）との二者択一とされるのは、日本法と大きく異なる。
(2) しかし我妻博士は、かつては、この日独の相違に留意して、塡補賠償に消極的であった（解除を必要とする）。しかし新版では改説して、積極説を採り（一定期間を定めて、催告した上で、解除なしに塡補賠償ができるとする）、代償請求の判例法理も支持する（[162][163]）（同旨、星野47頁）。
(3) 他方で、履行請求と塡補賠償とは併存できないとの説（塡補賠償には、解除が必要とする）も有力である（林＝石田＝高木85-86頁。平井76頁も原則的にはこの趣旨）。

（検討）
・塡補賠償の可否は、論理的には、解除の有無とは無関係ではないか。比較法的にも、塡補賠償への変化は、柔軟に認められている（森田論文[81]。同旨、鈴木160頁）。その意味で、債務不履行の場合に、塡補賠償は広く肯定してよいのではないか（吉田）。
・その限りで、解除が従来問題とされたのは、便宜的なものと言える。……この点で、かつて平井教授（平井（初版）64頁）が解除による「反対給付からの解放ないしその差引」の有無をはっきりさせる点に、解除の意義を認めているのは、示唆的である（前半部分には、疑問があるが）。もっとも、結果的には大差なく（つまり、解除しなくとも、反対給付との相殺が問題となる）、実際には、その点ではそれほど大きな意味はなく、むしろ継続的取引等では、

---

(81) 森田修「フランスにおける債務転形論と『附遅滞』」法學志林90巻1号（1992）。

第1部　債務不履行責任等（債権総論前編）

解除しない実益もあり、解除せずに填補賠償できるルートは広く認められてよいと考えたい（吉田）。

＊履行請求権と填補請求権の関係に関する理論的議論

　上記の関係については、第1に、前者から後者に転化（転形）するのか、両者は併存するのか、第2に、両者の同一性の有無、第3に、前者は債権の本来的効力か、それとも、救済手段の一つか、などの理論的議論がなされている。伝統的には、併存はなく、同一性があり、履行請求権は、本来的効力とされてきたが、近時は、潮見教授が、それにアンチ・テーゼを出し[82]、これに対して、森田教授は両者の併存を認めつつ伝統的立場〔転形論〕を擁護している[83]。

　潮見教授の方が英米法的で、（吉田）には違和感がないが、日本法との関係は、森田教授風に考えるのが自然とも思われ（なお、ドイツ法通の潮見教授がこのような見方を示すのは、興味深いことである）、いずれにしても、理論的に議論するだけではまずく、もっと具体的に議論されていくべきであろう。

【QⅢ－8】履行遅滞の場合の填補賠償請求の要件に関する意見の対立状況、及びその背景を説明しなさい（例えば、解除を要求する見解には、どのような根拠があったのかを考え、評価を述べなさい）。

【QⅢ－9】履行請求権と填補賠償請求権との関係に関する意見の対立を論じなさい。

3－3－2　賠償額算定の基準時など

(1)　金銭的評価原則

　日本の損害賠償法は、金銭賠償主義であり（民法417条。不法行為についても、同722条1項で準用される）、金銭的評価のプロセスが不可避で（なおこのプロセ

---

(82)　潮見Ⅰ（2003）25頁以下、150頁以下、とくに171-175頁。同・契約法理の現代化（有斐閣、2004）360頁以下。これに好意的なものとして、窪田充見「履行請求権」ジュリスト1318号（2006）114頁など。

(83)　森田修・契約責任の法学的構造（有斐閣、2006）2頁以下、同「履行請求権かremedy approachか」ジュリスト1329号（2007）。

スがクローズアップされる前提として、損害＝事実説による展開がある）、その際の原則として、「全部賠償（réparation intégrale）」の原則（平井99頁では、「全額評価の原則」とされる）と言われ、それは、「債務が履行されたのと等しい経済的状態に債権者を置く」というもので、アメリカの契約利益論の「期待利益」的理解に近い（同法学では、信頼利益等利益の分化が図られており、それ自体は学ぶところが多い）。

(2) 基準時問題

従来その基準に関する問題について、裁判例の蓄積が見られる。

（判例）は以下の如く定式化する。すなわち、

(a) 代償請求の場合には、最終口頭弁論終結時とする（前述）。
(b) 履行不能の場合には、以下の通り（最判昭和37.11.16民集16巻11号2280頁、法協85巻12号平井、同昭和47.4.20民集26巻3号520頁【8】、【9】（3版）栗田、法協91巻4号平井〔転売目的ではなく、自己使用の目的での売買のケース〕）。……いずれも、不動産の二重取引の事例。
 (i) 原則は、処分当時の時価。——不能時。
 (ii) 目的物の価格騰貴の特別事情があり、不能時にそれを知り又は知り得た場合には、騰貴した現在の価格。
 (iii) 但し、それ以前に処分したであろうと予測された場合には、(ii)の例外となる。
　……これは、不法行為に関する「富喜丸事件」（大判大正15.5.22民集5巻386頁）の基準の緩和である。＊かつては、よく「富貴丸」と誤記されていた（近時でも、渡辺＝野澤100頁）ので、注意を要する。
 (iv) 中間最高価格の場合には、騰貴時に転売その他で、騰貴価格による利益を確実に取得したであろうと予想されたことが必要である。
 (v) 但し、現在も騰貴中の場合には、現在において処分すると予想されたことは不要である（騰貴の事情について知り得たことで足りる）。＝(ii)
(c) 解除の場合——解除時とする立場（最判昭和28.12.18民集7巻12号1446頁【7】）と履行時とする立場（最判昭和36.4.28民集15巻4号1105頁、同昭和37.7.20民集16巻8号1583頁）とに分かれる。

（通説）は、履行不能以外の塡補賠償につき、解除又は催告の効力発生時

第1部　債務不履行責任等（債権総論前編）

が一応の標準だとする（我妻［172］、於保144頁注15など）。

（学説）は、以上について、一応損害賠償債権が発生したときが基準時になると見うるとする（於保143頁）が、理論的かつ統一的に説明することは困難である（我妻［172］126頁の叙述を見よ！）。

・これに対して、平井教授の見解[84]により、大きく理論的に展開を遂げる。……つまり、平井論文では、ここで問題とされているのは損害の金銭的評価の基準時であり、民法416条から切り離して考える。
  →前記原則により、利益取得の蓋然性の事情があった時点を基準に金銭的評価がなされる。……① 個別具体的に。──原告の請求の通りに。② 他方で、弁論主義からの解放。最終的には、裁判官の自由裁量に委ねられる。
・他方で、基準時の問題と賠償範囲の問題とは、明確に区別されず、また基準時は一元的に定まらないなどという議論もなされていた（北川教授等[85]）。

（検討）
・平井教授の分析は、説得的であるが、かと言って、判例準則は、それなりの意味を持つのであろう（（判例）は、民法416条をベースとしているが、それとは関係なしにこのようなスキームを活かすということになろうか）。
・また契約責任領域では、経済的損害に関する事例は多く、その場合には、「金銭評価」が意識化されずに、議論されてきたが、416条から離れて、英米の契約利益論等を参照して、もっと利益算定方式を柔軟にかつ多様に定式化していくことが望まれよう。
・さらに考えると、上記（判例）の立場は、日本経済が右肩上がりの時に作られたものであり、90年代にバブルが崩壊してから、長期不況が続き、不動産市況も低迷する今日では、状況が異なり、(i)～(iv)の準則は、妥当しない場合が多いと言えよう。……市価が下がる場合には、債権者側は、早く処

---

(84) 平井宜雄「損害賠償額算定の『基準時』に関する一考察」法学協会雑誌83巻9＝10合併号、84巻3号、6号（1966～67）。平井104頁。
(85) 北川善太郎「損害賠償額算定の基準時」法学論叢88巻4＝5＝6合併号（1971）。同・注民⑽606頁。同旨、潮見Ⅰ389頁。

分したいと考えて、基準時も早い方が有利であるからである。——そうなると、①基本的に債務不履行時に金銭評価すべきであり（全部賠償の原則からも）、②同時点で、価格下落について、予見可能性があったかどうかとは関係がないとすべきではないか（少なくとも、事実審最終口頭弁論時での当該財産の所持についての予見可能性が必要であろう。判例準則の(ii)を厳格にする）。③とくに取引の流動性が高いものについては、そう考えるべきではないか（つまり、上記(iv)の判例の要求水準は、緩和されるべきである）。他方で、④最終口頭弁論終結時を基準とする場合でも、契約対価を問題にしなくてよいのかという問題がある（吉田）。……ともかく、価格下落時の賠償算定基準時の問題は、未開拓で手つかずであろう。また、その意味で、こうした「損害の金銭的評価の基準時」の民法416条2項との異質性に気付かれるべきであろう。

＊民法416条2項の予見可能性の基準時の問題（いわゆる「保護範囲」の基準時の問題）と混乱しないこと。

【QⅢ-10】損害賠償算定の基準時の議論の展開を論じ、それに関する平井教授の批判のポイントを整理して述べなさい。

【QⅢ-11】バブル崩壊後は、賠償額算定基準時の判例法理は、どのような変容を受けるかを考えなさい。

(3) 損害軽減義務

・谷口博士は、かねて損害拡大抑止義務を被害者（債権者）に課しつつ、不履行後の損害増加について、債務者の責任を認めるという立場を採られていた[86]（同旨、星野 81-82 頁、奥田 202 頁）。

（判例）でも、こうした義務を民法416条の解釈で展開するものが出てきた（最判平成 21. 1. 19 民集 63 巻 1 号 97 頁、ジュリスト 1399 号高橋譲〔福井県小浜市の駅前ビル地下のカラオケ店舗の浸水事故（平成9年2月）。賃貸人の修繕義務不履行

---

(86) 谷口知平「損害賠償額算定における損害避抑義務」（我妻還暦）損害賠償責任の研究（上）（有斐閣、1957）、総判(4)44 頁以下、谷口＝植林 73 頁。

第1部　債務不履行責任等（債権総論前編）

だとして、それによるカラオケ業ができない賃借人の営業損害の賠償請求事例（賃貸人は解除もしている）。原審は、4年5カ月分の営業損害の賠償を認めたが、最高裁は、「賃借人が、損害回避・減少措置をとらずに、営業利益損害そのままを請求することは条理上認められない」とする]）。……① 本件賃貸借の長期継続の難しさ、② 同所での営業再開の難しさ、③ 他所での営業の可能性、④ 保険金の入手、さらに、⑤ 賃貸人の履行拒絶意思等を考慮している。

　（学説）としては、近年この領域について、数多くの研究が出て、関心が高まっている（転機となるのは、内田論文であろう）[87]。その背景には、①英米的な損害賠償の捉え方の影響（既に触れた履行請求権を本則とする従来の日本的考え方に対する英米的見方からの相対化の動きも関係する[88]）、②代替取引の場合の効率性要請、③国際統一法レベルでのこの法理のクローズアップ（例えば、CISG77条、PECL9.505、ド民254条、UNIDROIT2010, 7.4.8など）があるであろう。

　債権法改正でもこうした議論はなされているようだが、国際取引、代替取引的類型の論理の限定性ということにも留意してほしい（吉田）。

【QⅢ-12】損害軽減義務の議論の興隆の原因を考えなさい。

---

(87)　例えば、比較的早いものとして、斎藤彰「契約不履行における損害軽減義務」（石田＝西原＝高木還暦）損害賠償法の課題と展望（日本評論社、1990）、内田貴「強制履行と損害賠償──『損害軽減義務』の観点から」法曹時報42巻10号（1992）〔同・契約の時代（岩波書店、2000）に所収〕。その後、森田修・契約責任の法学的構造（有斐閣、2006）256頁以下、吉川吉樹・履行請求権と損害軽減義務──履行期前の履行拒絶に関する考察（東京大学出版会、2010）、長谷川義仁・損害賠償調整の法的構造──請求者の行為と過失相殺理論の再構成のために（日本評論社、2011）など。
(88)　ここでの損害賠償の金銭評価とは別局面であるが、履行請求権の制限に関して、損害軽減義務との関係で、内田教授は、履行請求権の否定まで説いていたが、森田教授は、解除をその否定の前提として要求している（森田・前掲書183頁以下）（同旨、潮見Ⅰ175頁、中田83頁）。

3-3-3　賠償額の減額
(1)　損　益　相　殺
・重複填補調整の問題で、実務的には、大きな問題である。＊詳細は、不法行為法に譲る。

　（判例）は、火災保険金の控除を否定する。但し、保険者の代位（商法 662 条（当時）〔現在は保険法 25 条（平成 20(2008)年法律 56 号）〕）の適用はあるとする（最判昭和 50.1.31 民集 29 巻 1 号 68 頁〔店舗兼居住賃借建物が、賃借人の使用人の重過失による失火で焼失したという事例〕。なお、生命保険金についても同旨。最判昭和 39.9.25 民集 18 巻 7 号 1528 頁）。

（検討）
　結論的には大差はなく、「保険金は、対価たる性質を有するから」という理屈は、やや形式的で、必ずしも説得的ではない。──結局ここでの問題は、被害者（被保険者）に保険金の全額を一旦留保して、しかし昭和 50 年最判も代位を認める限りで、所有者は賠償請求権を失うとしているから、二重取りを認めているわけではない。結局速やかに被害者に損害賠償（被害救済）を得させるという、被害者保護の法政策的要請から来ているのではないか（吉田）。……概念論的に別個独立というのであれば、代位も認めないということにもなりかねない。

(2)　過失相殺（民法 418 条）　＊これも詳細は、不法行為法に譲る。
・文言上は、不法行為法の場合（民法 722 条 2 項）と差異があるように見える。──債務不履行責任の方が、過失相殺に積極的な書きぶりである（第 1 に、責任の成否についても影響するようでもあり、第 2 に、過失があれば必ず相殺するというようにも読める）。
・しかし、（通説）は、こうした区別には、合理的根拠はなく、同様に扱うべきだとしている（我妻[180]、於保 149 頁、奥田 212 頁、平井 109 頁）。……いずれにせよ、金銭評価の指針の問題であり、最終的には、裁判官の裁量によることとなる。

第 1 部　債務不履行責任等（債権総論前編）

＊梅博士が区別した根拠

　ところで、区別の根拠は明らかではないともされるが（注民⑽655頁〔能見〕、平井108頁）、梅博士は、債務不履行の場合には、債務者に過失がなくとも、責任が生ずるからと述べている（梅・要義巻之三914頁）。この点は、「帰責事由」に関する近時の見解（吉田ほか〔前述〕）の立場からすると、注目されるべきである（星野86頁でも、この方が合理的だとする）。

＊過失相殺の日本法（東洋法）との親和性

　過失相殺のような中間的な解決は、日本的であるとよく言われる（否、東洋法の特色であろう）[89]。不法行為法でも詳論されるように、寄与度減責とか、割合的因果関係とか、同種のアプローチをする手法はいろいろある。ただ、これは欧米の伝統的因果関係の判断とは異なるものであることに留意されたい。英米法では、伝統的に「寄与過失」（contributory negligence）（被害者にこれがあるとされると、責任追及ができなくなる）の方が採られて、日本法では当たり前の中間的な「比較過失」（comparative negligence）の方が、遅れて出てきたという歴史からのそうした法文化的相違を知ることができよう。因みに、平井教授には、悉無律的判断志向があるが、これは同教授が、法命題として、ルール的なものを志向される（これについては、総論のところで前述）ことと無縁ではないであろう。

　因みに、中国法では、「公平責任」なるものを認めている（1986年民法通則法132条、2009年侵権責任法（不法行為法）24条）。これは、当事者双方に帰責性がなくても、損失を分担させるというもので、責任法理を逸脱していて中国独自のものであろうが、発想的には、東洋的な法思想が出ていて、注目されよう。

> 【QⅢ-13】過失相殺的議論の日本的特色を考えなさい。

3-4　損害賠償に関する特約及び規制

　1980年代に、とくに能見教授の研究により、水準が上がった領域である。

---

(89)　これについて、さしあたり、能見善久「『痛み分け』社会の民法」落合誠一編・論文から見る現代社会と法（有斐閣、1995）参照。

(1) 金銭債務の場合の賠償額の限定（民法419条1項）
・遅延利息の制限（制限賠償主義）——フランス式の規制。Cf. ド民288条2項〔現在の4項〕では、実損害の賠償を肯定する。
・もっとも、故意の不履行の場合にも、このような制限を課してよいかには、問題がある（フランスでは、1900年の改正により例外規定がある（フ民1153条4項））。
・さらには、ドイツ的立場（実損害主義）には——貨幣価値変動に関する実質主義（Valorismus）とも関係するが——現代的意義があり、立法論的検討の余地がある（能見論文[90]）。

(2) 損害賠償の予定に関する裁判所による増減額の否定（民法420条1項）[91]——減額（規制）に対して消極的立場に後退。……① 当事者の自由、② この制度からの効用（証明の困難回避）。意思自治・契約自由よりも、むしろ②の方が重視される。穂積博士も梅委員に説得されて改説する（富井の立場は不明）。
Cf. 旧民法財産編389条……債務者の過失以外にもよるとき、一部履行があるときには、減額できるとする。

＊梅博士のリバタリアン性とその現代的規制の必要性
　梅博士は、やはり「時代の子」であり、100年あまり前の時代思潮としての私的自治重視の自由尊重主義（リバタリアニズム）の原理的影響が強い。具体的には、例えば、損害賠償の予定に関する規制を否定する本問題がそうであり、それ以外にも、利息規制への消極性、流れ担保契約の容認などに出ている。

---

(90)　能見善久「金銭債務の不履行について」（来栖古稀）民法学の歴史と課題（東京大学出版会、1982）。なお、この方向での解釈論的展開として、第一に、「特別損害」（民法416条2項）として認めるのは、例えば、岡村玄治・債権法総論（改訂版）（巌松堂書店、1924）55頁以下、奥田50頁、澤井36頁、第二に、契約原因・契約目的とリンクさせた経済的損失の賠償の積極論を説くものとして、窪田充見「金銭債権の不履行と損害賠償」（奥田還暦）民事法理論の諸問題（下）（成文堂、1995）370頁以下、潮見Ⅰ380-381頁参照。
(91)　能見善久「違約金・損害賠償の予定とその規制(1)～(5・完)」法学協会雑誌102巻2号、5号、7号、10号、103巻6号（1985～1986）。

第1部　債務不履行責任等（債権総論前編）

　以下に述べることは、原理的には、現代社会におけるその修正問題と捉えることができようが、他の起草者に説得する際には、便宜論を持ち出したりするところは、同博士の柔軟性、及び議論の強さを示している（同博士は、しばしば「外弁慶」と言われた）。

・その後の（判例）（通説）は、民法90条 による規制（一部無効論）。——希薄化された暴利行為論であり、賠償額が過大か否か、が検討される。その他、過失相殺、一部履行 による減額もなされる。……起草者は、消極的であったが、積極説が大正期から台頭した。
　Cf. フランス法でも、規定の上で、類似の状況にある。すなわち、①フ民1152条2項（1975年改正による追加）では、「明らかに過大・過小の場合」の修正を認める。また、②フ民1235条では、一部履行による減額を認める。

　なお、ドイツ法は、日仏と異なり、違約罰（Vertragstrafe）——損害賠償とは別の履行確保手段——の規制としての法制をとっており、減額となじみやすい（ド民343条）構造を持っている。フランス法（フ民1152条に関する判例）は、伝統的に規制には消極的であったが、最近は、上述の如く、類似の状況となった。

【QⅢ-14】賠償額の予定に関する規制の議論の変遷をまとめ、そこにどのような時代的思潮があるのかを考察しなさい。

(3)　免責約款とその規制[92]
　重要問題であり、さわりのところだけ扱っておこう。これを無効とする規定もあるが（例えば、商法739条、786条、国際海運15条）、一般的な規定はない。
・従来は、債務者の帰責性の軽重に即して、議論される。免責条項の効力をめぐる（判例）は、多くはなく、（学説）の流れとしては、徐々に規制が厳しくなってきている（かつては、「契約自由」の過度の強調がなされた（前述））。

---

[92]　例えば、広瀬久和「免責約款に関する基礎的考察」私法40号（1978）、加藤一郎「免責条項について」（来栖古稀）民法学の歴史と課題（東京大学出版会、1982）、山本豊「免責条項の内容的規制のための基準について」私法49号（1987）。

すなわち、
① 故意免責については、無効とすることに異論はない。
② 重過失免責につき、我妻博士は、条件付き有効とするが（我妻[137]）、近時はむしろ無効とするのが有力である（星野61頁以下）。Cf. フランス判例は、無効説であるし、ドイツには、故意免責のみ否定した規定がある（ド民旧276条2項）が、その後の判例により、規制は強められており、むしろ重過失免責は否定されるのが原則的である（山本報告）。
③ なお、履行補助者の場合には、故意でも免責できるとの説があるが（我妻[155]）、これはドイツの規定（ド民278条2文）に由来するものであり、このような区別が合理的かどうかについては、ドイツでも近時は批判があるところである（山本報告）。
④ これに対して、軽過失免責については、一般的に有効とされる（我妻博士など）が、これについても、近時は、きめ細かく規制を加える説が有力である。すなわち、

　まず、(i) 人身損害が生ずる場合に疑問が出される（星野62頁）。
　さらに、(ii) 契約の基本的義務違反がある場合（ドイツ判例、広瀬報告）、(iii) 保管型契約の場合、とくに債務者が責任保険をかけて損害分散させるべき場合（広瀬教授。また山本論文が、この点を強調する。……多数の顧客との同種の取引、顧客が消費者である場合等がポイントになろう）、(iv) 専門家責任の場合等にも、過失責任の免責条項が疑問視されるに至っている。
　＊これは、前述の「任意規定の(半)強行規定化」ということに他ならない。

・なお、この点との関連で、消費者保護の見地から、民法90条の弾力的運用を強調する見解も出されている（加藤論文）。

＊条約における請求権放棄と免責約款の議論との関係
　近時免責約款との関係で議論が多いのは、国際条約における請求権放棄条項である。民法学上は、上記の如くこれだけその規制に関する議論が蓄積されているのに、国際条約になると、免責の建前論をそのまま認めるというのが、近時の（判例）の動向である（最判平成19.4.27民集61巻3号1188頁〔中国人強制連行西松事件〕参照）。ここにおける民法理論との齟齬があることは間違いない

第1部　債務不履行責任等（債権総論前編）

と思うが⁽⁹³⁾、この点をどう理解したらよいのであろうか。

　実はこの点は、国際法の捉え方とも密接に関連していると思われる。すなわち従来は、国際法とは、国家同士の関係を規律するもので、被害者個人の頭越しでなされるのが、当然の如く考えられていたが、それが近時は、「国際人権法」という形で、個人レベルの権利義務関係に換言して、国際法問題も考えるということになり、ここにおいて民法と国際法との交錯現象という問題が出て、前記の齟齬が浮上しているということで、理解の相違の根は深いものがあるとも言えるであろう。

【QⅢ-15】免責約款の規制法理の動向を概観しなさい。
【QⅢ-16】免責約款規制との関連で、近時の国際条約の請求権放棄に関する議論を検討しなさい。

3-5　第三者の行為による債務不履行責任
　　　　――いわゆる「履行補助者の過失」の問題

(1)　**従来の伝統的通説**（我妻博士ら⁽⁹⁴⁾）　Cf. ド民278条、ス債101条。

・以下の類型に分けて、要件を論ずる。

① 真の意味の履行補助者（具体的には、「自己の手足」として使用する者と言われ、様々。運送人等につき、商法規定）。――履行補助者の過失を自己の過失と同様に考える。

② 履行代用者（＊「履行代行者」とする教科書類は多いが、我妻論文の用語は、「履行代用者」である。意味は大差ないと思うが……）（具体的には、下記の(i)(ii)は、委任（任意代理）、雇用、寄託、遺言執行の場合、下記(iii)は、法定代理、転質、請負の場合とされる）。

　(i)　代用者使用の要件（民法104条、625条2項、658条、1016条〔論文当時

---

(93)　これについては、吉田邦彦・都市居住・災害復興・戦争補償と批判的「法の支配」（民法理論研究4巻）（有斐閣、2011）第5章参照。
(94)　我妻栄「履行補助者の過失による債務者の責任」法学協会雑誌55巻7号（1937）〔同・民法研究Ⅴ（有斐閣、1968）所収〕、松坂佐一「履行補助者の過失に因る債務者の責任」民商法雑誌5巻4～6号（1937）。

1118条1項〕）に違反する場合。——常に責任を負うとする。
  (ii) 代用者使用要件を充たした場合。——代用者の選任・監督に過失があったときにのみ、責任を負う。
  (iii) 代用者の使用が一般的に許されている場合（民法106条、348条など）。——代用者の過失を自己の過失と同様に考える。（＝①）
③ 利用補助者（Ausübungsgehilfe）（具体的には、使用貸借、賃貸借の場合）。——①②にならう。

　（判例）でも、恒栄丸事件（大判昭和4.3.30民集8巻363頁、判民32事件小町谷【5】）で、「履行補助者」法理は、認められる。——（通説）的見解よりも、広く責任が認められている。同旨、小町谷・志林32巻2号（1930）。
……昭和4年大判は、恒栄丸（発動機付き帆船）の遭難・座礁という事例。すなわち同船舶は、大正13年10月に、Y_1に6カ月間賃貸され、同日、Y_1は、Y_2に転貸（2か月）し、Y_2が雇った船長Aの過失（(a)下関での航行開始当時、舵機に割れ目が生じていたのに、取り換えず、ガス付きと称する不完全な修理をし、(b)錨索切断に当たり、その一端に樽を結び付け、そのために、錨索が推進機に巻き付いたかもしれない）により、11月末に朝鮮慶尚北道海岸において、暴風雨により、座礁し難破したという事例で、船舶の返還不能の船主Xからの損害賠償請求がなされたもの。
……（原審）は、本件座礁は、船員の過失に基づくものであり、Y_1・Y_2に責任があるとした（Y_2は、民法613条1項により、賃貸人に対し直接責任を負うとする）が、Y_2は、上告し、Y_2に選任監督上の過失はない（＊我妻図式では、②(ii)なので、責任はないことになる）から、責任を負わないとした。これに対して、（判旨）は、他人を使用し、債務の履行をさせる範囲では、被用者に注意を尽くさせる責任を負う。被用者の行為は、債務者の行為そのものに他ならないとして、上告棄却した。故に、（判例）は、我妻要件論よりも厳格であることがわかる。

(2) これに対する落合教授の批判[95]（平井85頁以下もこれに近い）。
・不法行為法の使用者責任（民法715条）との相関的考察により、本法理の存在意義を明らかにする。……わかりやすい。比較法的にも支持できる。

第 1 部　債務不履行責任等（債権総論前編）

・その帰結として、以下の点を明らかにする。すなわち、
　① 主観的適用範囲（「第三者」の範囲）の拡張。――「被用者的補助者」のみならず、「独立的補助者」にも適用される。Cf. 民法 716 条。
　② 選任監督上の過失を問わない（干渉可能性不要説）[96]。Cf. 民法 715 条 1 項但書。
・残された問題点（落合論文への疑問）……根拠論として使用者責任と同じとされるだけで、何故契約責任の場合には、不法行為責任よりも、厳格になるのかが、明らかではなく、他方で、ドイツ的な「契約責任の拡張」との比較には、慎重を要する。

　(3)　更なる展開の必要性（私見）（以下は、吉田論文（注 39）の延長線上で、1980 年代末から、債権総論講義の中で述べていることである）
1. 基本的考え方
　基本的には、債権者の信頼保護の必要性ゆえの責任の拡張、厳格化ではないか。そしてその背後には、「当該債務」を引き受けたことによる、契約（取引）関係特殊の責任という考え方をしたい（吉田）。――それゆえに債務の種類に即した検討が必要である（後記②③の場合）。また、債務者側の組織、団体の問題にも関わる。
　……表見代理等の表見法理とパラレルに、表裏の関係と考える。こうしたアイデアは、既に長尾教授が、「帰責事由」との関連で、出されていた[97]。
　……もっとも、利益状況は、様々であり、具体的場合に即した、類型的考察が必要である（統一的理論で、説明しきることには、やや無理がある）。

＊近時のフランス法における類似の見解の展開（森田論文[98]）
　森田宏樹教授は、わが国にとって比較法的にも、参照価値の高いフランス法

---

(95)　落合誠一「補助者の行為による運送人の責任(1)～(4・完)」法学協会雑誌 94 巻 12 号、95 巻 1～3 号（1977～1978）〔同・運送責任の基礎理論（弘文堂、1979）（注 55）に所収〕。
(96)　落合・前掲書 216 頁以下。
(97)　長尾治助・前掲書 217 頁。
(98)　森田宏樹「『他人の行為による契約責任』の帰責構造――いわゆる履行補助者責任の再検討・その 1」（星野古稀）日本民法学の形成と課題（上）（有斐閣、

における「他人の行為における契約責任」に関する議論状況を明らかにし、近時（とくに1970年代半ばのボーメ論文[99]以降）は、「契約上の予見の尊重」という観点から、すなわち、本講義で述べる「債務の中身に即した見地からの論拠づける見解」が多数説になっていることを示している[100]。

すなわち、(1)責任根拠としては、「契約履行への関与（participation）」ということからであるとし、債権者・債務者の信頼関係も援用し、その(2)「他人」の範囲は、債務者がその意思で契約履行に導入したものならば足りて、使用者責任の被用者の範囲よりも広く、(3)「契約上のフォート」が、他人の行為に即して判断される（なおフランスの多数説は、「補助者ないし代行者のフォート」を要求する）とする。その結果、債務者の責任要件として、選任・監督上の注意義務のみならず、干渉可能性も不要という落合説と符合する。

しかしその問題として、第1に、契約への関与だけでは抽象的に過ぎるところがあり、法技術的概念として一般的に過ぎて、ヨリ個別具体的に責任要件を詰める必要がある点であり（この点は、森田教授も、「保障責任」（「ネットワーク責任」「窓口責任」）、「代位責任」という形で具体化を示唆される[101]）、第2は、帰責根拠として合意志向色が強いことであり、ヨリ多元的に関係的・組織的論拠も加えられないかも問題となろう。

2．考量因子

① 第三者と債務者との関係――帰責性、代理関係、団体・組織内部の関係
② 債権者の保護の必要性――取引態様、被侵害利益、損害規模
③ 債権（債務）の内容・性質――②とリンクする。

1996)、同「『他人の行為による契約責任』の二元性（主催旅行契約における旅行業者の責任を素材として）――いわゆる履行補助者責任の再検討・その2」（広中古稀）民事法秩序の生成と展開（創文社、1996)、同「我が国における履行補助者責任論の批判的再検討――いわゆる履行補助者責任の再検討・その3」法学60巻6号（1997）〔同・契約責任の帰責構造（有斐閣、2006）65頁以下に所収〕。とくに第一のもの。

(99) Georges Baumet, La responsabilité contractuelle du fait d'autrui, th. Nice, 1974.
(100) とくに、森田・前掲書79頁以下、また164頁以下参照。
(101) 森田・前掲書135頁、169-170頁、189-190頁参照。

第1部　債務不履行責任等（債権総論前編）

　　＊なおこの点で、潮見教授も、「債務内容」と「補助者の任務」との関連に留意した論文を出された(102)。
　　……(i)結果債務か、手段債務か、(ii)不法行為法上の義務との近接性（付随義務論などは、近接する）。
　④　債権者の行為（例えば、民法612条の承諾）の意味。法律的評価。
　　……(i)直接訴権の法理、(ii)免責的債務引き受け、(iii)過失相殺など関係する。
　　＊我妻類型論の視点の一つと見ることができる。

3. 法律構成
・補助者は独立性が高くとも許容され、またコントロールの態様も様々で、債務履行の過程で関与するということで足りる。
・そういう補助者（他人）の行為について、債務者が責任を負う根拠としては、一応債務内容ないしその不履行内容に組み込まれている――あるいは補助者だから――という論拠だけでは、なお一般的に過ぎ、ヨリ特定的・実質的法理（例えば、①結果債務等のような場合の保障法理、②表見法理、③直接訴権法理、④団体的法理等）を必要とすると考える（吉田）。

4. 具体的・類型的考察（判例の状況）
　従来の裁判例は、いわゆる「利用補助者」の事例が多いし（(i)(ii)参照）、手段債務（例えば、善管注意義務、診療債務、安全配慮義務）に関するものが多い（近時は、安全配慮義務関連（(iv)参照）をめぐる議論が注目されている）。しかし、他方で、結果債務的処理（保障責任）が要請される場合もある（(vi)以降）。

　すなわち、――
(i)　妻の失火事例（最判昭和30.4.19民集9巻5号556頁、法協98巻10号能見、民商33巻3号谷口（知）〔義務履行を補助する関係にあり、民法415条の帰責事由には、補助者の故意・過失も含まれるとする〕）。
　　――夫婦関係の特殊性、団体性ゆえの連帯的責任として考えていくべきで

---

(102)　潮見佳男「履行補助者責任の帰責構造(1)(2・完)」民商法雑誌96巻2号、3号（1987）〔同・契約責任の体系（有斐閣、2000）所収〕。とくに、3号354頁参照。

3. 債務不履行による損害賠償

あろう（昭和30年最判に事案につき、星野教授は、共同賃借人だとし（星野65頁）、谷口・批評は、表見代理による連帯責任があるとする）。Cf. 日常家事債務の連帯責任（民法761条）、家団論。

(ii) 転借人等による滅失（昭和4年大判（大判昭和4.3.30前掲、同昭和4.6.19民集8巻675頁、判民63事件吾妻〔転借人の失火による賃借家屋の全焼。転借人の行為は、履行補助者と同様で、その過失につき、賃借人が責めに任ずるのは当然だとする〕）。さらに、大判昭和15.12.18新聞4658号8頁〔入院患者の火の不始末〕、最判昭和35.6.21民集14巻8号1487頁〔工員（被用者）（賃借人の同居人）の失火。その過失は債務者の帰責事由になり、その際の補助者は経済的従属性がなくともよいとする。債務者（賃借人）の同人への監督不十分だったとの認定もされている〕）。

　——直接訴権（民法613条）が認められる法律関係の特殊性ないし賃借家屋利用者間の特殊性から。賃借人（転貸人）の担保的責任を認めてよい（加賀山論文[(103)]。平井86頁も、賃貸借法理の問題だとする）。

(iii) 医療過誤で、複数の医師が関与する組織的医療の場合（責任主体の相互関係が複雑で、個別の責任の関係の確定がしにくいという問題もあるが、他方で、医師の自律性という要請もある）（最判昭和36.2.16民集15巻2号244頁、法協81巻5号唄〔梅毒輸血事件。但し、民法715条で処理される〕、同昭和60.3.26民集39巻2号124頁、北法39巻2号吉田〔未熟児網膜症事件〕など）。

　——患者保護の見地からも、団体的処理の必要性がある（病院責任論）。Cf. 企業責任論。

(iv) 安全配慮義務領域（最判昭和58.5.27前掲など）。

　——労使関係がある場合には、基本的には、使用者責任（民法715条責任）とパラレルの扱いでよいのではないか。その意味で、（判例）は、アンバランスに被害者側の主張・立証の負担を重くしているところがあり（前述）、問題であろう。

(v) 表見代理的場合（運送人等）。

　——外観信頼保護の要請から、取引接触関係のゆえに、取引上の被害者の保護。取引的不法行為と同様の処理でよいであろうが、そこでは独立的補

---

(103)　加賀山茂「民法613条の直接訴権《action directe》について（2・完）」阪大法学103号（1977）。

助者の場合に、限界があるために、それを克服するという意義がある（同旨、潮見論文[104]）。

他方で、結果債務処理が求められるものとして、
(vi) 物品の瑕疵など。
　——担保責任の必要性。請負の場合も含めて、結果債務という債務の性質から。
(vii) システム契約等の場合[105]、銀行振込み取引の場合（被仕向け銀行の過失行為に関する仕向け銀行の責任）（最判平成6.1.20金法1383号37頁〔振込み依頼人が仕向け銀行の責任を追及した場合。原審では、被仕向け銀行は履行補助者として論じていたが、破棄差戻し〕）。
　——ネットワーク責任の特殊性からの利用者保護の要請から、結果責任的なものを認めるべきである（実質的営業状況とも関連する）（同旨、森田教授等（保障責任を肯定する）[106]（前掲））。

【QⅢ-17】履行補助者の伝統法理は、第1に、落合教授により、どのような批判がなされ、また第2に、そこにはどのような問題があり、どのように議論が展開しているのかを、整理して述べなさい。

【QⅢ-18】伝統的法理及び判例と近時の見解との間で、具体的にどのような異同があるのかを確認しなさい。

4．債務不履行による契約解除

契約解除は、講学上は、各種の解除制度の総括的説明として、債権各論の

---

(104) 潮見・前掲・民商法雑誌96巻3号351-352頁（説明義務違反の場合）。
(105) 簡単ではあるが、永田眞三郎「システム契約の履行と契約責任」、松本恒雄「システム契約とシステム責任」北川善太郎編・コンピューターシステムと取引法——システム契約の法政策的検討（三省堂、1987）134頁、163頁。
(106) 森田・前掲書183-184頁注88。さらに、岩原紳作「電子資金移動（EFT）および振込・振替取引に関する立法の必要性(4)(5)」ジュリスト1086号、1087号（1996）も参照。

「契約総論」として講ぜられるのが通例であるが、ここでは、法定解除の内最も重要な原則をなす「債務不履行解除（民法541条、543条）」について見ておくことにしよう（さらに契約法は、手付解除（民法557条）、担保責任としての解除（561条以下）、無断賃借権譲渡・転貸の場合の解除（612条）など多くの解除規定があるが、これらについては、契約各論講義に譲る）。──「債務不履行による損害賠償（民法415条）」と、並行して履修するのが、広義の債務不履行法の理解として望ましいからである。

4－1　伝統的通説及び判例の状況
(1)　伝統的通説
- 伝統的（通説）（我妻・各論上巻（講義Ｖ１）[289]以下）は、大略以下のような理解に立つ。すなわち、──
  - (i)　「債務不履行」の要件について、損害賠償の場合と同様に、三分類、すなわち、①履行遅滞、履行不能、不完全履行の３分類により、民法541条は、履行遅滞、543条は履行不能の規定とし、さらに不完全履行については、規定はないが、追完を許す場合には、541条の準用、許さない場合には、534条の準用と解する。
  - (ii)　その３類型について、過失の意味での「帰責事由（責めに帰すべき事由）」を要求する。＊この点も、415条の伝統的理解と同様であるが、解除においては、民法543条の字句を一般化するわけである。
  - (iii)　解除の効果については、物権法上の効果も含めて、全ての権利義務関係を遡及的に消滅させ、既に履行した給付については、不当利得の問題になるとする。＊このような効果理解は、従来「直接効果説」といわれる。
- 従来議論があったのは、(iii)の点で、この点で必ずしも統一的ではなくて、非遡及的に物権的に物の返還義務が生じ、両給付は対価的に関連付けられるとする少数説（山中説）も有力であった[107]。いわゆる「間接的効果説」と言われるものである（かなりの支持を集めていた）[108]。

---

(107)　山中康雄「解除の遡及効(1)～(3・完)」法協55巻1号～3号（1937）。とくに、「(2)」2号324頁、「(3・完)」3号526頁以下。
(108)　例えば、間接的効果説を支持する者として、鈴木禄弥「法律行為の無効・取消・解除の場合の給付物返還請求権はどんな性質をもつか」幾代通ほか・民法

(2) 判　例

- （判例）は、上記（通説）に立ち、「直接効果説」であると解されてきた（例えば、売買について、大判大正 6.12.27 民録 23 輯 2262 頁、贈与について、大判大正 8.4.7 民録 25 輯 558 頁）。その帰結として、解除前に相殺の自働債権とされた債権は、解除で未発生になり相殺は、無効であるとする（同大正 9.4.7 民録 26 輯 458 頁）。
- なお、消滅時効との関係では、解除により、契約上の債務と解除による原状回復義務とを別個独立に解して、新たな時効期間の算定と解する（いわゆる二段階の時効の理解）（大判大正 7.4.13 民録 24 輯 669 頁、最判昭和 35.11.1 民集 14 巻 13 号 2781 頁）（商事の場合には、5 年（商法 522 条）、民事ならば、10 年（民法 167 条）となる）。

4－2　新たな批判的議論の展開

(1)　解除効果論に関する立法者意思の確認——間接効果説の拡充

- かねて議論が多かった、解除の効果論に関して、立法者意思の確定がなされた（とくに北村論文[109]）（平井・各論Ｉ上 220 頁以下も詳細である）。——すなわち、旧民法（旧民法財産編 406 条 2 項、421 条 1 項、2 項）は、フランス式（フ民 1184 条、1234 条、1656 条）に、① 裁判上の解除に限り（これに対して、現行法は、それに限られない）、② 条件構成をとり、「直接効果説」に適合的だったものを、ドイツ民法草案に倣い「人権上〔債権上〕ノ効果ノミヲ生」ずるとされ[110]、「間接的効果説」に舵を切ったことが強調される。
- その上で、「直接効果説」には、もはや確固たる根拠もないとされる（北村論文 142-143 頁参照）。

＊この際に、留意が必要なのは、第 1 に、ドイツ法においては、物権行為の独

の基礎知識(1)（有斐閣、1964）150 頁以下、川村泰啓・商品交換法の体系（勁草書房、1972）285 頁以下、四宮和夫・請求権競合論（一粒社、1978）209 頁など。

(109)　北村実「解除の効果——545 条をめぐって」民法講座 5 契約（有斐閣、1985）とくに、118 頁以下。

(110)　この点は、民法修正案理由書 461-462 頁。また、法典調査会・日本近代立法資料叢書 3（商事法務、1984）821-822 頁、梅謙次郎講述・民法債権（第 2 章第 1 節）（法政大学）140-141 頁参照。

自性・無因性を認める点で、わが国とは構造が異なり、その意味で「ドイツ法では債権的効果に止まる」のは当たり前で、それとは異なる意味での「間接的効果説」的転換があったかという点は、あまりよくわからない感じもする（つまり平井教授は、ドイツ法からフランス法へのシフトを強調されるが（平井・各論Ⅰ上221頁）、必ずしもそれが決め手になるとも思われない）（吉田）。

また第2に、損害賠償と解除を同時に認めるという立場（民法545条3項）は、フランス民法的（フ民1184条）であり、もともとのドイツ法では、解除か損害賠償かを選択しなければいけないとされていた（ド民旧326条1項）とは、明らかに異なるものであった（もっとも、ドイツでは、2001年の債務法改正により、同趣旨の規定が採用されるに至った（新325条））。

第3に、ドイツにおいても、起草者に影響を与えたドイツ民法草案427条の頃は、「間接効果説」であったが、石坂博士以来我妻説に至る見解に影響力が強いエルトマン学説の頃は、「直接効果説」が有力となり、しかもドイツでもその後それ（「直接効果説」）は有力とは言えないとされる（北村論文の他、高森論文[111]）。

＊　なお、「間接効果説」を支持する論理的論拠（逆に言えば、「直接効果説」の難点）としては、第1に、民法545条3項で、損害賠償との両立と矛盾する点、第2に、（「直接効果説」の帰結としての）不当利得構成では、民法545条2項と民法703条、704条とに相違がある点（また、近時有力な不当利得類型論において、給付不当利得における契約の巻き戻しは、「間接効果説」になじむ点）、第3に、解除と第三者の「対抗問題」的処理は、間接効果説と親和的であるということが挙げられる。

さらに第4に、間接効果説（債権効果説）の方が、元の契約法上の義務との関連性が高まり、（給付不当利得論などでも説かれるように）同時履行関係（民法533条の延長線上としての民法546条）は無理なく導かれ、また、保証債務の射程をここでの原状回復義務にも広める（判例）（最大判昭和40.6.30民集19巻4号1143頁【24】）とも親和的であるとする。

---

(111)　北村・前掲124頁注20、126頁以下、高森八四郎「解除と第三者」関西大学法学論集26巻1号、2号（1976）。

第 1 部　　債務不履行責任等（債権総論前編）

＊解除規定の射程論——ややこれに関連することとして、従来の通説及び判例（大判昭和 8.4.8 民集 12 巻 561 頁）は、債務不履行解除規定の射程を広く考えて、片務契約にも適用されるとしていたが、近時は、双務契約に限定しようとする見解が有力である（星野Ⅳ 70 頁、平井・各論Ⅰ上 226 頁）。これは、解除を「間接効果」と理解して、両返還債務の牽連性を重視する山中説にも通ずるものであろうと思われる。

(2)　解除における「帰責事由」論不要論

・1990 年代前半から、解除の要件としての過失の意味での「帰責事由」の要件に対する批判が出され、むしろそれを不要とするという見解が有力に出されるようになり（この点では、渡辺論文等が嚆矢である[112]）、多数説化するようになっている（潮見Ⅰ 430 頁以下、内田 89 頁）。——そしてその際には、それに代えて、「契約した目的を達することができない」という要件を課すべきであるとする（民法 556 条 1 項の拡充である）見解が有力である（すでに、五十嵐博士など萌芽的見解があったが、平井・各論Ⅰ上 227-228 頁は、（判例）（最判昭和 36.11.21 民集 15 巻 10 号 2507 頁【44】、同昭和 43.2.23 民集 22 巻 2 号 281 頁、同昭和 51.12.20 民集 30 巻 11 号 1064 頁）から、このような要件を導きうるとする）。

＊留意点として、第 1 に、かかる動きは、損害賠償（民法 415 条）における過失責任的な「帰責事由」要件の見直し（吉田論文以降である）に対応する動きであると見ることができて、支持できるであろうと考える（吉田）。……なおその際に、わが民法は、ドイツ法と事情は異なり、立法的改正を経なくても、そもそも帰責事由を本来のフランス法的な意味のように、薄めて考えれば（不可抗力の裏の概念と見る）、こうした結論を導けると考える[113]。

---

(112)　渡辺達徳「民法 541 条による『契約解除』と帰責事由(1)(2・完)」商学討究 44 巻 1 号、2 号（1993）、辰巳直彦「契約解除と帰責事由」谷口追悼論文集(2)（信山社、1993）、山田到史子「契約解除における『重大な契約違反』と帰責事由(2・完)」民商法雑誌 110 巻 3 号（1994）。

(113)　この点で、鹿野菜穂子「契約解除法制と帰責事由」加藤雅信編・民法改正と世界の民法典（信山社、2009）299 頁では、ドイツ民法及びその影響を受けた台湾民法と日本民法とを同視しているが、問題があると思われる。

また第 2 に、国際契約法の動向もこれを支持しており（例えば、CISG49 条、PECL8：101 条、9：301 条、PICC7.1.7 条 4 項、7.3.1 条）、ドイツ法も 2001 年の債務法改正でこれに倣う改正を行った（ド民旧 325 条は、過失要件を求めていたが、新 323 条では、その意味での帰責事由要件は不要となった）。

(3) 解除の要件としての「債務不履行」要件

・「履行遅滞」「履行不能」のパラレル構成をわが民法 541 条は、採っていない点では、民法 415 条における北川教授の批判と同様のことが指摘できて、541 条の「その債務を履行しない場合」は債務不履行に関する包括的な要件と見ることができる。

・なお、この点で、「事前の違反ないし履行拒絶がある場合」に解除を認めるのが、国際契約法の動向であり（CISG72 条、PECL9：304 条、PICC7.3.3 条）、このような要件拡充をしていくかどうかは、今後の立法的課題である。

*これに関連して、「不履行意思が明らかの場合（ないし履行拒絶の場合）」に、民法 541 条の催告要件が必要かどうかという解釈問題があり、（判例）は必要説を採るが（大判大正 11.11.25 民集 1 巻 684 頁）、期間を定めない催告でも客観的に相当期間が過ぎればよいとされ（大判昭和 2.2.2 民集 6 巻 133 頁など）、（通説）（我妻・各論上[229]など）は、実質的に催告不要説だと評価するし、さらに、明示的に不要論を打ち出すべきだという見解も有力である（平井・各論 I 上 233・234 頁）。有力説に従うべきであろう（吉田）。

【QⅣ-1】解除の効果に関する「間接効果説」「直接効果説」の是非は、沿革的推移、またヨリ具体的な効果論との関連で、どのように考えられるのかを述べなさい。

【QⅣ-2】解除の従来の要件論に対して、どのような批判的見解が出ているかを論じなさい。

5．契約の対第三者保護

5－1 「第三者の債権侵害」（不法行為）による損害賠償[114]
　　　＊詳細は、不法行為法も参照。

5－1－1 通説的見解

(1) 責任の成否

・①明治中期の積極説（立法者の頃。イギリス判例の影響）→②消極説（ドイツ学説継受。ドイツ民法823条1項に関する議論（学説）の影響）→③積極説（大正初年の末弘論文〔ドイツ法の影響は濃厚である〕[115]。また大判大正4.3.10刑録21輯279頁【20】新堂（明）〔委任契約侵害の通謀という事例。ここには、イギリス判例の実務への浸透という背景があった〕）→④戦後有力な消極説（川島80-83頁）という推移がある[116]。

(2) 通説的立場の中身（我妻[94]〜など）

・類型論及び要件は以下の通り。……①帰属侵害——過失で足りる。②給付侵害で債権が消滅する場合。——過失で足りる（ないし認識が必要ともされる）。③給付侵害で、債権が消滅しない場合（二重雇用、二重譲渡、あるいは責任財産の現象）。——故意で良俗違反の態様を要する。

・（判例）もほぼ同様。

・戦後は、（通説）よりも限定的な見解〔広く故意の良俗違反を要求する〕が有力である（川島80頁以下、広中・各論講義431頁以下、幾代・不法行為68頁以下、加藤（雅）・ロースクール16号（1980））。

---

(114) 吉田邦彦・債権侵害論再考（有斐閣、1991）（初出、法学協会雑誌102巻9号〜104巻7号（1985〜87））。簡単には、民法の争点Ⅱ（有斐閣、1985）でも書いているが、著書のほうが、わかりやすいであろう。なお、この講義で述べることは、新版・民法の争点（有斐閣、2007）でも書いた。

(115) 末弘厳太郎「第三者ノ債権侵害ハ不法行為トナルカ」法曹記事24巻3号、5号（1914）。

(116) 詳細は、吉田・前掲書12頁以下（起草者の時代のイギリス判例の影響）、57頁以下（大正4年判決へのイギリス法の影響）、107頁以下（戦後のドイツ法的影響）参照。

5. 契約の対第三者保護

5-1-2 その批判
(1) 問題状況

・取引行為による不法行為（cf. 従来の不法行為——物理行為による）だが、現代的には、重要である。しかし、わが国では、1980年代半ばまでは、この領域の法理の展開が未熟であった。——比較法的にも特殊の地位を占めていた。

・従来は、わが国では安易な「自由競争」原理（他人の債権・契約を侵害する自由？ ——こんなことは、他国では通用しない）が強調され、その帰結として、競争の関する秩序・倫理・公平さへの関心が欠落していた。——債権侵害の不法行為が一般的に認められるとしながら、実例的に最も重要な、（従来の類型論における）「給付侵害で債権が消滅しない場合」については、原則として違法性は認められないとされていたのである。……その理由付けとしては、前記の①「自由競争論」の他に、②「債権に排他性がない」とか、③「債権者平等の原則」とか、④「債権は弱い権利である」（従って、相関関係理論からは、違法性が認められるためには、悪性の高い侵害態様が要求されることになる）とか、⑤「債務者の主体性」とかが、説かれたが、それぞれに根拠不十分で論駁できる（例えば、②に対しては、同一の債務者に有効に複数の契約（債権）が成立し得ること〔「債権に排他性がない」ことの意味〕と、契約の成立順序を無視した契約侵害の不法行為評価〔「債権の不可侵性」問題〕とは同一ではなく、前者から後者における消極的立場を導くのには飛躍があり、また、③に対しては、本原則は、複数の金銭債権の処理に関しては妥当するものの、それを複数の非金銭債権対処に一般化することには、飛躍があるなど）。

・アメリカでは、法経済学者により、功利主義（「富の社会的最大化」）の見地から、「契約を破る自由」が説かれて、わが国でも一部にもてはやされているが（樋口）、それは、彼地で判例上定着している契約侵害法理と対置される対抗原理であることに留意すべきである（わが国には、このバックグラウンドがないから）。

　＊しかも、こうした効率的契約違反の考え方に対しては、費用便益分析（効率性分析）としても、契約の保護を説く関係契約理論的見解が有力に出されている（少なくとも、特異性ある取引の場合）ことにも留意すべきである。

　　→このような状況に対して、（吉田）が、契約の対第三者保護——関係的利益（取引関係）の不法行為法上の保護——を強調して、「自由競争」にお

ける取引倫理、公平さ（フェアプレイのあり方）をクローズアップさせた。

(2) 批判的見解（吉田）のポイント

1. 従来の要件論〔原則として、違法性がないとされ、債権侵害が不法行為となるためには、故意（しかも通謀・教唆）があり、かつ良俗違反の態様を要求するのが通例だった〕をゆるめて、広く債権侵害を認めるべきことを説いた。しかしそれでも、取引活動の自由の要請があるから（取引的不法行為の特性である）、原則として、被侵害契約及び損害の認識の意味での故意は必要であろう。

    Cf. （平井・不法行為120頁、内田・民法Ⅲ 175-176頁〔2版183頁〕）などでは、「故意」の意味を狭く解して、過失不法行為の枠内だとする。——これは、フランス式の用法なのかも知れないが、実質的立場として大差はなく、混乱を避ける意味でも、英米式に故意不法行為（intentional tort）だと考えておきたい（吉田）。

2. しかし他方で、過失不法行為の類型も存在している。
    (1) 第1は、取引上の地位の特殊性から、特別の情報提供義務、説明義務を負う場合である。例えば、①企業の業績・資産状況につき照会された銀行の責任——わが国の（判例）は、否定的である。②融資者責任（レンダーライアビリティ）[117]——バブルに関連して、幾つか事例〔銀行(Y)が紹介した請負業者や不動産業者(A)が倒産したために、それと契約したXが損害を受けたという事例〕が出ている（名古屋地判平成 6.9.26 判時 1523 号 114 頁（○）、東京高判平成 7.12.26 金法 1445 号 49 頁（×）〔東京地判平成 7.2.23 判時 1550 号 44 頁（○）〕）。
    Cf. 直接の二当事者の事例——変額保険、ワラント証券に関するもの。
    さらに、近時議論が多いのは、③住宅欠陥建物問題との関連での設計士・工事監理士の責任である（契約各論参照）。——（判例）は、最高裁レベルでこの責任について積極的になっている（最判平成 15.11.14 民集 57 巻 10 号 1561 頁〔建築士の「名義貸し」がなされた事例〕、同平成 19.7.6 民集 61 巻 5 号

---

(117) 詳しくは、吉田邦彦「融資者責任と債権侵害」NBL598・599号（1996）。

1769頁【79】〔建築に携わる設計者、施工者及び工事監理者は、契約関係に立たない居住者等に対する関係でも、建物の基本的安全性が欠けないように配慮する注意義務を負い、同基本的安全性を損なう瑕疵があり、それにより居住者等の生命・身体・財産が侵害された場合には、——買主（原告〔被害者〕）が、瑕疵の存在を知りつつこれを前提に建物を買い受けた等特段の事情がない限り——これにより生じた損害につき、不法行為責任を負うとする。これに対して、原審（福岡高判平成 16.12.16 判タ 1180 号 209 頁）では、建物に瑕疵があっても、設計士・工事監理士などに当然に不法行為責任が成立せず、違法性が強度の場合、請負人に侵害の意図があり、瑕疵内容が、反社会性・反倫理性がある場合、重大で目的物の存在自体が、社会的に危険な場合に限られるとしていた〕、同平成 23.7.21 集民 237 号 293 頁〔同一事件の差戻し審。原告がその後本件マンションを売却して数年以上経ち、現実の事故が発生していなくとも、「建物の基本的な安全性を損なう瑕疵」があれば、その修補費用相当額の損害賠償請求ができるとして、原審をさらに破棄差戻した〕）。……イギリスなどでも議論が多いところであり[118]、支持すべき動きであるが、遅きに失したと言えなくもない（もっとも、最近は、近時の経済的損失（pure economic loss）に関する動向等を基に、再度契約法によるべきで、過失不法行為によるべきではないとの議論も出されているが（新堂論文[119]）、こうした方向に行くべきではないであろう）。

(2) 第 2 に、いわゆる 企業損害、間接損害（間接被害者）の問題 〔会社の重鎮が交通事故に遭い、その会社が、関連して受けた損害を交通事故加害者に請求するような場合〕も、債権侵害の一環で語りうるが、これは、物理的不法行為〔事実的不法行為〕（交通事故）における「損害賠償の範囲」の問題である（因果関係論ないし義務射程論）である（同旨、平井 185 頁）。……営業損害についても、賠償させるべきかどうかの法政策判断にかかる。付保の状況（VIP 保険など）も間接的に判断に影響するが、長期不況下の昨今、一般論として、代替人員を用意すべきだとか、付保すべきだとかの論理を介在させて、

---

[118] 吉田・前掲書 388 頁以下参照。さらに、能見善久「経済的利益の保護と不法行為法（純粋経済損失の問題を中心に）」広中＝星野編・民法典の百年 I（全般的考察）（有斐閣、1998）。

[119] 例えば、新堂明子「契約と過失不法行為責任の衝突」NBL936 号（2010）。こういう捉え方に対する批判は、私法 73 号（2011）17 頁〔吉田発言〕参照。

第1部　債務不履行責任等（債権総論前編）

消極的結論を安易に導くべきではなかろう（吉田）。

　　（判例）は、個人会社、非代替性、経済的一体関係を要求している（最判昭和 43.11.15 民集 22 巻 12 号 2614 頁【88】吉田）。
　　Cf. ドイツ的議論——直接的被害者に、賠償請求権者を限定するやや硬直した見方（徳本解説参照）（吉村・不法行為 112-114 頁もドイツ的である）。

3. 具体的類型論
　　Cf. 従来の分類論…実例に即しておらず、わかりにくい。
　　　「帰属侵害」と「給付侵害」に分け、さらに後者を「債権が消滅する場合」と「債権が消滅しない場合」とに分ける。——しかし、①ほとんどの実例は、「給付侵害で債権が消滅しない場合」であることに、留意する必要がある。また、②「帰属侵害」の場合には、過失で足りるとされるのだが、その例として挙げられるのは、債権の準占有者に対する弁済（民法 478 条）の関係での不法行為者とされるが、このような実例はほとんどなく（ドイツでも）、またあるとしても、故意の準占有者が多いであろう。さらに考えると、債権侵害法理による保護は、債権の帰属の保護であり、「給付侵害」であっても、「帰属侵害」であると思われる（吉田）。
　　＊従来の分類には、「財貨の帰属と運動による区分」「取引上の利益（給付利益）は契約法による（原則として契約責任を重視する）」というドイツ特殊の観念的議論（ドグマ）が影響を与えている。

(1)　二重譲渡　事例(120)
……民法 177 条、民法 424 条類推適用、民法 709 条——これらの運用を、総合的にみていく必要がある。

---

(120)　吉田・前掲書 570 頁以下のほかに、好美清光「Jus ad rem とその発展的消滅」一橋大学研究年報法学研究 3（1961）、磯村保「二重売買と債権侵害(1)～(3・完)」神戸法学雑誌 35 巻 2 号、36 巻 1 号、2 号（1985～86）。さらに、潮見佳男「債権侵害」新・現代損害賠償法講座 2（日本評論社、1998）も参照。
　　さらに、フランスの予約違反については、吉田・前掲書 463 頁以下の他に、横山美夏「不動産売買契約の『成立』と所有権の移動(1)(2・完)——フランスにおける売買の双務予約を手がかりとして」早稲田法学 65 巻 2 号、3 号（1990）、さら

（判例）の要件は狭い（最判昭和 30.5.31 民集 9 巻 6 号 774 頁、民商 33 巻 4 号末川、北法 7 巻 3 = 4 合併号藪〔建物の二重譲渡。Y（第 2 の買主）が、悪意で買い受け、売却したため、X（第 1 の買主）が対抗できなかったとしても、それだけで不法行為責任を負わないとして破棄差戻し。原審は、Y の履行引受けの事実を認定し、X の権利を故意に侵害したとして不法行為責任を肯定していた〕）。

・民法 177 条の悪意の「第三者」をどう考えるかという問題である。——わが国の場合、不法行為の効果は、原則として金銭賠償に限られるので、原状回復（現物返還）的効果は、民法 177 条の解釈問題になる。

・単なる過失者でも、責任を負うとするのは、行き過ぎである。逆に悪意者ならば、公示制度で保護される「第三者」とは考えない。……かねて、好美教授の好論文があるが、近年は状況が動きつつあり、議論も多い。かつては、民法 177 条だけを孤立的に考えてきたふしがあるが、フランス法と同様に、公示原則を不法行為法理と融合的に考えていく必要があろう。

・なお、この類型と連続的な場面として、手付解約（民 557 条）の誘致の事例があるが、この場合には一応「適法行為の誘致」なので、その不法行為評価の要件は縛りがかけられることに留意すべきであろう（潮見論文は、統一的検討を説くが）。また、フランス法などでは予約（前契約）事例も蓄積されており、この違反誘致も連続的考察を要する問題である（予約については横山論文も参照）。

(2) 引き抜き——競業避止義務違反 事例[121]

・最近は、幾つか下級審判決も出されている。—— ① 学習塾の塾講師の引き抜き事例（大阪地判平成元.12.5 判時 1363 号 104 頁（×）、東京地判平成 2.4.17 判時 1369 号 112 頁（○）、東京地判平成 5.8.25 判時 1497 号 86 頁（×）、② 英語教材販売会社による引き抜き（東京地判平成 3.2.25 判時 1399 号 69 頁（○）（不意打ち的な集団移籍計画があった事例））。

に、同「競合する契約関係の優先関係(1)〜(5・完)」大阪市大法学雑誌 42 巻 4 号、43 巻 4 号、45 巻 3 = 4 合併号、47 巻 1 号、49 巻 4 号（1996〜97、1999〜2000、2003）も参照。

[121] 吉田・前掲書 604-605 頁のほか、さしあたり、土田道夫「労働市場の流動化をめぐる法律問題（上）」ジュリスト 1040 号（1994）参照。

第 1 部　債務不履行責任等（債権総論前編）

　　＊さらに、最高裁事例で、競業避止義務ないし営業秘密にかかわらない退職労働者の同業企業での就労という事例につき、「社会通念上自由競争の範囲を逸脱していない」として不法行為を否定するものが出た（最判平成22.3.25民集64巻2号562頁〔退職後5カ月してから競業取引を行ったという事例〕）。

・近時の労働市場の流動化、そして競業避止義務ないし守秘義務への関心の高まりぶり（不正競争防止法の平成2年改正により、営業秘密保護の規定が新設された後も随時強化され、平成15年改正では立証上の負担の緩和が図られる（5条、6条）。また、平成14年の知的財産基本法2条1項でも、営業秘密は「知的財産」と明記される）は、かつての議論の不在と比較すれば隔世の感がある。
・この場合の判断として指摘しておくべきことは、一方で近時急速に光が当てられている「企業秘密ないし人的資本への投下コストの保護」がある反面で、被用者の「転職（職業選択）の自由」（憲法22条1項）の保護（競業避止義務にはその制約の側面がある）にも配慮する必要があることであり、両者の慎重な考量が求めることである（同旨、土田教授）。──その意味で、近時の裁判例が営業秘密に関わらない競業避止義務について、「必要最小限であり、充分な代償措置がなされている必要がある」として要件を付加している（東京地決平成7.10.16判時1556号83頁〔司法試験予備校の看板講師の競業避止義務に違反した同種予備校の新設・営業の差止請求。前記要件を充たしていない競業避止義務は公序違反として無効とし、また秘密保持違反または、そのおそれはないとして差止請求を棄却する〕以降である）のは、頷けよう。

(3)　取引先行者取引の侵害──条件付取引違反誘致(122)

　　　　X（先行者）─────　A　←─────　Y（後行者）

　……排他的契約、一手販売権侵害──その契約自体、競争制限的である。
・これに関する債権侵害（条件付契約の侵害）による不法行為の肯定は、静的な（static な）競争秩序保護に繋がる。→　場合によっては、取引閉塞的に、

---

(122)　(3)(4)については、吉田邦彦「不正競争に関する一管見」ジュリスト1088号（1996）〔同・民法解釈と揺れ動く所有論（有斐閣、2000）10章〕。

5. 契約の対第三者保護

取引後行者を市場から排除する形で作用するから、この不法行為法上の保護には、慎重を要する。
・ヨーロッパでは、1930年代戦間期に数多く見られた事例である（販売協定、排他的契約、価格協定（再販価格指定）に関する）。

(4) 取引後行者取引の侵害 ——逆にこの場合の債権侵害の不法行為の積極的認定は、独禁法の「不公正な取引方法」規制（とくに、一般指定14項〔平成21年改正前は15項〕）の趣旨ともリンクしており、取引の自由（自由な市場）の実質的確保のためにも、重要な類型である。

　　　　Y（先行者）→ ──── A ──── X（後行者。例えば、並行輸入者）

……並行輸入妨害、間接取引拒絶、排他条件付ないし拘束条件付取引（一般指定2項、11項、12項、そして一般的に14項）。
・これに関する一般指定14項は、アメリカ法における不正競争に関する不法行為法理（取引的不法行為）を前提としている。
・わが国では、従来流通系列化が強く見られるから（それゆえに、かつてはあまり、不正競争に関する債権侵害事例が見られなかったとも考えられる）、この取引秩序を動的な（dynamicな）競争秩序にシフトさせていくためには、この類型の不法行為法理が、公取委の行政規制とともに重要であろう。——もっとも、目下この流通系列化は、流動期にある（崩壊しつつあるというより、ヨリ巨大な流通系列化に取って代わられているのではないか）。その意味で、中小の媒介業者の弱体化・消滅という問題とともに、郊外の大規模店舗・チェーン店による市街地の空洞化・ゴーストタウン化という、「街づくり問題」とも関わっている。

　近時問題化している、ソーシャルネットワーキング・サービスを巡る取引妨害紛争（大胡勝ほか「㈱ディー・エヌ・エーに対する排除措置命令について」公正取引733号（2011）参照）も、この部分の事例であろう。もっとも、コンプガチャ問題で示されたように、ソーシャルゲームに潜む射倖性ゆえに生ずる消費者保護問題を、ここでの競争者間の不正競争問題とどう接合させるかは、今後の課題である。

(5) 労働争議 事例 → 労働法
＊これについては、イギリス法では、実にたくさんの事例が蓄積されており、債権侵害（契約侵害）が、労働争議ないし同情スト（二次的争議行為）を弾圧する使用者側の法理として使われたこと、そして、同国では、既に20世紀初頭から、労働者の争議権の保護のために、保護立法が積み重ねられていることに注意が必要である。——わが国では、労組法8条で、イギリス法の保護立法が継受されて、免責規定がおかれた（しかし、その前提の債権侵害法理は、民法の方では未成熟という奇妙な状況であった）。

(6) 責任財産侵害 事例（金銭債権侵害事例）——民法424条とのバランスが問題になるし、ここでは、金銭債権の特性として、債権者平等（債権競合の許容）の考慮（いわゆる平等主義の要請）から、不法行為要件は絞られることになる。

【QV-1】「債権侵害の不法行為」に関する制限的見解（従来の伝統的通説など）が説く論拠をできるだけ多く論じて、その各々について、批判をしてみなさい。

【QV-2】不動産の二重譲渡事例において、第二の買主が悪意で先に登記を経由した場合の第一買主の救済方法としてはどのようなものが考えられるか。

【QV-3】不正競争に関わる債権侵害（契約侵害）は、従来（そして近年）そのような具体的場面で問題とされてきたか。諸外国の状況も踏まえて論じ、さらに独禁法的に分析をしなさい。

【QV-4】いわゆる「企業損害」の問題には、どのような法的処理をしたらよいのであろうか。判例・学説の状況について論じなさい。

【QV-5】債権侵害的な融資者責任（レンダー・ライアビリティー）は認められるかについて、検討しなさい。

【QV-6】責任財産侵害に関する不法行為は、何故限定されるのかを論じなさい（債権者取消権（民法424条）の勉強後も再度検討しなさい）。

5. 契約の対第三者保護

5-2 債権（賃借権）に基づく妨害排除

・従来、（判例）で問題とされたのは、不動産賃貸借の場合である。……リーディングケース（大判大正10.10.15民録27輯1788頁、判民148事件末弘〔「鱠」(123)の専用漁業権の賃貸借侵害の事例〕）は、権利の性質論から一般的判示をして、妨害排除を肯定した。

・その要件論について、戦後の裁判例が、ヨリ具体的に論ずる。——（判例）は、賃借権が対抗力を具備しているか否かを問題とする。

  (i) 二重賃借権等の事例。……最判昭和28.12.18民集7巻12号1515頁【21】（罹処法〔罹災都市借地借家臨時処理法（昭和21(1946)年法律13号）〕10条の対抗力あり〔同条では、罹災建物滅失当時から引き続き、借地権を有するものは、借地権建物の登記なくとも、昭和21(1946)年7月から5年以内に土地の権利を取得した第三者に対抗できるとする〕。肯定）。Cf. 同昭和28.12.14民集7巻12号1401頁（採掘請負人によるXの採掘権侵害事例）。

  (ii) 不法占拠事例。……最判昭和30.4.5民集9巻4号431頁、法協93巻6号星野（罹処法10条の対抗力あり。肯定）。Cf. 同昭和29.7.20民集8巻7号1408頁（単に土地賃借権というだけでは、バラック除去請求権はないとする）。

・（学説）は不統一である。

(1) 我妻博士（我妻[109]）は、（判例）を部分的に支持し（排他性論）（同旨、末弘・前掲評釈）、他方で、対抗力なき場合でも、占有がある限り、妨害排除を認めてよいとする。従って、この立場だと、占有訴権しか認めない立場（川島77-78頁、同・所有権法の理論128-131頁、142-147頁）と大差ない。

(2) 近時は、上記の(i)(ii)の場合を分けて論ずる立場が多数説である。そして、(i)については、（判例）を支持するとしても（奥田245-246頁、平井124頁）、(ii)（妨害排除本来の問題とされる）については、（判例）を問題とする。……このレベルでは、「賃借権の対抗力」を問題とすることには飛

---

(123) この字をどう読むのかについては、星野教授の債権総論の講義（1979年秋）（同教授も、未だにわからないと言われていた）以来、不明であったが、過日（2011年11月）の講義時に、本講義聴講学生から、「ハモ」または「カマス」のことであるとの教示を受けた。記して、謝意を表する。

躍があり、仮に要件とするにしても、通常の意味とは異なり、「妨害排除請求権の行使要件・保護資格としての対抗力」の要否が問われていると見る必要がある（平井125頁。Cf. 民法94条2項の類推適用における第三者の「登記」の要否等もこれと同様である）。

(3) そして、近時の有力説は、占有及び対抗力は、必要ではないとする（好美論文[124]、星野131頁、平井127頁、来栖（法律学全集）347頁、赤松論文[125]、内田189頁など）。

＊「対抗力」概念の再検討の必要性

「対抗力」（opposabilité）とは、通例は、（ここでは）賃借人としての契約上の地位の（第三者に対する）主張の意味である。しかしここでは、不法行為の前提としての「契約の不可侵性」（inviolabilité）の問題である。

（検討）
1. 要件を論ずる際には、他の制度（例えば、占有訴権、債権者代位権の転用等）を相関させて、検討する必要がある。
・我妻説で占有が要件とされるのは、未占有の場合には、民法423条の転用によるべきだとし、その場合には、抗弁（所有者との関係での抗弁＝①）の主張（例えば、黙認とか、利用関係の継続など）との関係で、なお「迂路」は必要だとする（我妻[109]86頁）（それに対して、賃借権に基づく妨害排除請求権が認められると、この①抗弁の対抗が認められないことを前提としているようである）。
・しかし、他方で、「迂路」の利用により、賃借人との関係での抗弁（②）（例えば、YがXの転借人の場合）を免れることになり、民法423条によることは問題だとする指摘がある（天野論文[126]）。——なお、これに対しては、星野教授は、「抗弁の対抗」をこの場合にも認めればよいとして、批判する（星

---

(124) 好美清光「賃借権に基づく妨害排除請求権」契約法大系Ⅲ（有斐閣、1962）。
(125) 赤松秀岳「債権に基づく妨害排除の問題は、なお論ずべき点を残していないか」椿編・講座現代契約と現代債権の展望Ⅰ（日本評論社、1990）25頁以下、とくに45頁。
(126) 天野弘「不動産賃借権者による妨害排除請求権の代位行使という判例理論の再検討（上）」判タ286号（1973）。

野評釈・法協93巻6号1000頁注参照)。抗弁との関係では、結局、両者の構成は大差ないのではないか(同旨、平井126頁)。むしろ、直截な妨害排除の構成をとるか否かが問題になるにすぎず、この点で、有力説を支持し得る(吉田)。

2. 以上に問題とされている賃借権の、「物権類似の特殊性」には留意する必要がある。……ボアソナードは、賃借権を物権としており、現行法下でも物権論が出されたこともあった(岡村・私法14号)。しかも特別法により、「賃借権の物権化」は進められ、その一環での議論だと見ることができる。

　従って、ここでの法理は、「物権的請求権」の賃借権への拡張と見ることができ、賃借人側の要件のみが議論され、侵害者の要件は問題とされないのが特徴である(例外は、舟橋説(舟橋(法律学全集)(1960)36-37頁)である)。——この背後には、日本法では、不法行為の効果は、損害賠償に限定されるという「金銭賠償主義」(民法722条1項)に起因している。しかし、比較法的には、こういう立場は例外的であり、不法行為の効果としての差止め、ないし妨害排除が本格的に検討されるべきである。

3. 賃借権以外の場合に、妨害排除を認めることについては、一般的には、消極的である(我妻[110]、星野132頁、平井122頁)。しかし、立法論的には、加害者側の侵害態様によっては、債権に基づく妨害排除(差止め)を検討する余地はあるのではないか(とくに「意図的不法行為」(故意の不法行為)の場合)(なお、①「二重譲渡」(民法177条)における悪意者排除説の議論も、ここでの問題の一環として捉えることができ(それがまさしく1960年代後半以降のフランスの判例理論である)、また②「不正競争」については、不正競争防止法3条参照(立法的には、ドイツ法のように、一般条項化する必要があろう))。

第1部　債務不履行責任等（債権総論前編）

【QV-7】不動産賃貸借に基づく妨害排除に関する判例にはどのような問題があると、従来議論され、それに対して、どう考えたらよいのかを述べなさい（判例と学説の異同にも言及すること）。

【QV-8】不動産賃貸借以外の債権に基づく妨害排除一般については、どのように考えたらよいのかについて検討しなさい。

第 2 部　金融取引法（金融債権総論）

　債権総論の後半は、「はじめに」で述べたように、金融取引（銀行取引）に関する制度を扱う。すなわち、金銭債権に関わる金銭消費貸借（民法 587 条以下）、消費寄託（666 条）をめぐる具体的制度を扱う。一見抽象的なようだが、実はそうではなくかなり細かな込み入った法律関係を扱う。——任意に弁済（民法 474 条以下）してくれればよいが、そうでなければ、以下のプロセスとなる。
　第 1 に、民事執行（金銭執行）という手続（差押え→換価→配当というプロセス）になる（これについての詳細は、民事訴訟法、とくに民事執行法参照）。

　また第 2 に、(特定の) 債権者の優先的満足の制度として、次のものが用意されている。
(1)　担保（担保権の実行は、民執 181 条）（人的担保については、債権総論の対象だが、物的担保については、担保物権法参照。＊従来、債権総論と担保物権法とをまとめて扱う例が多いのは、理由があることである）
(2)　代物弁済（民法 482 条）（商品引き揚げなど）
(3)　相殺（民法 505 条以下）
(4)　債権譲渡（民法 466 条以下）
(5)　非典型担保（譲渡担保、所有権留保、仮登記担保（上記代物弁済の応用である）。これらについても、担保物権法参照）

　さらに第 3 に、債権総論は、責任財産の維持の制度（しかし実際には、優先的満足ないし簡易の配当がなされている）として、次のものを定める。
(1)　債権者代位（民法 423 条）
(2)　債権者取消権（民法 424 条以下）
　＊なお、民事保全法は、仮差押え（20 条以下）、仮処分（23 条以下）という制度も用意している。また、民事執行や倒産法との相関で見ていく必要もある。

第 2 部　金融取引法（金融債権総論）

(特徴)

(1)　概してかなり法技術的な制度が多い。しかし、実際上は重要で、銀行取引実務には、不可欠の知識である。……勉強の仕方としては、制度の基本原理（例えば、債権者平等の原則等）および骨格から細部に入っていくというのが、鉄則であろう。

(2)　経済合理的な制度が多く、資本主義社会に定着している（我妻博士の終生のテーマは、「資本主義の発展と私法——とくに、金銭債権、担保物権をめぐる諸制度の展開」であった[127]）。……市場取引に委ねられるところが多い。しかし国家的（司法的）介入がなされるところもある。例えば、① 法定地上権（民法388条）における建物損壊による社会的損失に対する配慮、② 非典型担保の法規制としての清算義務（元来は、民法90条から。仮登記担保については、特別法があり（昭和53年法律78号）、判例が明文化された（清算義務については、7条））、③ 短期賃借権の保護（民法旧395条）（担保権と用益権との調整を図ったものだが、弊害も従来指摘され平成15（2003）年の担保法改正で廃止されたが、異論のあるところであろう）など。詳しくは、担保物権法参照。

(3)　解釈手法として、利益考量論的なものが有用である（また、「法と経済学」的分析もやりやすい領域であろう）。考量の対象が、経済的利益（金銭的利益）であり、衡量分析しやすく、この点で、表見代理等、民法総則の領域と類似する。……なお、従来は、やや取引安全に偏したきらいがあるので、それと対立する利益（静的安全）ないし弱者保護に留意する必要がある。例えば、① 民法94条2項の類推適用における本人側の利益、② 債権譲渡における制約の事情（債権の性質〔例えば、恩給、保険受給権等〕、譲渡禁止特約）、③ 債務引受け、契約の地位の移転における相手方の同意の要否（Cf. 民法612条）（〔判例〕は、賃貸人の地位の譲渡に、賃借人の同意は不要とする）など。

(4)　比較法的には、わが民法はこの領域でも、フランス法的特色をもつものが目につく（かつては看過されてきただけに、注意を要する）。例えば、① 債権者取消権（実体法と手続法との未分離の制度）、② 先取特権、③ 留置権（フランス的に、対第三者効まである）。

---

[127]　詳細は、我妻栄・近代法における債権の優越的地位（有斐閣、1953）（復刻版、1997）参照。

6. 債権譲渡・債務引受け

6－1　債権の譲渡性、譲渡禁止特約論
(1)　債権譲渡を巡る起草時の議論

・債権譲渡ができることについては、今日では当然のこととされており、民法466条1項本文は、沿革的意義を有するに止まる。……ヨーロッパでも、ローマ法時には、「法鎖」とされ、今日の債権譲渡のためには、更改が必要とされた。

・もっとも、わが国の法状況には、特殊性があった。民法典起草当時には、債権譲渡の自由が否定されており（明治9(1876)年太政官布告99号。代言人、代人に対する反感から、債務者による証書書換えが、譲渡の効力要件とされる）、また否定的空気も強く、「民法典論争」における延期派の論拠の一つとされる（この点につき、米倉論文(128)。親友間の貸借も、忽ちにして高利貸しに対する債務と化するという議論（江木衷）がまかり通っていた）。→そこで、起草者は妥協し、民法466条2項を置いた（わが国独自の規定である）。Cf. 旧民法では、債権譲渡の自由の規定のみである（財産編333条5項、347条1項）。

(2)　譲渡自由の例外──とくに譲渡禁止特約
例外として次の場合が規定される。
〔1〕「性質が許さないとき」（民法466条1項但書）
　①　金銭債権でも、債権者保護の趣旨から。属人性の強いもの。……(ex.) 恩給受給権（恩給法11条）、扶養請求権（民法881条）。その他、養老金、奨励金、災害補償受給権（労基法83条2項、国家公務員災害補償法7条2項）、社会保険における保険給付請求権（健康保険法61条）。
　②　団体的制約から制限される場合。……(ex.) ゴルフクラブ会員権の譲渡（最判平成7.1.20判時1520号87頁〔明文の定めはないが、諸般の事情から（名義書換料の規定がないことからの意思解釈として）、譲渡禁止特約を認める〕。Cf. 最判平成8.7.12民集50巻7号1918頁〔指名債権譲渡に準じた対抗要件に

---

(128)　米倉明「債権譲渡禁止特約の効力に関する一疑問(1)～(3・完)」北大法学論集22巻3号、23巻1号、3号（1971～73）〔同・債権譲渡──禁止特約の第三者効（学陽書房、1976）に所収〕。とくに、「(1)」参照。

よる譲渡を認める。しかし、会員権に基づく権利行使のためには、クラブハウス経営者の承認を得た名義書換えが必要とされる〕）。
③　債務の性質から。——なす債務（行為債務）の場合。Cf. 与える債務（引渡債務）、とくに金銭債権の場合。……（ex.）雇用の場合、労働者の承諾を要する（民法625条1項）。請負、委任についても同様とされる。

＊賃貸借についても——用益物権類似の与える債務ないし状態債務であるのに、——賃借権の譲渡について、同様のスキームである（民法612条）。しかしフランスでは、原則として自由[129]。本条で、賃貸人の承諾が要件とされるのは、日本の特殊性に由来する。……わが国における契約関係上の人的性格の重視の表れか。戦後非難されたが、それほど否定すべきことでもない（吉田）。

　　なお、借地借家19条（旧借地法9条ノ2、9条ノ4〔承諾に代わる裁判所の許可〕）は、これを緩和した。

〔2〕　**債権譲渡禁止特約**（民法466条2項）

　　　　A⇒C　善意・悪意
　　　　↓
　　　　B譲渡禁止特約

・日本の特殊事情に由来する珍しい立法例。
・当初は、取立て屋（譲渡屋）の横行防止が目的とされる（この点は、特別法でも、対処されている。例えば、信託法10条〔訴訟信託の禁止〕、弁護士法73条〔譲受け権利の実行禁止〕）。
・もっとも、弱い立場にある（とされた）債務者による、上記目的のための禁止特約の利用は現実的ではなく、起草者〔梅〕も、「特約」には消極的であり、あまり利用されないと考えていた（＊梅博士の自由尊重主義的な立場（前述）の反映でもある）。しかしその後はそのようには展開せず、この譲渡禁止特約は、多用されている。

---

(129)　これについての詳細は、原田純孝「賃借権の譲渡・転貸」民法講座5契約（有斐閣、1985）参照。

6. 債権譲渡・債務引受け

＊譲渡禁止特約の多用とその背景
　すなわち、今日では、銀行という経済的に優位な債務者により、(i)事務の煩雑さの回避（例えば、預金者確認、誤払いの回避）、(ii)相殺の便宜を狙いとして、多用されている（しかしこの点も、法理的には、債権譲渡を認めても、債権譲渡と相殺の問題〔これについては、後述する〕になるだけのことであり、障害になるわけではない）。
　要するに、事実上の便宜というぐらいであり、法律上の決定的根拠を欠いているのである。

・かくして米倉教授は、こうした特約の利用は、合理的ではないとして、「特約の効力制限論」を展開する。——すなわち、民法466条2項但書の射程を拡張し、「善意の第三者」とあるが、場合によっては、悪意の第三者にも特約を対抗できないとする。……利益衡量から。債権の譲渡性を重視する立場から(130)。

(検討)
・「説得力ある利益考量」、「起草当時の議論の調査」、「常識破りの結論」（条文をも塗り替える解釈論。そして従来の見解とのギャップ）という意味で、数ある米倉論文の中でも、最も優れたオリジナルな研究の一つであろう。
・理論的には、不合理な特約の(半)強行法規的規制の一環で捉えうるし（吉田）(131)、近時の譲渡禁止特約に消極的な比較法的動向（この指摘は池田教授(132)）との関連でも、支持し得るであろう。
・しかし、解釈論の域を超えていて、やや無理であろうか（同旨、星野202頁）。……債権譲渡の制限の事情の特殊性（経済的に優位な金融機関による禁止特約という事情）ゆえに、取引安全の方（民法466条2項但書）を重視すべきであ

---

(130)　米倉・前掲書62-63頁、68頁以下、86頁以下、227頁。さらに、同「債権譲渡の禁止」民法学4（有斐閣、1976）286頁以下。
(131)　この点は、吉田邦彦「金融取引における民法典規定の意義」同・契約法・医事法の関係的展開（有斐閣、2003）184頁以下（初出、法律時報71巻4号、6号（1999））。
(132)　例えば、池田真朗・債権譲渡法理の展開（弘文堂、2004）309頁以下参照。

第 2 部　金融取引法（金融債権総論）

ろうが（その意味で、我妻説（後述）は、単に公信の原則の機械的適用の観があり、狭め過ぎで問題である）、他方で、銀行による預金債権に付する譲渡禁止特約は、担保手段の一環として、合理性がなくはなく、悪意者には対抗できるとしてよいのではないか（この点で、米倉説は、行き過ぎであろう）。また、転得者との関係では、相対的効果説でよい（善意→悪意の場合）（吉田）（同旨、平井 137 頁、前田 400 頁）。

・〔判例〕の状況は、以下のとおりである。
　(1)　まず、悪意者のみならず、重過失者にも特約を対抗できるとする（最判昭和 48.7.19 民集 27 巻 7 号 823 頁【27】（5 版）〔事案は複雑だが、手形買戻し（返還）の相手方（手形の返還先を間違える不法行為が問われている）の前提問題として、代物弁済としての本件預金債権譲渡の成否が問題とされた〕）。……これを支持するのが、〔多数説〕でもある（林＝石田＝高木 441 頁など）。さらに我妻博士などは、466 条 2 項但書の保護を受けるために、無過失を要するとしていた（我妻[733]）。──これらは、譲渡禁止特約の民法規定よりも、効力拡張していることに留意せよ（米倉教授とは逆）。
　(2)　その他、執行には、譲渡禁止特約効（譲渡制限効）は妥当しないとされる（判例）（最判昭和 45.4.10 民集 24 巻 4 号 240 頁）。──これは、梅博士の立場である。
　　＊債権譲渡領域におけるこの時期の〔判例〕の起草者帰りについては、また言及する。
　(3)　また、債務者が承諾を与えた場合には、債権譲渡は有効になる（譲渡時に遡ってそうなる）とする（最判昭和 52.3.17 民集 31 巻 2 号 308 頁、法協 95 巻 10 号米倉〔保証金返還債権のケース〕）が、承諾前の差押え債権者には、債権譲渡の効力を主張できないとする（同平成 9.6.5 民集 51 巻 5 号 2053 頁【26】、北法 49 巻 4 号四ツ谷〔民法 116 条を根拠とする。譲受人が特約につき、悪意・重過失の場合で、爾後の差押え債権者（しかし承諾前）の不譲渡への（特約信頼）の期待を保護する必要があるとする〕）。

6. 債権譲渡・債務引受け

```
              H 9 事案      S52 事案
   A⇒X悪意・重過失
   ↓売掛債権←Y差押え……①         ②
   B
   譲渡禁止特約
   その後承諾……………②         ①
```

（検討）

- しかしこれでは、「遅い者勝ち」になるのではないか。Cf. 債権者取消権（民法424条）などでも、同様の問題があるが（後述）、原則としては、勤勉な者（すなわち、債務者の信用調査を早く行い、先に当該債権を譲り受けた者）を保護する「早い者勝ち」の結論をとるべきであろう。
- また、本件では、売掛代金債権事例であり、譲渡禁止特約にどれだけ合理性があるかにも疑問が残る。——米倉説（特約の効力制限論）からは、逆の結論になる。
- 差押え債権者の特約への期待をどの程度保護すべきなのか。他方で、債権譲渡を受けた譲受人の保護との兼ね合いをどう考えるのか？
  　——以上から、①民法116条の本文のみ類推適用するという立場（家族法でそのような趣旨の判例もある。最判昭和39.9.8民集18巻7号1423頁〔養子縁組の追認の事例〕）をとれば、譲受人の方を重視するということになろうし、②米倉教授の如く、本件は、合理性がない特約だから、無きものとして扱うとしても同様の結論となろう（吉田）。

(4) 譲渡禁止特約による無効は、債務者以外も主張できるかについて、近時制限的に解するのが（判例）になっている（最判平成21.3.27民集63巻3号449頁、ジュリスト1421号高橋譲、重判【民7】角〔譲渡禁止特約付き請負代金債権の譲渡担保契約がなされ、その後譲渡人の特別清算手続きが開始し、清算人が特約を持ち出し、本件債権譲渡の無効を主張したというもの。なお譲受人は、特約につき、悪意だとされる。原審は、無効を認めていたが、最高裁は破棄して、無効の主張を封じた〕）。——錯誤無効（取消的無効、相対的無効）の例（最判昭和40.9.10民集19巻6号1512頁）を引きつつ（高橋解説102頁）、「譲渡禁

止特約は、債務者の利益のためであるから、債権者は、譲渡無効を主張する独自の利益がなく、債務者の無効の主張の意思が明らかである等の特段の事情なき限り、その無効を主張できない」とする。

(検討)

　従来、特約違反の無効の効果は、物権的効果として捉えるのが、（通説）であり（我妻524頁など）、錯誤無効とは本来違っていたと指摘され（角解説94頁〔判例の「カテゴリカルに債権者による無効主張を排除する」やり方とは違う手法として、「信義則による無効の主張の制限」の手法も検討し、本件では、債権譲渡を行ったものとは異なる清算人による無効の主張であり、一概に信義則に反さないとする〕）、上記判決はややそれから逸脱して一歩を進めていると言えよう。……その限りで、特約の効果を限定していて、その限りで米倉説に接近し、「債権譲渡の自由」を重視する方向にあると見ることはできよう。

〔3〕　**将来債権の譲渡**　＊本項は、債権譲渡担保なども問題と密接なので、担保物権法と併せて学ぶことが必要である。前半部分も、債権譲渡の対抗要件システムを勉強してから、そしてとくに、後半部分は、担保物権法の履修後に、復習的に勉強することが求められる。

　近時は、将来債権の譲渡の（判例）がかなり出てきて、一定の場合にそれが制限されるので、この問題も併せてここで見るが、近時は債権譲渡担保との関連で、こうしたことが問題となっている。すなわち、

　(1)　将来債権の譲渡ができることは、既に戦前から認められ（例えば、大判明治43.2.10民録16輯84頁〔株式会社に対する将来の利益配当請求権〕、大判昭和9.12.28民集13巻2261頁、判民164事件有泉〔将来の煙草元捌き合名会社解散後の残余財産分配債権、転業資金分配債権の譲渡の事例。将来債権が生じたら譲渡するのではなく、将来債権そのものが同一性を認識できる程度に具体的ならば、将来債権そのものの譲渡と構成する趣旨だとされる（有泉評釈）〕）、戦後1970年代以降は、診療報酬債権についての事例が出ていた（最判昭和48.12.20民集27巻11号1594頁、同昭和53.12.15判時916号25頁）（いずれも、1年分の診療債権譲渡に関するもので、昭和53年最判では、「それほど遠い将来のものでなければ、特段の

6. 債権譲渡・債務引受け

事情のない限り」有効であるとされたが、実務でも、その程度（1年程度）の期間の将来債権の譲渡は有効と考えられていた）。

（2）　これに対して、ヨリ長期間の将来債権譲渡に関するもので、その有効性が問題とされたのが、最判平成11.1.29民集53巻1号151頁【27】であり（8年3ヶ月分〔昭和57年12月～平成3年2月〕の診療報酬債権の譲渡（57年11月）の事例で、1年分の同債権（平成元年7月～2年6月）に対する国税滞納処分としての債権差押えとの優劣が問われた事例）、同判決では、①「債権が特定される必要はある」が、②「債権発生の可能性が低くとも譲渡契約の効力を左右しない」との思い切った判断をし、③「譲渡人の資産状況、営業推移の見込み、契約内容・経緯を総合的に考察し、」「期間の長さ等の譲渡契約内容が、譲渡人の営業活動等に、社会通念に照らし相当な範囲を著しく逸脱する制限を加え、他の債権者に不当な不利益を与える等の特段の事情がある場合には、公序良俗違反として、その効力の全部又は一部が否定される」が、本件では、そのような特段の事情はないとして、有効とした。……比較的長期間の将来債権譲渡が認められたこと、今後の判断は、譲渡人及び他の債権者の制限の公序良俗性に争点が当てられるに至ったことに留意しておきたい。

（3）　そして、その後の事例として、第1に、債権譲渡予約については、最判平成12.4.21民集54巻4号1562頁（私判リ23号河上）（こたつ、ふとんなどの売掛代金債権（集合債権）の譲渡予約事例）があり、「特定性」を緩和していると見ることができよう（同旨、河上36頁。なお、「正常業務型」について、特定性を緩和すべきとする見解は既に出されていた（椿教授等[133]））。──すなわち、同判決は、予約完結時（まで）に他の債権から識別できる程度に特定されていれば足りるとし、予約完結以前は、譲渡人は、債権取立てなり処分もできて、譲渡人の経営を過度に拘束し、他の債権者を不当に害することも無く、公序良俗に反しないとする（1審は、公序良俗違反としていた。なお予約完結後に、債権譲渡通知がなされており、債務者は、その後譲渡人に弁済したようだが、それには過失があり、民法478条によって保護されないとされた（原判決））。

また、同平成13.11.27民集55巻6号1090頁（ゴルフクラブ会員権の預託金返還請求権に関する譲渡予約の事例）でも、やはり予約完結時を基準として、そ

---

[133]　椿寿夫「集合（流動）債権譲渡担保の有効性と効力（上）（下）」ジュリスト1102号、1103号（1996）。とくに、1102号121頁、1103号114-115頁。

の際の民法467条2項の対抗要件を要求する（本件では、予約時に債務者の確定日付ある承諾がなされていたが、予約完結時においては、確定日付ある通知・承諾がなされず、爾後の滞納処分としての同債権取立ての方が優先してしまったというもの）。

　他方で第2に、債権譲渡担保事例で、最判平成13.11.22民集55巻6号1056頁（継続的取引による商品売掛代金債権の譲渡担保事例）は、<u>譲渡担保時の通知・承諾</u>で、民法467条2項の対抗要件判断をするとし、その際にはまだ、取立て権限の債務者（譲渡人）への付与、第三債務者への取立て権行使への協力依頼があっても、第三者対抗要件の効力には影響はないとした。――譲渡担保権者にとっては、権限強化ということで、「待ちに待った判決」とされる。

　また、国税徴収法上の譲渡担保権者の二次的納税義務（滞納処分の告知以降の実行の場合には劣後するとする。同法24条5項）との関連で、法定納期限以前に譲渡担保権を設定すれば免れると規定されていて（同法24条6項）、将来債権が、納期限の後に発生する場合の優劣が問われた事例（同平成19.2.15民集61巻1号243頁〔上記平成13.11.22最判と同一事案〕）では、ここでも<u>譲渡担保時</u>を重視して、それが法定納期限に先行していれば、6項の免責を受けるとした（なお、「一括支払いシステム」〔納入業者が、支払い企業の銀行に当該代金債権の債権譲渡担保をして、当座貸し越しを受けて、一挙に解決させるシステム〕における5項適用を回避する代物弁済条項については、その合意の効力を否定するのが（判例）である〔最判平成15.12.19民集57巻11号2292頁〕）。

（検討）

・債権譲渡の対抗要件手続きを受けるとなると、関連企業は、「危機時」にあるという意識が従来あり、それが、債権譲渡予約に関する 予約完結時 を基準時とする「第1グループ」の（判例）を形成していたと言えよう。譲渡予約時には、同企業はいまだ「平常時」という意識があったからであろう。――ところが、債権譲渡担保契約の判例である「第2グループ」の（判例）では 担保設定時（譲渡契約時） を対抗要件基準時にしていて、整合性があるのかやや疑問である。

　……こちらの方が、担保権者に有利であるので、こちらが好まれるであろう。
　しかし、予約段階では、債権の特定性も厳密に要求しないという（判

例)の立場を、譲渡担保契約にも押し及ぼすと、その段階で467条2項の対抗要件を要求することに無理はないかという問題である。

……他方で、前者の場合には、支払い停止後の対抗要件具備という事態が多いので、対抗要件否認(破産法164条〔旧74条〕)が問題とされやすいが、原因行為(ここでは譲渡予約)時に否認理由がなければ、予約完結時から15日以内に対抗要件具備がなされれば、同条1項但書ないし同趣旨の判例(最判昭和48.4.6民集27巻3号483頁)からして、対抗要件否認は、免れるというべきであろう。

逆に後者の場合には、担保権者による包括的・独占的満足の可否という問題が出るのであろう。平成11年最判の公序良俗違反の問題であり、さらに、否認の余地が増えることも予想される。──対抗要件否認が、増えるとの見通しもあるが(千葉・ジュリスト1223号82頁)、そうではなく、故意否認(破産法160条〔旧72条〕)の方が増える余地はあると考えるべきか(この点で、東京高判平成14.11.19判時1834号43頁判評548号高見参照)。

・平成11年最判の包括的債権譲渡の公序良俗違反の枠組は、まだ粗く比較法的には、将来的債権譲渡には、ヨリ慎重な立場をとっている(例えば、アメリカ法)こととの比較考察が求められるであろう。

【QⅥ-1】債権譲渡の自由、債権譲渡禁止特約の必要性に関する議論をどう考えるか、を述べなさい。それに関連して、譲渡禁止特約の効力制限論を論評しなさい。

【QⅥ-2】特約以外で、債権譲渡が制限される場合を分析しなさい。

【QⅥ-3】将来債権譲渡の規制の判例状況を概観して、考量因子を説明しなさい。

【QⅥ-4】将来債権譲渡担保ないし譲渡予約の判例について論評しなさい。
(上記2つの設問は、債権譲渡システムないし担保物権法の履修後にも、復習的に取り組みなさい。)

6−2 債権譲渡法制の構造──とくに、債権の二重譲渡の処理
(1) 民法等が定める債権流通保護の法技術

・債権譲渡に定める債権流通保護の法技術は、手形法を中心とする有価証券法の基礎をなす。……債権の譲受人、債務者の保護を図る。問題点ごとに整理すれば以下の如くである。

```
A ⇒ C ⇒ D ⇒ E □
↓
B
```

		（民法）	（手形法）
①	譲渡性	民 466、467（対抗要件）	手 14（権利移転的効力）
②	善意取得（公信力）	/	手 16 Ⅱ（資格授与的効力）
③	抗弁の切断	468 Ⅰ（異議を留めざる承諾） Cf. 468 Ⅱ（通知の場合）	手 17
④	支払保護	478 （債権の準占有者に対する弁済） 480（受取証書持参人への弁済） ……善意無過失が必要。	手 40 Ⅲ（免責的効力） ……善意で重過失がなければ。
⑤	Bの資力保護	/	手 47（担保的効力） ……合同責任。支払いがなければ、所持人は遡求する（手 43〜）

以下では、①の問題について、立ち入って考察する。

(2) 債権の二重譲渡──対抗要件（民法 467 条 1 項）の構造

Cf. 物権変動の場合（①民法 176 条〔意思主義〕、②177 条・178 条〔対抗要件としての登記・引渡し〕）

……これに対応するのが、① 民法 466 条、② 民法 467 条 2 項。

この領域特殊のものとして、③ 債務者との関係の規定（民法 467 条 1 項、468 条、478 条）

・債務者との関係で、「通知・承諾」（467条1項）。
・二重譲渡の場合等における他の譲受人等の第三者に対しては、「確定日付ある証書（これについては、民法施行法5条。代表は、内容証明郵便（6号）。その他、公正証書の日付（1号））による通知・承諾」（467条2項）。
　……物権変動と違い、(i)二重（多重）に対抗要件が具備されて、その優劣が問題になり、(ii)債務者に対する関係が生ずる。
＊債権譲渡の対抗要件の制度趣旨（制度構造）（これについては、池田論文[134]。さらに、梅・要義巻之三203頁、208-209頁、昭和49年最判（後述）の最判解12の柴田保幸調査官の解説）
① まず、債務者との関係で、債務者保護の目的から、「通知・承諾」規定（民法467条1項）を置く。
② 次に、第三者との関係で、「債務者への通知・承諾」を問題とするのは、債務者にインフォメーションセンターとしての役割を担わせる趣旨である。……すなわち、第三者は、債務者に債権の帰属・所在を問い合わせるということで、通知が債務者に到達し、債務者の帰属認識を通じて、第三者に公示するというわけである。
③ なお、この際に、「確定日付」を要求しているのは、旧債権者、債務者、第二譲受人が通謀して、通知・承諾の日時を遡らせるということで、第三者〔第一譲受人〕の権利を害することを防止するためである。

(3) 留 意 点

1. 通知は、譲渡人による。——債権者代位権（民法423条）の対象にもならないとされる（判例。大判昭和5.10.10民集9巻948頁）。……譲受人が恣意的に債務者を欺き、弁済請求するのを防止する趣旨からである。
   Cf. 旧民法財産編347条1項（譲受人からの告知を認めていた）及びフ民1691条（譲渡人・譲受人のいずれも通知できるとする）の変更である[135]。——上記の如く債務者保護の趣旨から。
・もっとも、譲受人が、代理人ないし使者として行う、通知は有効とされ（判

---

[134] 池田真朗・債権譲渡の研究（弘文堂、1993）（増補版、1997）（増補2版、2004）。
[135] このあたりについても、池田・前掲書19頁以下参照。

例。大判昭和 12.11.9 法学 7 巻 242 頁)、実際にこの方法は、よく用いられるとされる（内田 201 頁参照）。
2. 「確定日付ある証書による通知」は、確定日付ある証書での通知で足り、債務者への通知の到達自体を確定ある日付で証明する必要はなく、簡便さからやむを得ないとされる（判例。大連判大正 3.12.22 民録 20 輯 1146 頁、ジュリスト 127 号我妻。かつては、反対の立場がとられていた〔大判明治 36.3.30 民録 9 輯 361 頁、同明治 40.11.26 民録 13 輯 1154 頁〕）（通説。我妻[764]）。

・古くは、逆の立場の裁判例もあり（上記）、また、（債務者の債権譲渡認識を重視する）対抗要件の趣旨からすれば、「到達時」こそ確定すべきであるが、実務ではそうなっておらず、前記立場が確立している。……これに対して、母法であるフランス法（フ民 1690 条）では、執行官送達による通知〔ここでは、送達時の確定日付が残る〕、公正証書による承諾を対抗要件としていて、制度趣旨に忠実である（池田論文[136]）。

3. 従来多くの議論があり、実際にもしばしば問題となるのは、「重複する債権譲渡、そしてその通知がある（往々にして時期的にも近接する）場合における優劣の基準」の問題である。——ともに、確定日付がある場合。

  *単なる学校設例ではなくて、実際にも結構ある問題である（後記「同時到達」も、内容証明の時刻指定に幅があり、現実に先後が示されないと「同時」ということが意外にあるわけである）。

 (1) かつては、確定日付説が有力でった（我妻[768]、於保 321 頁、明石・注民(11) 382 頁など）。
 しかし、近時〔1970 年代半ば〕以降の（判例）は、制度趣旨から、通知の到達時の先後で優劣を決する「到達時説」をとる（最判昭和 49.3.7 民集 28 巻 2 号 174 頁〔確定日付ある通知と仮差押え命令の送達との競合事例〕）。——その後の（学説）は、ほとんどが到達時説を支持する。
 (2) 同時到達の場合の各譲受人と債務者との関係。——（判例）は、譲受債権全額の弁済を請求できるとする（最判昭和 55.1.11 民集 34 巻 1 号 42 頁【33】（4 版）池田）。

---

(136) この点は、池田真朗「指名債権譲渡における対抗要件の本質」慶大 125 周年記念論文集（1983）参照。

6. 債権譲渡・債務引受け

Cf. 債務者の方では、先に弁済供託できる（民法494条後段の「債権者不確知」を緩やかに解し、「先後不明」という理由でよいというのが、供託実務である）。あるいは、差押えを受けたら、執行供託ができる（民執156条1項）。

(3) 同時到達の場合の譲受人相互の関係。——（判例）は、債権者平等の趣旨から、供託金還付請求権につき、被差押え債権額と譲受債権額とで、案分比例して、分割取得するという（最判平成5.3.30民集47巻4号3334頁【31】）。
・譲受人の誰かが、全額取得した場合の、同時到達の他の譲受人・差押え債権者との事後的関係も同様に扱われることになろう。

（検討）
・昭和49年最判の「到達時説」は、今日では確立しているが、そのロジックは、制度趣旨から導いているものの、よくわからないところがある。すなわち、実際に時期を接して通知される場合に、各譲受人は、必ずしも債務者に照会・問い合わせをして、債権譲渡をしているとは限らない。——常に債務者が、インフォメーションセンターとして、機能しているわけではないということであり、その限りで、前述の制度趣旨の説明には、フィクション性があるということである。＊池田教授は、この点に関しては、立法論的に、（フランス式に）配達証明郵便の活用を説く。〔しかしそれだけで問題解決するとは思われない（吉田）。〕
・遠隔地からの通知のような場合、先に譲渡し、確定日付を得ていても、到達が遅れたら劣後するのだろうか？
　→確定日付が先にあれば、そちらを優先させてもよいのではないか。そして従来の確定日付説で優劣がつかない場合に、到達時説の基準をとればよいという考え方も成り立ちうる（吉田）。
　……① （判例）の「到達時説」の実質的根拠としては、債務者保護、つまりその支払い上の便宜を図るというところにあろう。② しかし、そう考えると、反面で譲受人相互間にとっては、「不正義」に映る面がある（例えば、自分が先に債権を譲り受け、その確定日付も先であるのに、偶々自分が債務者の遠隔地に住んでいたので、債務者への到達が遅れてしまったというような場合）。時期的に先行する債権譲渡の方を優先させるべきとの要

請は、別途あることは否定できないだろう。③ さらに、到達時を操作する画策の可能性も否定できない。
＊もっとも、実際には、確定日付の先後がきわどいので、到達時の先後がきわどく争われているということが多いのであろうが（昭和49年最判の事案も、「確定日付」で優劣が付けられない事案であった）。

＊昭和49年最判後の確定日付説
　前述のように、（判例）によるかつての通説批判の後は、殆どの学説は、（判例）になびいてしまった感があるが、上記の如く、原理的に実は両説の優劣は、はっきりしないところがあり、少数ながら、かつての見解を支持する見解も無くはない。そのような少数説の論者として、安達三季生教授がおられる（判批・民商72巻2号、民法の判例（第3版）など参照）。同教授は、通知時、譲渡時の先後を問題とする。
　しかし逆に、こうなると、債務者にそこまで判断させるのは、負担が重すぎるのではないかという懸念を出すことができよう。

4．債務者は、民法467条2項で、優先する譲受人に対して弁済すべきであるというのが、（判例）の立場である（その者が、対債務者で唯一の債権者であるとされる）（大連判大正8.3.28民録25輯441頁【34】（1版））。
・劣後譲受人に弁済がなされた場合に、民法478条の適用があるが、往々にして——原則として——過失があるとされて、債務者は保護されない（判例）（最判昭和61.4.11民集40巻3号558頁【36】、北法38巻4号吉田）。

5．そ　の　他
・重複する譲受人が登場する前に、弁済がなされていれば、その譲受人が、民法467条2項で優先していても、もはや弁済請求できない（大判昭和7.12.6民集11巻2414頁〔第1譲渡に確定日付なく、第2譲渡に確定日付があっても、先に第1譲受人に弁済されてしまえば、第2譲受人の債権はないとする〕）。——債権譲渡の対抗要件制度が完璧なものでないことの現れである。
・いずれも確定日付のない通知でなされた重複譲渡の場合（実際上あまりないであろう）はどうなるか。——① 有力説は、債務者は弁済拒絶できるとする（我妻〔769〕、柚木＝高木381頁）が、② いずれからも弁済請求を認めてよい

とする見解もある（平井151頁、内田210頁）（なお、③古いものであるが、（判例）は、譲渡の先後によって決するという（大判大正8.8.25民録25輯1513頁））。

（検討）

譲受人相互の両すくみ的状況は、同時通達の場合と同様であり、近時の（判例）の立場からは、②となるのではないか。

* なお、多くの債権譲渡担保の事例があるが、これについては、担保物権法に譲る。

【QⅥ-5】債権の流通性保護のための法技術を整理して、述べなさい。
【QⅥ-6】債権の二重譲渡の基準に関する見解の変遷、及び各見解の論拠を論じなさい。
【QⅥ-7】債権譲渡の対抗要件システム（それに関する判例の理解）に潜む問題点を指摘しなさい。

（因みに）近時の債権法改正論議における債権譲渡対抗要件の登記案

近時の債権法改正論議での事実上の原案とされている内田貴前教授グループ（債権法改正検討委員会）では、債権譲渡の対抗要件の現状を根本から変える、「債権譲渡登記案」を提案している（内田貴・債権法の新時代（商事法務、2009）155-156頁、債権法改正の基本方針（別冊NBL126号）（商事法務、2009）221頁以下）。ある意味で、オーバーホールを狙いとする今回の改正論議の目玉とも言うべきものとも思われ、もしこれが実現したら、この分野の画期的な改正になり、従来の議論の混迷を解消するものとして注目されるであろうと私も考える（吉田邦彦・都市居住・災害復興・戦争補償と批判的「法の支配」（有斐閣、2011）394頁参照）。

しかし、斯界の第一人者の池田真朗教授は、既に実施されている事業者が債権譲渡する場合（後述する）以外に、一般市民レベルでの債権譲渡においても、登記が費用と手間がかからずにできるようなIT化が進捗していることがこの改正の前提であるとされ、まだその段階ではないと指摘されている（その

第 2 部　金融取引法（金融債権総論）

際には、個人の総背番号制の問題や、租税・医療レベルでの個人データ処理の電子化との連携・協働が必要で、法務省の審議会だけで結論を出せるものではないとされる）（池田真朗・債権譲渡と電子化・国際化（弘文堂、2010）408 頁以下、426 頁以下、同ほか編著・民法（債権法）改正の論理（新青出版、2010）12-13 頁参照）ことに、留意しておきたい。

6 − 3　債権流動化をめぐる近時の立法動向

・上述のように、債権譲渡が用いられるコンテクストは、債権譲渡人の資産状況が怪しくなって──左前になって──、切羽詰まって、複数の債権者が、対象となる債権に群がり、それをとりあって争うというものであった。つまり、卒然と「債権譲渡」がなされるというよりも、債権回収のための代物弁済としてなされるのである。

・これに対して、第 1 に、もっと早い段階から、資産価値を有する債権に対する投資──その意味での流動化──を推し進め、それをバックに証券を発行して、小口投資家に供するような手法である「債権の証券化（asset backed securities）［ABS］」が求められている。またその際、第 2 に、債権を個々的に扱うのでなく、集団的にアンブロックに取引することが求められている（それができるような、対抗要件の手法が求められる）。

　つまり、A が有する売掛代金債権、リース債権、クレジット債権を、B〔特別目的会社（special purpose vehicle）［SPV］〕に売却して、B はこれを担保に社債等を発行するというわけである（担保方式）（これに対して、信託会社が、信託受益権を売買すれば、信託方式である）。あるいは、B に債権譲渡して、その代金債権を小口化して、販売することもある（譲渡方式）。

……この背後には、倒産隔離、そして良質の債権に対する投資家集めという、間接金融から直接金融への近時の動き[137]にも対応している。

---

[137]　これについては、さしあたり、大垣尚司・ストラクチャード・ファイナンス入門（日本経済新聞社、1997）、また、同・金融と法──企業ファイナンス入門（有斐閣、2010）参照。なお、安易な「直接金融」志向に対して批判的に、地域コミュニティ融資・金融（つまり従来の「間接金融」）の金融取引正義の居住福祉法学的価値の私の指摘としては、吉田邦彦・多文化時代と所有・居住福祉・補償問題（有斐閣、2006）119 頁参照。

6. 債権譲渡・債務引受け

＊間接金融から直接金融への動きの功罪

　メインバンクシステムを軸として、担保物権制度（とくに抵当権制度）を媒介に行う「間接金融」は、従来の金融法の骨格をなすもので、それが、格付方式による良質債権を選り分けた上での債権譲渡及びその証券化による流通を駆使する「直接金融」に移行することは、近年の金融取引の変質現象として、注目すべき動きであろう。そしてこの種の企業ファイナンスの変質は、それ自体効率性の追求の現われで、それが金融のグローバル化と結合して、「直接金融の越境的拡大現象」というべきのものを招いている。

　我妻債権法学・担保物権法学、さらにはその下部構造をなした金融資本論の構造変化とも言える、近時の金融事情の変貌は、一見問題がなさそうである。しかし従来の間接金融はメインバンクをベースとする地域コミュニティへの金融投資を基盤に金融資本ができ上っていたのに対して、上記変化でそれが弱体化し、債権の格差化及び劣悪債権の地域への滞留は、コミュニティ経済の脆弱化を招致するという負の側面（欠陥）があることは、近時のサブ・プライムローン問題を皮切りとする金融破綻、そして「直接金融」ゆえの、そのグローバルな全世界的波及現象から看取できるところであるし、さらに「格付制度」自体の信頼性にも疑問を差し挟む余地がある。結局そのどちらの金融が良いかは、即断できないと言うべきであろう。

・更に、リース業者、クレジット会社等への融資に際しての担保としての集合債権譲渡担保への要請は高い。
・これに対して、近年特別法の制定作業も進んできている。そこでは、債権譲渡の対抗要件の簡素化が進められている。……民法467条の対抗要件では、実際問題として、煩雑になるという実務的要請から。
　① 1992(平成4)年 特定債権等に係る事業の規制に関する法律（特定債権法）（1993年施行）……リース債権、クレジット債権に関する。債権の包括的譲渡を目的としており、「日刊新聞への広告」で確定日付ある通知がなされたものとみなされる（法7条2項）。
　・そして、包括的譲渡代金債権が小口化されて、リース会社等から投資家に売却されることとされる（譲渡方式）。
　・譲渡債権を特定するために必要な情報を記載した書面を、特定事業者〔譲

渡人〕は通産大臣に提出し（8条1項）、利害関係人は閲覧できることとされる（8条2項）。
② そして最近、ヨリ包括的な債権譲渡の対抗要件の特別法が制定された。1996(平成8)年 債権譲渡の対抗要件に関する民法の特例等に関する法律（債権譲渡特例法）(1998年10月施行)
・第三者に対する対抗要件は、登記所（法務省管轄）での債権譲渡登記（2条1項〔新4条1項〕）である。
　　——登記ファイルで、コンピューター管理される。
　　——登記事項として、譲渡人、譲受人の他に、譲渡債権総額（5号〔新3号〕）、債務者その他の譲渡債権特定のための必要事項（6号〔新4号〕）、債権譲渡登記の存続期間（7号〔新5号〕）等を記録する（5条〔新8条2項〕）。
・登記事項証明書の交付請求・閲覧は、6号〔新8条2項4号〕を除いては、誰でもでき、利害関係者なら登記ファイル事項全てについてできる（8条1項、2項〔新11条1項、2項〕）。
・債務者に対する対抗要件を分離して（cf. 特債法）、登記事項証明書（8条2項〔新11条2項〕の方）を付した通知（譲渡人だけでなく、譲受人からもできるようにする）、承諾を要求する（2条2項〔新4条2項〕）。それまでは、債務者は抗弁事由を対抗できる（2条3項〔新4条3項〕）。……債務者保護規定。
・対象は、譲渡人が法人の場合に限られる（1条）。
　＊なおこの法律は、2004(平成16)年改正により、動産及び債権の譲渡の対抗要件に関する民法の特例等に関する法律（動産・債権譲渡特例法）となった。

（問題点）
1. 債権譲渡の公示の要請と顧客情報・債務者のプライバシー（譲渡人もあまり開示したがらない）との対立・相克。
・新法は、債務者の特定まで求めている。
・8条2項の登記事項証明書から、二重譲受人は、二重譲渡のチェックができることを意図しているようでもある。——それとも、最終的には、債務者にアクセスしないとわからないのか。譲渡債権の特定の程度にもよる（池田教

6. 債権譲渡・債務引受け

授[138]）。

2. 重複譲渡の優劣基準
- （立法者）は、譲渡登記時を問題としているようである[139]。
- 確定日付ある証書による通知と競合した場合、債権差押えと競合した場合、これまでの到達時を重視する（判例）との関係はどうなるのか？

    ——劣後債権者への弁済には、民法478条の適用がある（前述）。そして本件の場合には、免責を受けやすいと考える（吉田）。……債権譲渡登記の先後に、債務者が目を光らせていないといけないというのも負担である。登記が先で、到達が後の時に、どうなるのか？ 登記が先の方とできるのか？（中田549頁はそうだとするが、場合により、難きを強いることにならないか（吉田）。この点で、佐藤(岩)・民法4債権総論（有斐閣、2004）294頁は、到達時の先後による）。ともかくすみやかに、通知（到達）が重複する前に、支払っておけば、2条2項、3項〔新4条2項、3項〕で保護される。

3. 将来債権譲渡の問題

    *従来できないとされてきたが、2004年改正で、（債務者が特定しない）将来債権の譲渡もできることとされた（新8条2項4号をうけた、動産・債権譲渡登記規則9条1項3号）。

- （判例）によれば、かつては将来債権の期間につき、1年を目処に比較的限定的であったが、その後不特定化している（前述）。なお執行実務も、1年が目処とされ、UNCITRAL等を参考に、向こう5年間ぐらい認めたらどうかとされていた[140]。
- 将来債権が含まれるときには、債権総額が登記事項から除かれる（8条2項3号参照）。また一定期間の債権の譲渡の場合には、始期と終期を記すこととされる（法務省告示[141]）。——（判例）はこの点につき、比較的厳格に運用している（最判平成14.10.10民集56巻8号1742頁〔債権譲渡登記で始期の記録しかなかった事例について、始期当日以外に発生した債権も譲渡対象とする旨の

---

(138) 池田真朗＝揖斐潔ほか「(座談会) 債権譲渡特例法と金融業務」ジュリスト1141号（1998）110頁。
(139) Q&A債権譲渡特例法（商事法務、1998）62頁。
(140) 前記座談会115頁（池田発言）。
(141) 稲垣勝裕＝小川秀樹・一問一答動産・債権譲渡特例法（三訂版増補）（商事法務、2010）93頁、247頁。

第2部　金融取引法（金融債権総論）

記録がない限り、第三者に対抗できないとする〕)。
- なお、債務者が特定していない場合には、特定したら、その債務者に登記事項証明書を交付して通知することで、債務者対抗要件を備えることになる（4条2項、3項）。……譲渡手続きを明定するとの裁判所の姿勢が出ている（penalty default 的理解である）。

4．債権譲渡禁止特約
- これもカバーされていないが、このような特約を広く認めると、債権の流動化を害するので、警戒の目で見ていく必要があるということであり、米倉教授の特約の効力制限論とも通ずるところがあろう。
  ＊因みに、アメリカでは、このような特約の効果は認められていない。

> 【QⅥ-8】債権の流動化を図る背景としては、どのようなものがあるかを考えなさい。
> 【QⅥ-9】債権譲渡特例法による規律と、伝統的な民法の債権譲渡の対抗要件システムとの異同を説明し、その意義を論じなさい。
> 【QⅥ-10】債権譲渡登記制度の下で、債務者は、重複債権者の優劣をどのように考えたらよいのか、そこにおける問題点も併せて論じなさい。

6-4　異議を留めない承諾（民法468条1項）——抗弁の切断

- 日本法は、フランス法よりも、広い切断効を認めている（フ民1295条では、相殺（compensation）を対抗できないとするだけで、一般的に抗弁切断のためには、別個の抗弁放棄を必要とする）。——フランス少数説によった、珍しい立法例[142]。
- 「異議を留めない（異議なき）承諾」は、観念の通知（準法律行為〔すなわち、意思の要素はあるが、効果意思を伴わないもの。例えば、催告。これにより、時効中断（民法147条、153条）、履行遅滞（民法412条3項）、解除権発生（民法541条）が生ずる〕）とされ、相手方は、譲渡人、譲受人のいずれでもよいとされる。

---

(142)　この点は、池田・前掲書（債権譲渡の研究）311頁以下、同・民法典の百年Ⅲ（有斐閣、1998）112頁以下参照。

6. 債権譲渡・債務引受け

(1) 民法 468 条の法律構成——保護される債権譲受人の要件

・(通説) は、公信力説 (鳩山博士以来)((判例) も然り)。Cf. かつては、債務承認説もあった (石坂博士)。
・かくして、(判例) は、「譲受人」は善意であることを要求するし、有力多数説は、さらに「善意無過失」であることを要件とする (我妻[753]。その他、近江 271 頁、潮見 II 643 頁、川井 264 頁、内田 238 頁、中田 526 頁)。……債権取引の安全保護の趣旨からとする (大判昭和 9.7.11 民集 13 巻 1516 頁、最判昭和 42.10.27 民集 21 巻 8 号 2161 頁【28】〔建設請負代金債権の譲渡 (その際に、注文者は、異議を留めない承諾をした)。債権譲渡後に、それに対応する請負工事がなされず、放置された事例 (注文者は債務不履行解除)。債権譲受人による代金請求。——譲渡時に、「対抗スルコトヲ得ヘカリシ事由」が生じていたとは言えず、民法 468 条 1 項の議論をするまでもなかった (同旨、奥田 446 頁、林 = 石田 = 高木 (改訂版) 457 頁) (その意味では、「譲受人が、右債権が、未完成仕事部分に関する請負報酬請求権であることを知っていた場合には、……契約解除を対抗できる」とする部分は、傍論的判示である)。報酬請求の内在的制約として処理できた〕)。

   A⇒X
   ↓請負代金債権譲渡
   Y ①異議なき承諾、②その後、Aの工事不履行。

(検討)

単なる外観作出 (譲渡人は、無権限のままというのが、公信力論の典型場面である) に比べて、それ以上のことを債務者はしている。近時の有力説 (池田教授ら) は、債務者の「異議なき承諾」という積極的行為につき、信義則上抗弁切断効を法定したとする[143]。……しかしともあれ、広い意味での公信力論の一環で説明できるように思われ、「関与の度合い」で、「第三者 (譲受人) の保護の程度」を変えればよいというだけではないか (吉田) (同旨、淡路 462 頁など)。——そして、本件の場合、(判例) の理解として、比較的広く譲受人の保護を認めるということである。だから、善意要件くらいでよい。

Cf. なおかつての有力説 (安達教授) として、「仮定的債務者の処分授権」か

---

[143] 池田・前掲書 416 頁。同旨、平井 143 頁。

ら説明するものがあったが[144]、その狙いは必ずしも明らかではない。また、悪意の譲受人に対しても切断効が生じるとするようであるが、民法の債権譲渡をそこまで保護してよいかは、疑問であろう（吉田）。

(2) **異議なき承諾と抵当権の帰趨**——譲受人〔X〕保護の趣旨から、抵当権復活の主張を認めるか？

＊本項は、担保物権法の履修と併せて履修することが望ましい。

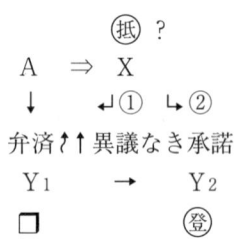

```
            ㊶ ？
      A  ⇒  X
      ↓   ↵①  ↳②
      弁済↑↑異議なき承諾
      Y₁   →   Y₂
      □        ㊻
```

〔1〕 債務者〔Y₁〕に対する関係

抵当権が復活すると解するのが、（判例）（大決昭和 8.8.18 民集 12 巻 2105 頁【35】（2 版）米倉 Cf. 大判昭和 11.3.13 民集 15 巻 423 頁——当初から債権不成立の場合には、復活しないとする）及び（通説）（我妻[759]、柚木＝高木 371 頁、林＝石田＝高木 458 頁）である。

〔2〕 第三者〔Y₂〕〔第三取得者、後順位抵当権者〕に対する関係

・（通説）は、第三者が利害関係を有するに至ったのが、異議なき承諾の前か後かで区別し、後の場合に限り復活する（第三者は、抵当権復活を覚悟して取引してくるからとする）（これに対して、前ならば、第三者に対して抵当権消滅を主張する利益がある）とする（我妻[759]、星野 211 頁、中田 529 頁。Cf. 林＝石田＝高木 460-461 頁（高木執筆）〔無効登記の流用を対抗問題と構成する〕、米倉解説 79 頁〔表見法理の類推により、X の善意・無過失を要求しつつ、上記場合の抵当権復活を認める〕）。

・（判例）としても、抵当不動産の第三取得者の事例につき、同様に関するものが近時出た（最判平成 4.11.6 判時 1454 号 85 頁【29】加賀山〔異議なき承諾、

---

[144] 安達三季生「指名債権譲渡における債務者の異議なき承諾」法學志林 59 巻 3 ＝ 4 合併号、60 巻 1 号、61 巻 2 号（1962〜1964）。

さらには弁済前に、第三取得者が登場している事例（第三取得者が弁済している事例）。──第三取得者との関係で、抵当権の効力は復活しないと解するのが相当だとして、その理由は述べられない。なお原審は、法定代位との対抗問題として処理していた（しかし、本件の場合は、求償事案ではないので、法定代位を問題にするのはおかしい（加賀山解説60頁））}）。

Cf. 他方で、異議なき承諾後の第三取得者の事例で、復活を対抗できるとした事例が存在していた（大決昭和5.4.11新聞3186号13頁）。

Cf. なお、後順位抵当権者については、広く抵当権消滅を認めるものがあった（大決昭和6.11.21民集10巻1081頁）。

（検討）

要するに、譲受人〔X〕と第三者〔Y₂〕との利益調整の問題である。

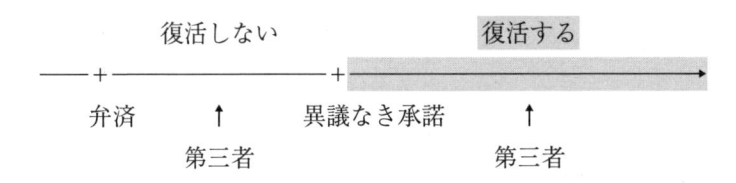

```
         復活しない              復活する
  ──+────────────+────────────────────→
    弁済        ↑    異議なき承諾     ↑
              第三者                第三者
```

① 第1に、基本的に、第三者の登場が、「異議なき承諾」の前か後かで分ける学説の場合分けの仕方で、よいであろうが（上記図参照）、Y₂が異議なき承諾を知らなかった場合（「善意」の場合）どうなるかという微妙な問題はあるだろう。……これについては、(異議なき承諾につき)悪意の第三者に限って、例外的に、──しかも譲受債権者が、弁済などの事情につき、知らない(善意の)場合について（この点は、(1)で前述）──債権及び抵当権の復活を認めるべきではないかと考える（（通説）より、やや Y₂ を保護する）（吉田）（なぜならば、取引第三者は、債務者の弁済等による利益を信頼するのが、通常であるから）。

② 第2に、債権消滅前の第三者だったらどうか（平成4年最判は、このような事案である）。この場合には、（学説の上記分類の想定外かもしれないが）第三者の昇進等の利益を認めて、（弁済の前後を問わず）一律復活しないと考えてよいだろう（同旨、我妻[759] 540頁（新説））。

③ 第3に、多くは、抵当権の登記が流用される場合に限られるのではないか。

すなわち、抹消されていたら、利益状況が変わってくると思われる。

……このように考えると、かなり復活場面は、限られるのではないか（吉田）。

(3) その他（「抗弁事由」の射程）

・債権の二重譲渡の場合、第二譲渡が「異議なき承諾」によったとしても、民法467条2項による。……第一譲渡があったとの抗弁は、切断されない。債権の帰属に関する問題なので、ここでの問題とは別問題とされるのである（通説）。

・また、債権が公序良俗違反の場合にも、その禁止要請は、「異議なき承諾」による譲受人保護を上回るとするのが（判例）である（最判平成9.11.11民集50巻10号4077頁〔賭博債権の事例〕）。

・その他、債権について、無効・取消し等が問題になるときにも、本条項ではなく、無効・取消しの関連規定（例えば、民法94条、96条など）による。

　なお、解除についても、解除規定によるというのが、有力見解である（前述。多数説か。この点で、昭和42年最判には、やや混乱が見られることも、既に述べた）。また、545条1項但書を債権譲渡との関係では適用しない（適用すると、468条1項の適用と大差ない）というのも多数であろう（大判大正7.9.25民録24輯1811頁。我妻V1198頁等。反対、石田・契約法99頁、潮見Ⅱ634-635頁）。しかし、この場合だけ解除規定を排除する合理的理由はないように思われる。

【QⅥ－11】「異議なき承諾」で切断される抗弁の範囲について、検討しなさい。

【QⅥ－12】「異議なき承諾」法理の根拠づけ、それにより、民法468条1項には、いかなる要件が付加されるのかを論じなさい。

【QⅥ－13】抵当権付き債権が、弁済されたのちに、「異議なき承諾」で債権譲渡された場合に、利害関係を有する第三者（例えば、当該不動産の第三取得者、後順位抵当権者）と、債権譲受人との法律関係を述べなさい。

　（本問題を説く際には、抵当権の履修がなされていることが、望ましく、そのような履修段階で、再度復習的に使いなさい。）

6−5 証券的債権の譲渡

・実際上、重要ではない。債権と証券とが、結合している場合であり、本格的なものは、商法の有価証券であるが、そこまでいかない過渡的段階のものが、ここで扱われている。——かつては、有価証券的に解釈し直していた（我妻[791]など）が、今では、中間的なものとされる（星野216頁以降）。＊もっとも、実際上の存在意義はあまりないので、昨今議論される債権法改正におけるオーバーホールがなされてしかるべきであろう。以下でも、簡略に扱う。

(1) 指図債権　民法469条　交付・裏書きが対抗要件。Cf. 効力要件。

民法470条——手形法40条3項と類似。

民法472条　Cf. 468条。

(2) 記名式所持人払い債権

民法471条——470条の準用。

＊かつては、これと一緒に論じられていた「免責証券」（例えば、下足札、劇場・ホテル等のクロークでの預り証など）は、別物だとされる。債務者の免責には、善意・無過失が要求される。Cf. 民法470条では、善意・無重過失で足りるとされる。

(3) 無記名債権（例えば、商品券、観覧券、商法上の小切手、無記名株式など）

民法473条——472条の準用。

民法86条3項により、動産とみなされ、同192条（即時取得）、同178条（証券の交付が、対抗要件となる）が準用される。

＊しかし、(通説)は、有価証券法理により、交付は効力要件で、善意取得は善意・無重過失で足りる（商法519条）などとする。

＊なお、2007年の電子記録債権法（法律102号）（2008年12月施行）が制定されて、「電子記録債権」として、売掛債権・請負代金債権や手形債権等を電子化し、インターネットで取引できるようにして、債権の流動化の促進が図られることとなった。ここでは、電子債権記録機関が調整する記録原簿に記録する形でなされ、この債権譲渡には、譲渡記録を作ることが効力要件で（17条）、譲受人の善意取得（19条）、抗弁の切断（20条）、電子記録名義人への支払免責（21条）があり、意思表示の無効・取消しの特則（12条）もある。

第2部　金融取引法（金融債権総論）

6-6　債務引受け、契約上の地位の譲渡
(1)　債務引受け

  A
  ↓
  B ⇒ C

- ドイツ法（ド民414〜419条〔現〜418条〕）、スイス法（ス債175〜183条）と異なり、わが国では、フランス法と同様に、規定がない。
  - →（判例）（学説）により、補塡がなされる。……石坂論文[(145)]以降。論点として、以下のことが議論されている。

（問題点）
1. 併存的（重畳的）債務引受けか、免責的債務引受けか。Cf. 履行引受け
- （判例）（通説）は、原則として、前者〔併存的債務引受け〕と解する。……この場合には、債権者は、その利益にこそなれ、害されない。
- 他方で、後者〔免責的債務引受け〕だと、債権者の利害に大きく関わる。また保証人・物上保証人の利害にも関わり、その者の同意がなければ、消滅する。つまり、随伴性がない（判例）（通説）。

　　　——従って、後者の認定は、慎重に行う（例えば、営業譲渡の場合。Aの同意がなく、B-C間で合意がなされる場合に問題となる。Cf. A-B-C間、A-C間でなされる場合）（大判大正14.12.15民集4巻710頁【35】（4版）、判例演習債権法1加藤（一）は、そのような事例ではなかったか（契約上の地位の移転ケースであるが）。同判決では、厳格に債権者の同意が要求されている）。
　……この場合には、債権者の同意が必要である。
　　　但し、債務者の意思に反することはできないとされる（民法474条2項参照）（大判大正10.5.9民録27輯899頁）（（通説）も同旨（我妻567頁、星野226頁、川井275頁など）。反対、平井159頁〔民法474条2項への立法論的異論から〕、椿・注民[(11)]452頁〔併存的債務引受けと債務免除の組み合わせで債務者の意思を問題にせずにできるということから〕）。
- これに対して、近時は、債務引受けの機能として、「契約の消滅」が目指さ

[(145)]　石坂音四郎「重畳的債務引受論」法学協会雑誌30巻4〜6号（1912）。

6. 債権譲渡・債務引受け

れ、その当事者間でも、契約関係（債務関係）からの離脱が狙われ、もっと「免責的債務引受け」の要件を正面から議論すべきだとする（池田論文(146)）。

（検討）

　債務引受人の資力が安定していれば、認めてよいだろうが、その点のチェックをどのように行うかが、課題であり、その点がクリアすればよい（吉田）。
　……具体例としては、プリペイドカード〔前払式証票〕取引（前払式証票の規制等に関する法律（平成元(1989)年法律92号）。これなどは、免責的債務引受けを認めてよいだろう。

```
加盟店＝売主
  ↓                    ↰支払い
カード所持人＝買主--------カード発行会社
〔債務者〕       支払委託契約
```

2．併存的債務引受けの場合の債務者と引受人との関係

・（判例）は、連帯債務とする（大判昭和11.4.15民集15巻781頁〔当座預金貸越し債務に関する、債務者の父親による、重畳的債務引受け〕判民50事件有泉、最判昭和41.12.20民集20巻10号2139頁〔フィリピン産鉄鉱石購入のためのXからY₁への貸し金につき、当時のY₁社の代表取締役のAが解任されてからの新たな代表取締役Y₂が、Xと重畳的債務引受けをしたという事例〕【32】、法協84巻12号淡路──民法439条〔時効の絶対的効力〕の適用を肯定する）。

・これに対し、（通説）は、原則として、不真正連帯債務だとする（例外は、原債務者と引受人との間に主観的共同がある場合で、その場合には、連帯債務になるとする）（有泉評釈〔ドイツ連帯債務（そこでは主観的色彩は弱い）の通説を継受して、わが国でも連帯債務説をとる石坂、鳩山両博士を批判して、上記の見解を展開する〕。我妻［825］、四宮・総判⑭59頁、柚木＝高木393頁など）。なお、星野158頁、225頁は、さらに不可分債務（民法430条）も問題とする。

　この点について、淡路剛久教授は、実体関係から個別に効果を考える（例えば、昭和41年最判のY₁・Y₂の間には、委託その他の主観的共同関係はなく、

---

(146) 池田真朗「契約当事者論」別冊NBL51号債権法改正の課題と方向（商事法務、1998）168頁、171頁。

その点からは、(判例)の扱い方には、疑問があるが、そもそも債務引受けがあったのかにも、疑問が残る。だとすれば、判旨の結論にも賛同できるとする。前掲評釈)。さらに、淡路508頁参照(双方受益の共同事業関係が基礎になっているときには、連帯債務であるが、担保の趣旨、債権強化の趣旨の場合には、不可分債務だとされる)。

(2) 契約上の地位の譲渡

・債権債務、さらには、取消権・解除権の移転を伴う。継続的契約の維持・存続が目的とされる。
・(判例)の状況は、以下のように類型的に把握することができるだろう。すなわち、——
〔1〕 売買契約における買主の地位の移転の場合。——売主の承諾(同意)は必要とされる(大判大正14.12.15【35】(4版)前掲〔なお本判決は、「契約譲渡・引受」法理が紹介される以前のもの。解除権の移転の有無が問われている(そしてその移転を否定した)のに、分解して、免責的債務引受けの要件を論ずる判旨は、傍論的である。＊しかし、こういう分析的・分解的思考様式は、その後承継される(このように、分解して考えることで足り、契約上の地位の移転という概念を認めることに消極的な見解も相当に有力である(加藤(一)・前掲演習166頁、鈴木523頁、加藤(雅)344頁以下など))〕、最判昭和30.9.29民集9巻10号1472頁)。
〔2〕 これに対し、不動産賃貸借における賃貸人の地位の譲渡事例(物権(所有権)の譲渡がなされた場合)。——賃借人の承諾は不要とされる(大判大正10.5.30民録27輯1013頁、最判昭和46.4.23民集25巻3号388頁【35】(5版))。
・もっとも、登記の移転は必要だとされる(民法177条に関する(判例)。大判昭和8.5.9民集12巻1123頁以来である。最判昭和49.3.19民集28巻2号325頁【60】も参照))。
・また、新旧所有権者間で、賃貸人の地位を旧所有者に留保する合意をしていても、特段の事情のない限り、新所有者に移るともする(最判平成11.3.25判時1674号61頁【33】〔賃貸建物の譲渡の事例で、賃借人が譲渡人に対して保証金返還請求したというケースで、賃貸借契約の賃貸人の地位を留保するという特約がなされていたもの。そのような特約は、「特段の事情」に当たらないとする〕)。

*関連問題として、敷金関係の（判例）は以下の如くである（詳細は、契約各論講義参照。しかし、講学上は、分断して説かれているが、実態的には、密接する事項であり、債務引受けないし契約上の地位の移転の問題と有機的に考察されるべきことであるが、このような意識が窺われるのは、利益考量論者のもの（例えば、星野教授）に例外的に見られるに止まるのではないか。敷金関係の承継の有無ないし同時履行関係等につき、比較的カテゴリカルな結論のみが説かれて、債務引受論等との制度間競合が意識的に突き詰めて論じられているとも思われない（吉田））。

① 敷金も、当然承継されるとする（戦前からであり、大判昭和 5.7.9 民集 9 巻 839 頁以降（その後大判昭和 18.5.17 民集 22 巻 373 頁）。最判昭和 44.7.17 民集 23 巻 8 号 1610 頁）（なお近時の最判平成 11.1.21 民集 53 巻 1 号 1 頁も、この法理を前提として、旧所有者〔旧賃貸人〕への敷金（保証金）の交付の有無につき、賃借人の確認の利益が問われ、肯定されたものである）。……しかし、例外的には、併存的債務引受けとしたほうがよい場合もあるのではないか（吉田）。

② 賃貸借終了後の譲渡には、敷金承継には、賃借人の承諾を必要とする（最判昭和 48.2.2 民集 27 巻 1 号 80 頁【63】（初版））。……有力説（星野・前掲評釈）は、併存的債務引受けとして、承諾を不要とする。

③ なお、敷金返還請求と家屋明渡し請求との同時履行関係につき、否定する（敷金返還請求権の発生時期（判例は明渡し時説）とリンクさせる）。……これに対して、有力説（星野教授）は、賃貸借終了時説をとりつつ、（敷金返還債権の差押え債権者との関係で）当然相殺で賃貸人を保護し、同時に同時履行関係を認めて、賃借人を保護できるとする（法協 92 巻 2 号評釈）。

④ 他方で、賃借権の譲渡の場合には、わが国では、賃貸人の承諾が必要である（民法 612 条）（Cf. フランス法）が、その際の敷金関係として、特段の事情（またはその旨の特約）がない限りは、新賃借人の債務についてまでは、担保しない（敷金関係は、承継されない）とする（最判昭和 53.12.22 民集 32 巻 9 号 1768 頁【61】）。……賃貸人の同意があれば、承継を認めてもよくはないか（吉田）。

- 不動産賃貸借関係の契約譲渡一般の問題に戻るが、（学説）は、債務の特殊性（状態債務）から説明する（我妻・中㈠420頁、幾代・注民⒂161頁、188頁、星野・借地借家法422頁）。……我妻博士が、「状態債務」（Zustandsobligation）に着目されたのは、マルクス主義的な金融資本論の下、所有権、賃借権、敷金関係の一体的考察を論じられる過程であった(147)。

- それはともかく、本類型のような場合の特殊性として、①債務の個人的色彩が弱い。②所有権の経済的効用を強める。③物との密接性（牽連性）（類似の問題として、例えば、損害保険の目的物の譲渡と保険契約者の地位の移転（商法650条）、営業譲渡に伴う労働契約の移転）。④契約関係の継続・維持の要請（とくに、賃貸借の場合には、特別規制により、契約関係の承継が強制されている（「賃借権の対抗力」の問題）（民法605条、その空文化後の、借地借家法10条、31条）。とくに、近時は、野澤論文(148)が強調する）。――あまり、賃借人が不承諾で契約関係を切るということは考えられないだろう。「承諾」の要否を云々する実益に乏しい。

- 近時のフランス法の動向を受けた分析として、契約譲渡に関して、第1に、譲渡当事者の資産状況に変わりがない場合等に、その要件を緩め、また第2に、「対抗要件」として、債権譲渡類似のものを考えるべきだと、フランスの議論に添いつつ、説かれている（野澤論文）〔すなわち、⒤特定財産の譲渡に伴う契約当事者の地位の移転と(ⅱ)合意に基づく契約当事者の地位の移転とに区別し、⒤の場合には、財産譲渡の当事者の合意で足り、相手方の承諾は不要とし、反面で財産移転の公示の必要性を説く。淡路515頁、渡辺＝野澤240頁以下も参照〕。

  > ……フランスでも、同様に、財産とリンクしている場合、契約の人的性格が弱い場合（intuitu rei の場合）には、相手方の承諾を不要とする有力説が出て、譲渡人の離脱を認めようとする（他方で、原則的には、補充的併存

---

(147) 我妻栄「敷金の附従性」同・民法研究Ⅵ（有斐閣、1969）（初出、法学志林30巻9号（1928））参照。

(148) 野澤正充「『契約当事者の地位の移転』の再構成⑴〜⑶・完」立教法学39号、40号、41号、とくに、「⑶・完」。その後、同・契約譲渡の研究（弘文堂、2002）に所収。同書103頁以下（フランス法）、301頁以下（日本法）、特に324頁以下、353頁以下の解釈論的提言の箇所参照。

責任を認める)。

……近時のわが国の(判例)でも、後者の点(対抗要件の点)で、同趣旨のものがある(最判平成8.7.12民集50巻7号1918頁〔ゴルフ会員権の譲渡の事例。債権譲渡の対抗要件で代替する〕、同平成10.3.24金法1519号109頁〔賃貸家屋の譲渡と賃料債権の差押えとの競合(移転登記前の差押えの事例)〕)。

(検討)

フランス法からの緻密な実証分析という点では、意義はあろうが、従来の議論との関係で、どの程度新たな局面を切り開いているかについては、よくわからないところもあろう。……実質的議論の状況は、従来の利益考量的分析に近いのではないか(吉田)。もっとも、緻密な利益衡量からというよりも、概念的区分けという色彩が出るようなところもあり、やや気になるところではある。

【QⅥ-14】併存的債務引受けと免責的債務引受けとで、利益状況はどのように違うのかを整理して述べなさい。

【QⅥ-15】併存的債務引受けでの債務者と引受人との関係を連帯債務とすることの問題を論じなさい。
(連帯債務のところの履修が終わった段階で、復習的にも使いなさい。)

【QⅥ-16】契約上の地位の移転で、賃貸借関係の移転には、どのような特殊性があるかを述べなさい。

【QⅥ-17】敷金をめぐる法律関係の判例の立場は、債務引受論ないし契約上の地位の移転論の議論と整合的かどうかを分析しなさい。

【QⅥ-18】近時のフランス法的な契約譲渡論について論評しなさい。

7．債権の消滅——債権の任意的実現(弁済、相殺など)

7-1 弁済——一般的な債務解放原因

……目的到達法理の一環。

第 2 部　金融取引法（金融債権総論）

7－1－1　弁済の意義

- 「弁済」は、「履行」とほぼ同義である。……前者は、債権消滅の面から、後者は債権効力の面から使われ、後者の方が、沿革的には、債務者の義務とリンクさせて、用いられた（また債務者による弁済というニュアンスがある）（梅231頁、星野234頁、平井164頁等参照）。
- （通説）（我妻[313]他）は、「準法律行為」とする（弁済意思を問題としない）。……しかし、ケース・バイ・ケースに考えればよい（何が、「債務の本旨に従った履行」かで、法律行為もあれば、事実行為もあるだろう）（同旨、平井164頁）。
  - →「弁済者が、弁済受領権者に、債務の本旨に従った履行をすること」（≒債務履行の要件）に帰着する。

（N. B.）◇ nota bene〔注意せよ〕の意味

(1) 弁済者（弁済すべき者）…債務者、その代理人・代表者、履行補助者、履行引受人など。
  　＊第三者の場合には、「第三者弁済」（民法474条）（次述〔7－1－2参照〕）となる（またこれは、代位弁済（民法499条以下）（7－3参照）でもある）。
(2) 弁済の相手方（弁済受領権者）……債権者、その代理人、取立債権者（民事執行法155～157条）、代位債権者・取消債権者（民法423条、424条）。

- 場合によっては、債権者以外の者〔債権の準占有者、受取証書持参人〕への弁済が有効になる（民法478条、480条）。──原則は、非債弁済（不当利得）であり、無効な弁済として返還請求できる（但し、民法479条がある）。
- また他方で、債権者に対する弁済が、無効とされることもある（＝差押え債権の弁済）（民法481条）。

以下では、このような例外的諸制度をまず扱う。

【Q Ⅶ－1】通常の弁済のプロセスとは異なる第三者が登場する場合の原則的処理とそれに対する例外的処理の民法制度を概観しなさい（復習的にも使いなさい）。

7−1−2　第三者弁済（民法 474 条）

　これは、代位弁済（民法 499 〜 504 条）でもあるが、それについては、便宜上後に述べる（7−3 参照）。——すなわち、効果としては、債権の消滅及び弁済による代位（後述）。

⑴　第三者弁済が制限される場合

　基本的に第三者弁済は、広く認められるが、それが制限されるのは、以下の 3 つの場合である。
　① 　債務の性質からの制限（474 条 1 項但書前段）
　　　例えば、俳優の出演義務、著名人の講演、画家の絵を描く債務など、多くの行為債務（なす債務）は、非代替的給付であり、この制限を受ける。Cf. 請負。
　② 　契約当事者が第三者弁済を禁ずる場合（474 条 1 項但書後段）
　③ 　「利害関係を有しない」第三者弁済で、債務者の意思に反する場合（474 条 2 項）＊これについては、議論が多い（立法論的批判がある）ので、項を分けて論ずる。

⑵　利害関係を有しないものによる第三者弁済で、債務者の意思に反する場合　（民法 474 条 2 項）

・これを禁ずるのは、珍しい立法例で、旧民法（財産編 453 条但書）では、債務者の承諾まで必要としていた。……（趣旨）としては、⒜第三者弁済を潔しとしない「武士気質」という従来の慣習、及び⒝第三者からの苛酷な求償権行使に配慮したとされる（梅・要義巻之三 236 頁、民法原理 150 頁）。

・これに対して、（通説）（我妻[357]他）は、批判する。——その解釈論的帰結として、「利害関係」を広く解して、「反対意思」を狭めて確定的・明示的なものに限ろうとする（我妻[355]〜[357]）。……なぜならば、⒤民法自身この立場を貫徹していないとし（債務者交替の更改につき、同趣旨の規定がある（民法 514 条）が、債務免除（民法 519 条）、保証人（民法 462 条 2 項）に関しては、債務者の意思に反してもできるとする）（＊さらに、広く代位弁済を認め（民法 499 条参照）、弁済を奨励していることとも矛盾する）、ⅱ本条項を適用した場合の実際上の煩雑さ（債権者・第三者間の巻き戻しのプロセス）があるとする。

第 2 部　金融取引法（金融債権総論）

- （判例）は、比較的文言に忠実に解釈している。すなわち、――
① 「利害関係」を法律上のそれに限る。……物上保証人、担保不動産の第三取得者（大判大正 9.6.2 民録 26 輯 839 頁）、借地上建物の賃借人（最判昭和 63.7.1 判時 1287 号 63 頁【34】）。
  Cf. 「利害関係」がないとされた例。……単なる親族関係・友人関係、単なる債権債務関係がある場合（最判昭和 39.4.21 民集 18 巻 4 号 566 頁〔清算会社（債務者）（A）の第二会社（第三者）（Y）が、清算人の承諾が必要との申入れに拘わらず、勝手に自己の清算会社に対する債務の支払いに代えて、代位弁済した事例。……下図で、A の Y に対する債権の取り合いになり、Y が B に優先的満足を得させようとしたが、転付債権者（X）の方を優先させた。本件の場合もはや債務者の意思（民法 474 条 2 項）の問題ではないのではないか（吉田）〕）。

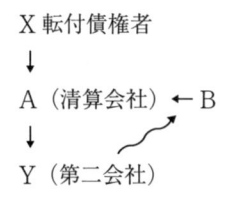

```
X 転付債権者
 ↓
 A（清算会社）← B
 ↓
 Y（第二会社）
```

② 債務者が複数いる場合に、意思に反する債務者との関係で相対的に無効だとする（同意したものに全額求償することとなる）（大判昭和 14.10.13 民集 18 巻 1165 頁、判民 74 事件四宮〔連帯債務者の一人（その者の負担部分は、全額）（A）の妻の姉妹の夫（Y）が、その者の同意を得て、第三者弁済したが、同意していない他の連帯債務者（X）による執行異議の訴え〕）。

（検討）

(i) 多数説（例えば、四宮評釈）は、同意した者との関係で有効ならば、第三者弁済は、同意していない者との間でも有効とならざるを得ないとする（つまり、求償の仕方として、民法 464 条を類推適用して、負担部分については、第三者（Y）からダイレクトに、反対した債務者（X）に求償できるとする。もっとも、昭和 14 年大判事例では、A の負担部分が全額であったために、結局、同判決の処理と同じになるとする）。同旨、我妻［599］〔保証契約を結んでおけば、意思に反しても民法 464 条が適用されるし、462 条 2 項も使えるとする〕。

7．債権の消滅——債権の任意的実現

＊なお、判例の立場からすれば、民法474条2項の趣旨を重視するのだから、本件の場合に464条を類推適用すべきではないと説くのであろう。だから464条類推自体の当否が問われるとすると、このような多数説の論拠は決定打にはならないのではないか（吉田）。

```
        ┌─（民法464条による負担部分の請求）┐ ?
        │                                ↓
  Y  →  A（同意債務者）  →  X（反対債務者）
```

なお、(ii)さらに限定的な有力説（全員の反対がなければ有効とする）（平井187頁）では、第三者弁済は、完全に有効となり、反対する（連帯）債務者に対しても、全額請求できることになる（民法499条、500条参照）。

＊因みに、近時の債権法改正においては、民法474条2項の射程を限定し、第三者弁済する正当の利益がある場合（民法500条参照）には、及ばないとし、そうでない場合に限り、債務者の反対がある場合には、求償権が制限を受けると言う形で対処しており[149]、学界多数説に添い、立法時の武士気質の議論を後退させたと見ることができる。

【QⅦ－2】第三者弁済で債務者の意思を考慮する法制の根拠を分析しなさい。

【QⅦ－3】第三者弁済で債務者が反対する場合の処理についての判例と学説の相違を整理して述べなさい。

7－1－3　債権の準占有者に対する弁済（民法478条）など

外観法理の一環をなしており、債権者らしい外観を信頼した弁済者の保護の制度であり、第三者〔債権の準占有者〕の無資力のリスクの負担を、弁済者に課するのではなく、真の債権者に課するというのが、「弁済を有効にする」ことの実際上の意味である。……フランス法に由来する（フ民1240条が、旧民法財産編457条を介して、本条となった）。

---

(149)　民法（債権法）改正検討委員会編・債権法改正の基本方針（商事法務、2009）175頁参照。

第 2 部　金融取引法（金融債権総論）

＊（判例）は、本条の適用範囲を拡充させている。

　　　　　　真の債権者
　　　　　　X
　　　　　　↓
　　　　　　Y↪　A債権の準占有者

Cf. なお、弁済者の方から、民法478条によらず、準占有者に対して、不当利得請求をすることを認めるのが、（通説）である（我妻[403]、平井199頁）。（判例）は、これに反対する（大判大正7.12.7民録24輯2310頁）。

(1)　「債権の準占有者」とは

「債権者らしい外観を有する者」であり、「自己のためにする意思」（民法205条）は、広く解されている。……受益・弁済受領の意思があれば足りる。例えば、──

① 表見相続人、表見債権譲受人（債権譲渡が無効の場合等）。……本来、本条で予定されていた場面（旧民法財産編457条2項参照）。
　　なお、近時（判例）は、債権の二重譲渡の劣後譲受人も、「債権の準占有者」に当たるとする（前述）（もっとも、原則として、「過失」があるとされるが）。
② 通帳と印鑑の持参人、あるいはキャッシュカードの持参人（判例）。＊多くの裁判例がある（後述）。
③ 債権証書偽造・盗難・窃取の場合。
　　Cf. 民法193条、194条は、こうした事由につき、即時取得の例外を定める。
　　（判例）（大判昭和2.6.22民集6巻408頁〔偽造証書の所持人に対する弁済の事例〕）、（通説）（我妻[402]他）は、これも準占有者だとする。──取引の安全保護の徹底だとする。
　　これに対して、有力説（星野242頁）は、債権者に過失ある場合を除いて、弁済は無効であるとする。
④ 代理人自称者……これも多い。
　　（判例）（最判昭和37.8.21民集16巻9号1809頁、同昭和41.10.4民集20巻8号1565頁、法協84巻9号来栖、同昭和42.12.21民集21巻10号2613頁、法協86巻1号来栖）及び（通説）（我妻[399]、於保357頁、星野246頁、奥田501頁、

平井195頁）は、これも準占有者だとする。──弁済者の保護の重視。

　これに対して、有力説（来栖論文[150]）は、立法者意思の検討から、本件の場合を民法478条がカバーする対象とすることに反対して、表見代理制度によるべきだとする（なお、かつての古い裁判例も、民法478条の適用を否定していた）。

（検討）

　この場合を強いて、区別する合理性はないだろう（とくにキャッシュカードの場合には、両者〔本人詐称と代理人詐称との二者〕を区別する理由に乏しいだろう）（吉田）。……表見代理と民法478条との差異もそれほど大きくない。

* 基本代理権の問題を顧慮するか否か、無権代理人の責任（民法117条）の有効性という点で、478条を適用しないとなると、弁済者保護に慎重だということになるが。
* 当時、起草者意思に着目して、取引安全保護一辺倒の一般的傾向に対する来栖博士の問題提起は、貴重だが……。

⑤　重複差押えの場合（後述する）。

(2)　「弁済」及びこれに準ずべきもの──判例法による民法478条の拡張

　（判例）は、この局面で、かなりの拡張・類推適用をしている。──金融業者のための取引安全保護拡充ということができる。

Cf. もっとも、転付命令により、弁済とみなされる場合（民事執行法160条）には、（通説）は、本条の保護は、任意弁済に限られるとして、保護を及ぼさない（我妻［401］、星野243頁、平井197頁）。しかし、（判例）はこの場合にも広く適用する（大判昭和15.5.29民集19巻903頁、判民51事件四宮（反対）、民商12巻6号村松（賛成）〔もっとも、過失を肯定する〕）。

＊銀行取引分野における民法478条の拡張・類推の状況[151]

①　普通預金の払戻し。……一番問題がない（昭和42年判前掲）。

---

(150)　来栖三郎「債権の準占有者と免責証券」民商法雑誌33巻4号（1956）。
(151)　この問題について詳細は、例えば、星野英一「いわゆる『預金担保貸付』

第2部　金融取引法（金融債権総論）

② 定期預金の期限前払戻し〔＝解約＋弁済〕。……その旨の「合意」があるとして、「弁済」を広げる（昭和41年最判前掲。来栖評釈は、反対する）。
③ 表見的預金者へのいわゆる「預担貸付」〔預金を担保とする貸付け〕及び相殺。……前提として、預金者の認定の問題がある（預金者は、出捐者か、預入行為者かの問題であり、（判例）（通説）は前者と解する）（最判昭和48.3.27民集27巻2号376頁、民法の判例（第3版）平井〔無記名定期預金の事例〕、同昭和52.8.9民集31巻4号742頁〔記名定期預金の事例〕、同昭和53.5.1判時893号31頁〔もっとも、届出印のみ持参のケースで、「準占有者でない」とする〕、同昭和57.4.2金法995号67頁、同平成6.6.7金法1422号32頁〔詐称代理人に対する預担貸付〕など）。＊学説上は、ここまで478条を類推適用できるかにつき、批判的な見解も有力である（星野論文181頁、194-195頁（類推適用するとしても、この場合には、真の債権者〔出捐者〕の帰責事由が必要だとする）等）。

　　　　　預金者（出捐者か、預入行為者か？）
　　　　　　　↓
　　　　　銀行→第三者

④ 総合口座取引における貸越し（貸金債権と定期預金債権との相殺）。……①に近いが、実質は、②③と大差ない。（判例）は、①と類比させている（最判昭和63.10.13判時1295号57頁〔4日後に満期が迫った定期預金300万円全額の中途解約を申し出たが、拒絶され、口座貸越限度額の払戻しをしたという事例。銀行の「過失」を否定している。怪しげな行為にも拘わらず、銀行側の便宜を擁護していると見うる（吉田）〕）。
⑤ 生命保険会社が、生命保険約款に基づき行う、契約者貸付。……やや異種。契約上の義務履行で、日常頻繁になされるという意味で、「弁済」に類似する。しかし、「預担貸付」とも類似する（保険金請求権ないし解約返戻金請求権との相殺が予定されている）。（判例）は、①②に類比させている（最判平成

の法律問題──法律解釈方法論と関連させつつ」金融法研究3号（1987）〔同・民法論集7巻（有斐閣、1989）に所収〕、千葉恵美子「預金担保貸付と民法478条類推適用の限界」（山畠＝五十嵐＝藪古稀）民法学と比較法学の諸相Ⅱ（信山社、1997）、安永正昭「民法478条の適用・類推適用とその限界」（林献呈）現代における物権法と債権法の交錯（有斐閣、1998）、佐久間毅「民法478条による取引保護」論叢154巻4＝5＝6合併号（2004）参照。

9.4.24民集51巻4号1991頁〔代理人自称者への貸付事例。原審は、「相殺」についても、保険金解約払戻し金の一部前払いだとしているが、判旨では、「契約者貸付」自体、保険金、解約返戻金の前払いと見うるとする。最高裁では、保険契約者貸付における、「義務」「解約返戻金の9割の範囲内」というところを重視したのであろう〕)。

しかし、「貸付行為」の注意義務の程度は、単なる「弁済」よりも高いはずである。しかしそれにも、民法478条の類推適用がなされている先例（③）からすれば、同様の処理ということになろう。

以上の2要件に関しては、「間口」を広くして、結局は、「善意・無過失」のところで、個別具体的に——しかし、かなり弁済者保護的に——処理しているようである（次述）。

(3) 弁済者の「善意無過失」

・文言上は、「善意」だけであるが、「無過失」も要求するのが、（判例）（通説）である。……免責約款があっても、「無過失」を要求するのが（判例）である（大判昭和11.2.27民集15巻249頁など）。その意味で、「強行規定」である（もっとも、無過失推定のための免責規定は、適用するようである）。

・善意無過失判断の基準時——預担貸付・相殺に民法478条が類推適用される場合に、「善意無過失」の判定基準時は、貸付時とするのが（判例）である（最判昭和59.2.23民集38巻3号445頁【37】〔記名式定期預金の預担貸付。貸付先を間違えた事例（昭和51年8月に貸付け、同52年5月に相殺のケース）。原審では、相殺時としていたが（弁済との類比からか）、破棄差戻し〕）。……銀行側の利益の重視の判断である。

```
            定期預金
            X  →  Y
                  ↓貸付け
                  B
```

第 2 部　金融取引法（金融債権総論）

（検討）
　預金者の誤認ケース（昭和 48 年最判）とは異なり、貸付先を間違えたケースであり、「貸付行為」には重い注意義務を負わせてよく、（判例）と同様に貸付時を基準時としても、過失を肯定してもよい（吉田）。

・過失の有無判断のメルクマール……結局、出捐者（預金者）の利益と金融機関の利益との調整問題であるが、例えば、以下のことが考量因子となろう（平井 196 頁参照）。
　①　単なる弁済・払戻しか、貸付け行為か。……前者ならば、比較的容易に「無過失」となろう。
　②　債権者本人自称者か、代理人自称者か。……後者の方が、相対的に慎重さが要求される。
　③　キャッシュカードの不正利用の場合等、電子取引関連の場合。……コンピュータネットワークシステムそれ自体についての過失を問題にすべきであろう（同旨、平井 196 頁、河上論文[152]）。（判例）は、この点に関しての免責約款がある場合には、それを支持したが、それがない場合に、本条を問題にし、「通帳機械払い」システムの無権限者利用排除の注意義務を欠くとして「過失」を肯定する。
　　——前者につき、最判平成 5.7.19 判時 1489 号 111 頁【41】（4 版）【39】（5 版）河上（暗証番号が、磁気ストライプの上にコード化されていた（「ゼロ化」（ゼロまでの巻き戻し）がされていない）キャッシュカードの不正利用による引出しの事例。免責約款により免責され、その効力を否定するほどに安全性を欠いたとは言えないとする。原審ではさらに、カードの保管、暗証番号の秘匿は、カード元保持者（預金者）自らが、その責任で行うべきだとする）。
　　——後者については、同平成 15.4.8 民集 57 巻 4 号 337 頁【38】（車のダッシュボードに預金通帳を入れたままにしていて、車両ごと盗難に遭い（平成 10 年 11 月 22 日）、その後通帳盗難届をする（11 月 24 日）までに、17 回にわたり、合計 800 万円余が、通帳機械払いにより引き出されたという事例。預金者はその方式による払戻しのことも知らなかった。原審では、民法 478 条により弁済

---
[152]　河上正二「キャッシュ・ディスペンサーからの現金引出しと銀行の免責」（幾代追悼）財産法学の新展開（有斐閣、1993）。

は有効としていたが、破棄して、通帳預金払いによる払戻しを預金規定等に規定して、預金者に明示することを要し、注意義務を尽くしていなかったとする)。

(検討)

平成15年最判が、システムの責任を広く問責したという点は注目すべきだろう。ただ、技術の発展に応じて、「安全性」基準は変化するだろう([41] 河上解説)。

そして、平成5年最判事例では、当時解読技術は、それほど知られていなかったとすると、開発途上のシステムリスクと見ることができ (Cf. 製造物責任における開発危険の抗弁 (法4条1号))、そうなると、免責の判断に向かいやすかったのであろう。

他方で、平成15年最判事例での「通帳機械払い」方式の認知度が広まれば、また事情が変わり、免責判断に向かうのかもしれない。むしろ本件は、預金者の方にも事後処理が遅れる等の落ち度もある事案であり、やや思いきった判断であろう (吉田)。

＊平成17 (2005) 年に、「偽造カード等及び盗難カード等を用いて行われる不正な機械式預貯金払戻し等からの預貯金者の保護等に関する法律 (預貯金者保護法)」(法律94号) が制定されて、民法478条の規定が精緻化された。

——① 対象は、「第三者が、盗難カードや偽造カードを用いて、CDやATMより機械払い不正出金の場合 (預金払戻し以外にカード付帯ローンによる貸出しも含む)」である (Cf. 法人口座関連や、盗難通帳を用いた対面手続による不正出金、クレジットカードの不正利用、さらに、平成15年最判のような通帳による機械払いなどは、従来通り、民法478条による)。② 立証責任は、金融機関側にあり (民法478条でも、弁済者側〔金融機関側〕に善意無過失の立証責任を課するのが多数であるが (倉田ほか229頁、平井199頁 (改説))、見解状況は安定していなかった)、預金者側に故意・重過失があった場合には、免責され、そうでない場合には、補填責任を負うが、預金者側の過失を立証した際には、補填額は、4分の3となる (5条2項)。③ 補填要件として、被害発生後 (ないしそれを認めてから) 30日以内に金融機関への通知がなされ、盗取の事情の説明を行い、捜査機関に対する届出を提出していることが求められ (5条

1項、6項）、「過失」がある場合とは、カードと暗証番号のメモを一緒に置いた場合とか、生年月日など推測されやすい番号であるとして、金融機関が複数回番号変更を求めたにもかかわらず、放置した場合とかであり（9条参照）、「重過失」とは、暗証番号をカードにメモした場合、カードを他人に渡した場合などである。また補塡を受ける際の期間制限がある（盗取から2年経過後の前記「通知」の場合には、適用がない〔7条〕）ことに留意が必要である。

……クレジットカードの盗難の蓋然性の高さゆえに（私自身も、アメリカ滞在中にクレジットカード番号記載のレシートをバスに置き忘れて、カード再発行手続きをとったことがあるし、妻も、車上荒らしで、カード類全て盗難に遭い、同様の手続きをしたことがある）、それへの対応した法制度として注目すべきだが、その射程外の問題も沢山あることに、なお注意が必要であろう。

＊表見代理との比較

民法478条を表見代理の場合と比較すると、弁済受領者（真の債権者）側の要件の相違があり（その帰責事由の要否〔本条においても必要だとする見解も有力であるが（澤井169頁、その後、池田論文[153]、川地論文[154]、潮見Ⅱ254頁）、一般的には、不要説である（我妻280頁、奥田504頁、川井295頁、中田325頁）〕）、また「善意無過失」も比較的認められやすく、本条の方が、弁済者（外観信頼者）の保護が厚いと言えよう。

そしてその理由としては、以下のことが考えられる。すなわち、(i)弁済という消極的効果に関わること、(ii)迅速性、大量性という行為の性質、(iii)受領資格の不明瞭さ、(iv)爾後取引の蓄積ゆえに、取引安全保護の要請が高いこと、(v)民法117条の実効性という意味で、無権代理の場合とは異なることなどである。

……ここでの比較検討からもわかるように、民法総則における表見代理の制度等は、機能的に見ると、金融取引法の一翼をなしていることも、押さえて

---

(153) 池田真朗「民法478条の解釈・適用論の過去・現在・未来」慶応義塾大学法学部法律学科開設記念論文集法律学科篇（1990）349頁。

(154) 川地宏行「民法478条における債務者保護要件」法律論叢81巻1号（2008）。

おいてよいであろう。

(4) その他——受取証書の持参人に対する弁済（民法480条）
　本条は、ドイツ法由来（ド民370条参照）の規定であり、論点は以下の如くである。
① 「受取証書」……例えば、領収書。
　この要件との関連で、（判例）（通説）（我妻[405]他）は、本条については、証書の真正さを要求する（もっとも、表見代理規定が適用になる場合も、真正だとする）。……この点で、民法478条よりも、やや狭い。従って、偽造証書の場合には、民法478条の問題となる。
　なお、この点で、星野教授は、偽造の場合には、民法478条によるとするのは、矛盾だとして、本条についても、偽造の場合で債権者に過失があれば、弁済者は、480条で保護されるとする（星野244頁）（同旨、池田論文[155]）。
② 「善意無過失」
　文言上は、かつては民法478条と異なっていたが、同条についての（判例）（通説）によれば、相違はない（そして、平成16(2004)年の現代語化で、文言上も差異がなくなった）。

【QⅦ-4】民法478条は、銀行取引分野でどのように拡張適用されているかを説明しなさい。
【QⅦ-5】民法478条は、表見代理と比較して、どのような点で、取引安全保護に厚いのかを述べて、その背景を分析しなさい。
【QⅦ-6】キャッシュカードの盗難に関する民法478条の適用の特殊性がどこにあるのかを述べて、近時の立法による法整備の状況を説明しなさい。

---

(155) 池田・前掲論文322頁。

第 2 部　金融取引法（金融債権総論）

7－1－4　差押え債権の弁済（民法 481 条）
――債権者に対する弁済が無効な場合
(1)　適　用　場　面

・債権執行（金銭執行）の局面（民事執行法 143 条以下など）。条文の「支払の差止め」＝債権差押え（民事執行法 145 条）、債権仮差押え（民事保全法 20 条）を指す。
・さらに同様に、債権者が弁済受領権を喪失するのは、債権質の場合（民法 364 条、366 条参照）、債権者の破産の場合（破産法 78 条 1 項〔破産管財人への管理処分権の専属〕、50 条 1 項、51 条〔破産者への善意の弁済の保護〕）である（その他の倒産手続でも同様。民事再生法 38 条、64 条 1 項、66 条、会社更生法 72 条 1 項など）。

＊　同一銀行の複数支店への預金債権への債権差押えの可否

　なお、近時、大規模な金融機関に対する預貯金債権についての債権差押えの仕方として、いわゆる「全店一括順位付け方式」（取扱店舗を一切限定せずに複数の店舗に預金債権があるときには、支店番号の若い順序によるという方式）による差押えは、差押債権の特定（民事執行規則 133 条 2 項）を欠き不適法だとされた（最決平成 23.9.20 民集 65 巻 6 号 2710 頁）（この決定が出る前は、下級審裁判例では、肯否分れていた）。

　従来の支店毎の別扱いの債権への執行というやり方の前提に立っているようであるが、上記方式は、債務者が同一銀行の複数支店に預金債権を有している場合に、債権差押え債権者としては、超過差押え禁止（民事執行法 146 条 2 項）との関係で執行債権額の「割り付け」をする必要が出て、そのギャンブル性の不都合を回避させるべく出てきた工夫である。第三債務者（銀行）側の負担に留意した判断なのであろうが、他方で、弁護士からの各支店における債権額の情報の照会請求（弁護士法 23 条の 2）に回答する義務もないとされるようであり、執行債権者へのかかる負担除去の工夫が削がれた感は否めない（これに関する議論として、阿部耕一「取扱店舗を特定しない預金債権の差押えに対する金融実務の実状」金法 1771 号（2006）など参照）。

　同一銀行の支店を超えた預金の一括管理が高まってくれば、事情は変わってくるようであり（田原睦夫補足意見では、ＣＩＦ（Customer Information File）（顧

7. 債権の消滅——債権の任意的実現

客情報ファイル）や名寄せシステム（預金保険法55条の2第4項、58条の3第1項）が完備してくれば、全店一括順位付けシステムによる差押えに対応できるが、今はまだその段階にはないとされる）、過渡期の判断なのであろうか。どうも落ち着きの悪いところがある。制度的合理化・整備が求められるところであろう。

```
A  ──→  B（債務者）
↳        ↓
債権差押え  C（第三債務者）
```

(2) 趣旨と通説的（修正的）解釈

・規定の趣旨は、必ずしも明らかではない。……（立法者）は、Cの不法行為責任を定めたとする（梅251頁）。一種の「債権侵害」ということであろうが、民法709条との関係が不明確である（例えば、Cの故意過失不問ということか、また、Aの損害の主張・立証はどのくらい厳密なものを求めるかとの問題がある（Aの「受けた損害の限度において」とある））。

・これに対して、（判例）（大連判明治44.5.4民録17輯253頁、大判大正15.9.8新聞2621号12頁他）及び（通説）（我妻[390]他）は、フランス民法的解釈を採る（母法は、旧民法財産編459条を介して、フ民1242条に遡る）。——すなわちそれは、第三債務者の弁済は、差押債権者との関係で無効（相対的無効）とする。従って、後に差押債権者は、支払（弁済）請求を、債権全額につき、できるということになる（さらに、損害賠償請求の必要はない）。……相当に明文に反する解釈である。その経緯は再調査を要するだろう（吉田）。

(3) 差押えの競合（重複差押え）の場合の第三債務者の弁済の効力

・民事執行法の制定以前に、いろいろ議論された（民法478条の適否も論じられた）。そして、同法上は、① 差押えの競合の場合に、Cは供託義務を負い（156条2項）〔② 債権差押えの場合には、供託権がある（156条1項）〕、また③ 他者による差押え後の転付命令（民事執行上の、券面額で支払う債権譲渡類似のもの。民事執行法159条・160条参照）は、無効である旨明定された（159条3項）。供託後は、配当手続が開始される（166条1項1号）。

第 2 部　金融取引法（金融債権総論）

```
A → B ← D
    ↓
    C
```

□ 従来問題された二局面
　(i) 爾後的転付命令 （無効な転付命令）に対する弁済

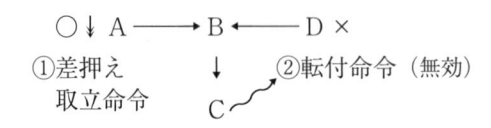

```
○↓ A ──── B ←──── D ×
①差押え      ↓    ②転付命令（無効）
　取立命令   C
```

（判例）（大連判明治 44.5.4 前掲、大判昭和 12.10.18 民集 16 巻 1525 頁、判民 108 事件川島、最判昭和 40.11.19 民集 19 巻 8 号 1986 頁、法協 83 巻 6 号星野）は、A の C に対する請求につき、民法 481 条を適用する。そして、民法 478 条は、B との関係でのみ適用され、A には、主張できないとする。

これに対して、（通説）（川島評釈、我妻[395]、柚木＝高木 435 頁）は、民法 478 条で保護されるとした（なお、星野 247 頁も、同旨だが、そもそも重複差押えに民法 481 条を類推適用すべきではないとする）（星野・前掲評釈 976-977 頁）。

　(ii) 爾後的な差押え債権者の取立て （取立命令）〔かつては、取立命令の制度（民事訴訟法旧規定 602 条）があった。これに対して、民事執行法では、変更されて、差押命令送達日より 1 週間経過すると、取立権が自動的に生じ（155 条 1 項）、取立訴訟ができる（157 条）〕に対する弁済

```
×↓ A ──── B ←──── D ○
①仮差押え     ↓   ②差押え・取立命令
              C
```

（判例）は、戦後変更されて、民法 481 条を不適用とする（最判昭和 40.7.9 民集 19 巻 5 号 1178 頁【38】（1 版）、法協 83 巻 3 号星野）。──取立命令を得た差押債権者は、執行裁判所の授権に基づく一種の取立機関だとする。（これに対して、山田反対意見は、C は、供託すべきだとする。民事訴訟法旧規定 621 条 1 項は、「配当要求の送達」あった場合にのみ、供託権があるとしていたが、それをここにも及ぼす。）

この点で、(通説) は以前から同趣旨〔民法481条不適用説〕であった (我妻[396]。「自己ノ債権者」とは本来の債権者及び転付債権者 (承継人) のみを意味し、取立債権者への支払いには、民法481条の適用はないとする)。

……従来の通説は、基本的にCを保護しようとしていたということができる。

(検討)

→これらについて、民事執行法下では、供託 (義務) が明定され、状況が変わった。すなわち、——

1. (i)(ii)の場合とも、民法478条と民法481条の調和の問題、さらにこれは、AとCとの利益調整の問題となる。……従前 (民事執行法制定前) には、Cを保護すると、Aは不利益を被らないように供託請求し (民事訴訟法旧規定621条2項)、その場合には、供託義務が生じた。他方、民法481条でAを保護すると、Cに二重払いをさせる。Cはそのリスクを避けるために、供託したがるようになるが、かつて供託権の場合は限定されており、これが拡張できるかに関わってきた。——その上で、(通説) は、(i)では民法478条を優先させ、また(ii)では、481条の適用を否定して、いずれもCを保護し、Aの保護のためには、同人に供託請求させて、事実上供託義務をCに課してもよいとした (供託請求・供託義務アプローチ)。

……ここでも、かなり制度設計のことを考えて、民法478条の適否を考えていたと見うる (星野・法協83巻3号、83巻6号評釈参照)。

> Aの保護……民法481条適用→Cは、供託権を模索 (しかし旧規定では、不安定な法状況)
> Cの保護……同条不適用、民法478条適用 (類推適用)。→Aは、供託請求し、Cにはその場合に供託義務が生じた (民訴法旧規定621条2項)

2. (判例) は、(i)ではAを保護して、Cの供託権アプローチ。(ii)では (通説) と同様にCを保護しており、両者の扱いをなぜ変えるのかは、実質的には明らかではなく、取立債権者と転付債権者との概念的な区別に求めていたように、推測される。

3. 民事執行法下では、(1)ここでも供託義務が生ずることが多く (仮差押え、

差押えの競合〔重複差押え〕の場合）、民法478条を適用するとしても、「過失」があるだろう（平井191頁は、供託義務に反する弁済には、478条の適用はなく、Aは481条による第三債務者への支払い請求もできるという）。

(2) そういう場合でなくとも、転付命令の無効が明定されるから、やはり「過失」があろう（同旨、平井191頁）。……転付命令は無効なので、転付債権者との関連で、民法481条も適用しにくい（星野評釈では、そもそも重複差押えに民法481条を適用することに消極的だった〔前述〕）。ともかく無効な弁済なので、Cの供託を促す意味でも、Aからの取立を認めてよい（吉田）。——結果は、従前の（判例）と同様。今では、478条の適用は限られるが、（供託関係が明定されて、）供託により、Cは保護されている。

【QⅦ－7】差押え債権の弁済についての本文と実際の扱いとのギャップを説明しなさい。
【QⅦ－8】重複差押えの場合の判例と学説の対立状況（とくに民事執行制定以前）を説明し、それが同法によりどのように変化したのかを説明しなさい。（民事執行法の勉強が進んでから復習的にも、利用しなさい。）

7－1－5　その他の細則的解釈規定（任意規定）
多くは、「債務の本旨」に従うものか否かに関する。

(1) 弁済の場所
・持参債務の原則（民法484条）（特定物引渡債務の場合は、別である。——その物の存在する場所でやる（同条前段）。）……わが国の慣習・便宜から。Cf. 旧民法及びフランス民法では、逆の「取立債務の原則」がとられている。
・なお、売買に関しては、代金支払いは、物の引渡場所にて行うとの規定がある（民法574条）。

(2) 弁済費用
・債務者負担（民法485条）。
・有償契約における「契約費用」ならば、当事者双方で平分〔折半の意味〕す

るとの規定がある（民法 558 条。559 条で準用される）。

……（ex.）① 運送費、荷造費、② 登記費用──（判例）は、「契約費用」とする（大判大正 7. 11. 1 民録 24 輯 2103 頁）が、（通説）（我妻・中 I [419]、於保 366 頁）は、「弁済費用」とする。しかし、現実には、債権者負担の特約・慣行がある（平井 182 頁参照）。

＊ここでも、「弁済費用」と「契約費用」の効果の相違に則した性質決定というように考えるとわかりやすいだろう。

(3) 利　息
・年 5 分（民法 404 条）。実際には、殆どヨリ高利率の特約があり、本条が問題になるのは、不法行為の遅延損害金ないし中間利息控除との関連である（前述〔2 − 4 (3) 参照〕）。

(4) **弁済充当──金銭債務で一部弁済がなされる場合**（民法 488 条〜 491 条）
・指定充当（民法 488 条）→法定充当（489 条〔債務者の意思、利益の考慮〕、491 条〔債権者の利益の考慮。費用→利息→元本〕）
　＊なお、民法 491 条が注目されたのは、利息制限法解釈における「元本充当」法理である（超過利息の場合）。

(5) **その他、物の引渡し債務について、やや趣旨不明で、あまり用いられない規定がある。**例えば、──
① 民法 483 条── 400 条と本来ワンセット。
② 民法 475 条──弁済受領者の留置権的保護。「他人の物」なので、本来弁済者には不当利得返還請求できないはずであるが、（通説）（我妻[317]他）は、本条により、占有訴権的に特別の返還請求権が認められたとする。なお、債権者の善意で消費・処分した場合の有効取扱いによる保護（民法 477 条）。
③ 民法 476 条──弁済者に行為能力に制限がある場合の、やはり、弁済受領者の保護規定。フランス民法では、本条の前提として、弁済者の行為能力（物の引渡能力）に関する規定がある（フ民 1238 条）。この場合にも、民法 477 条の適用。

第2部　金融取引法（金融債権総論）

・これらの細則的任意規定については、以下のことが留意されるべきであろう。
1. 諸外国に比べて、わが国では、任意規定・解釈規定は少なめである。例えば、代金額、給付物の量について、特約がない場合の規定は欠落している。
2. 任意規定の指導ライン（ガイドライン）、規律的側面が強まると、「強行規定」的にもなる。例えば、契約不履行に関する規定（民法415条、570条）、継続的契約の規制。
3. アメリカ等では、懲罰的任意規定（penalty default）という考え方も有力である。——それにより、当事者の特約を促し、裁判所の契約解釈のコストを軽減する（詳しくは、吉田論文[156]）。

【QⅦ-9】弁済の細則的任意規定にはどのようなものがあり、また諸外国にはあってわが国にはないものとはどのようなものであるかについて、列挙して説明しなさい。
【QⅦ-10】任意規定・補充規定に関する近時の新たな議論を論じなさい。

☆教師のモノローグ——何故先達の名前を挙げるか？　民法講義とはどうあるべきか？　何故批判的民法を目指すのか？

　最近の受講学生への出席カードでの感想などで、「この講義では、何故学説の名前を挙げるのか？」「他の講義では、あまり名前に触れられず、無色化して、甲説、乙説と……見解を列挙するタイプの講義がほとんどなのに。」という質問を受けるようになった。私としては、自分が学生の頃は、本講義のような流儀が100％であったし、その伝統方式の踏襲というつもりでこれまでやってきただけなので、いささか驚いたが、考えてみると、近時は引用を切り落とし、無色化して記述される教科書類も少なくないことにも思い当たる（例えば、最近では、有斐閣のリーガルクエストシリーズ。我々の学生の頃でも、有斐閣双書と言われるものがそうであったが、「それはあくまで導入」という意識から、継続的勉強のための手引きの本格的文献等がついているのが普通であった。しかし、そういう流れに対するアンチ・テーゼとして、学説の立体的理解の必要性から同社から

---

[156]　吉田邦彦「契約の解釈・補充と任意規定の意義」民法典の百年Ⅰ（有斐閣、1998）〔同・契約法・医事法の関係的展開（有斐閣、2003）第3章に所収〕参照。

7. 債権の消滅——債権の任意的実現

『民法講座』の企画もあり、決して今のような平板な叙述で席捲されるという状況ではなかった)。

諸外国の状況との相違も著しく（例えば、アメリカのロースクールの演習などでは、沢山の学術論文を読まされるのが常である。大体アメリカの研究者とは、オリジナリティを求めて犇(ひし)めき合う健全な状況であることは、向こうに行けばすぐわかる)、《近時の変貌ぶり》に驚くばかりだが、溜息をついているだけでは、学生諸君も困惑するばかりなので、説明しておきたい。そしてこの点は論じ出すと深く、①法律学のイメージとか、②法律学の勉強を志す者の心構えとか、③学説の捉え方とか、④今日の状況に対する問題提起等様々な根本問題にも繋がるので、一言する次第である。

すなわち、(i)法律学、とくにその代表的な民法学においては、解は一つではなく、ギリシア・ローマの太古から、法廷弁論・闘争という形で、相異なる視角からの議論のぶつかり合いという形で進展してきた。まずは、法律学の真髄として、「批判的討議」があるとの認識が必要であろう。それらについて、すべてカバーするのは、無理であるし、私の力量を超えるが、本講義では、せめて、わが民法に即した学説の流れを立体的に、そして見解の展開過程として、捉えなければいけないと考えているのである。

(ii)そうした批判的討議の積み重ねとして、今日の暫定的な状況として、(判例)〔裁判例の制度的工夫からできている目下妥当する準則の意味〕及び(通説)ができている。しかしそれは決して固定的なものではなくて、常時それに対する批判的問題提起(研究者が書く論文とはそういうものである)に開かれ、無限の批判的討議が続けられていくのが、「法律学の面白さ」である。

＊そのような批判的発展の法的議論の制度的産物としての(判例)(通説)(とくに前者は、制度的である)という意味合いで、本講義録では、括弧をつけている。単なる個人的見解とは違うという意味合いもある。しかし、何度も述べるように、それは決して固定的ではない。だからそれを上から権威づけようとする近時の債権法改正論議は、ホッブズ的な権威的側面がある。

そして(iii)諸君が、勉強する際に目をつけるべきなのは、「鋭いオリジナルな問題提起をした見解」であり(もちろん、アイデアだけでなく、その論証過程が問われることは言うまでもない)、そのオリジナリティゆえのプライオリティには、学問である以上敬意を払うのがエチケットであり、それが「引用の重要

性」に繋がっている（これは、論文であろうと、その反映の大学の講義であろうが、程度の差はあれ、性質上大差ないはずである。因みに、従来この点は、川島博士が強調された〔川島武宜・ある法学者の軌跡（有斐閣、1978）116頁以下など〕。今日の問題状況は、当時よりも悪化しているので、博士の教訓は、今こそ傾聴に値する）。

これは学説の評価にも関わるが、「何もないところから問題提起して、新説を出した研究」と、「他人の見解をただなぞっただけの研究」とでは、その価値に雲泥の差があることは、贅言を要しまい。私の講義では、できるだけそうしたオリジナルな見解に着目して概要を示すことを、及ばすながら目標としていて、その際には、無色に「誰がそのプライオリティがあるか」に触れずに話すことは、（大げさに言えば、）研究者倫理として、許されないのである。

(iv) さらにこの点は、近時の民法学の状況とも関連する（多くの大学教員が、従来式の講義スタイルを捨てて予備校式に走っているやに見えるのは、その徴表ではないか）。つまり、近時は、オリジナルな批判的講義よりも、安易に他者の説をなぞる研究が増えている（そういう目で、諸君も巷間溢れるテクスト類をチェックして見られたい）。しかしこれでは学問の進展に繋がらず、今日の停滞現象の要因にもなりかねないという危機意識がある（例えば、私の先輩教員の瀬川信久教授は、昨今の債権法改正の状況を前にして、「今は規範の整理の時代」だと言われたことがある。民法改正と言われながらも、近時の議論は、従来の（社会の実践的要請に基づく）改正とは全く異質のもので、大方は、単に（判例）（多数説）の解釈学説の実定化に覆われているからである）。

＊例えば、近時の改正論議の中心メンバーの一人である中田教授の近時の労作を読みつつ、「改正論議から生まれたオリジナルな問題提起なり規範を塗り替える新説なりがどれだけあるか」という視点で見てみると、そのことはわかる。1,300時間も議論したと言われるが、それが学界の議論のレベルを高めているのだろうか。整理だけしている学界というのは、停滞・衰退に向かうのではないか。民法教育の場でも、マニュアルが席捲する今、やはり王道は、受講生の知的好奇心を高め、問題意識を高め、社会を批判的に見る目を養う。そのための資料として、批判的討議のプロセスを立体的に話す、そして今日の問題状況や課題も忘れずに（批判的に）話すということも不可欠であろう。

(vi) この問題は、勉強するものの姿勢にも跳ね返る。つまり、こうした刺激に満ちた批判的討議にコミットできるのが、研究者の最大の喜びでもあり、

7. 債権の消滅――債権の任意的実現

「よし、従来の議論に問題を投じよう！」という意欲の源泉にもなり、そういうことをやらなくなったら、《魂を抜かれた研究者》ではないか、それでは研究のモチベーションも出てこないと思わずにはいられない。これは、何も研究者だけの問題だけではなく、広く実務家にも繋がる姿勢でもある。これまでの議論を辿ると実務家の社会的問題意識に裏付けられた問題提起は山とあるのである（例えば、公害訴訟による法理の進展等）。――以上が本講義のスタンスであり、私が学生時代に全ての恩師に通底していた姿勢でもあって、何ら目新しいものでもないが、今日の変貌も著しいので、改めて説明した次第である。

7-2　弁済の提供及び受領遅滞

債務者が弁済しようとしても、債権者が受領しようとしない場合に備えた制度であり、かかる場合は、実際にもしばしば起こることである。公平の配慮から、諸外国にも広く存在する普遍的制度である（フ民1257条以下、ド民294条以下、旧民法財産編474条以下）。……我妻博士などは、この点で、信義則を強調する。

7-2-1　弁済提供（民法492条以下）の効果・要件
(1)　効　　果

弁済と比べて、「弁済提供」の効果はわかりにくいかもしれないので、便宜上、効果の点の検討を先にしよう（債権総論のはじめの方で検討した「種類債権の特定・集中」の問題も関連するので、併せて検討されたい）。

1. 本制度本来の効果として、債務不履行による一切の責任を負わない（民法492条）。……広義の「責任」であり、①損害賠償以外に、②解除、③担保権の実行、④遅延利息、違約金の請求、⑤約定利息の請求がないという趣旨である。

    Cf. なお、⑥強制執行を停止できるか否かについて、見解の対立があり、（判例）（大判明治38.12.25民録11輯1842頁）及び（有力説）（我妻［339］）は、否定して、供託が必要とするが、多数（於保384頁、注民⑿239頁（山下末人）、平井171頁など）は、阻止できるとする（もっとも一旦執行が開始されれば、弁済の提供だけでは停止できない。民事執行法39条1項8号〔弁済を受け、または弁済の猶予の承諾の旨文書を必要とする〕参照）。

第 2 部　金融取引法（金融債権総論）

2．それ以外の効果
　① 目的物保管の注意義務の軽減（民法 400 条参照）。
　② 弁済費用の増加分の債権者負担（民法 485 条但書）。
　③ 危険移転（債務者主義の場合〔民法 536 条 1 項。民法 534 条に対する特約がある場合〕に債権者に移る）。

　さらに、④ 同時履行の抗弁権（民法 533 条）を消滅させる——そしてこれは、相手方に対する損害賠償、解除の主張の前提となる（我妻[339]は、これも弁済提供の効果とするが、星野 268 頁は一応区別する）。……通常の前記 1 の効果の「防御的機能」に対して、これを「攻撃的機能」などと言われる（中田 296 頁参照）。

(2)　要　件
民法 493 条は、二種類を規定するが、それすら不要である場合も認められている（判例）。
　① 現実の提供（事実上の提供）（493 条本文）——これに関する諸種の裁判例は、各自参照されたい（例えば、一部の額の提供ではダメ、履行期後の場合には、遅延損害金も。他方で、若干の額の相違があるときに、許容したものもあるなど）。
　② 口頭の提供（言語上の提供）（493 条但書）——債権者の受領拒絶、債権者の行為を要求する場合。

（留意点）
1.「弁済の準備」は必要である。
　……債権者が翻意して受領すると言えば、応じて弁済できる程度のもの。債権者の協力があれば、直ちに応じて弁済完了できる程度のもの。——かなりの負担であり、「口頭の提供」の意義は、それほど大きくはない（平井 170 頁）。それが嫌ならば、供託（民法 494 条）すればよい。
2．場所・期日指定が不明確でも、弁済提供とされることもある（その場合には、債権者側に、問い合わせなどの協力義務が課せられる）（例えば、大判大正 14.12.3 民集 4 巻 685 頁、判民 111 事件我妻〔大豆粕売買に関し、価格下落が絡む。「物品渡し場所　深川渡」と約されていたケース。深川所在のある倉庫にて、引渡

し準備をして、受渡し、代金支払いの催告をしたというもの〕）。
3. 「口頭の提供」も不要とされることがある（上述）。
　　＝（③口頭の提供も必要としない場合）。
　(1)　債権者の受領拒絶の意思が明確である場合（判例）。……不動産賃貸借事例。最大判昭和 32.6.5 民集 11 巻 6 号 915 頁以降。
　　　＊星野教授など（星野 273 頁、平井 171 頁）は、賃貸借という継続的契約で、賃借人（債務者）保護の要請がある特殊事例だとする。――賃借人の賃料不払い（債務不履行）による解除を回避する。
　(2)　取立債務（または送付債務〔債権者、債務者の住所以外の第三地を弁済場所とする債務〕）で、債権者が場所を指定しないとき、取立てに来ないとき（我妻[337]）。

7－2－2　受領遅滞（債権者遅滞）（民法 413 条）の意義

・ドイツ法等（ド民 293 条以下、オーストリア民法 1419 条以下）では、具体的効果規定があるが、わが国では、抽象的な規定 1 カ条があるのみである。――債権者に過失なくとも、「遅滞ノ責」（遅滞の責任）を負わせるというのが、（立法者）の立場であった（修正案理由書、梅 281 頁）。
・「履行（弁済）の提供」が要件とされているが、受領遅滞（債権者遅滞）の効果は、結局弁済提供の効果に帰するのか？

(1)　通説的見解

　従来の通説的見解（鳩山 172 頁以下、於保 108 頁〔117 頁以下〕、林＝石田＝高木 70 頁以下、奥田 218 頁以下。また平井 173 頁、175-176 頁もかなりこれに近い）は、413 条にそれほど大きな効果を認めずに、両当事者の利害の公平な調整の趣旨から、民法 492 条の効果以外に、前述の注意義務軽減、増加費用の負担、危険移転等を触れるに止まる（法定責任説）。――弁済提供の効果と同一に帰することとなる。
　＊もっとも、従来は、講学上は、別制度として説かれるのが通常だったのであり、同一の効果を債務者側から規定したのが、弁済提供であり、債権者側から規定したのが、債権者遅滞だと最初に明確に論じたのは、平井教授であろう。……これによって、随分この制度の理解がわかりやすくなったのではな

いか。従来は、これらについて、「弁済の提供の効果」と「受領遅滞の効果」とを暗黙に区別していた観があるが（近時も中田192頁、295頁は、その枠組みか）、やはり平井教授のように述べるのが、すっきりしているだろう（吉田）。

(2) 債務不履行説の主張

・これに対して、有力説（末弘・債権総論（1928）240頁、243頁、我妻[341]～、星野136-137頁、幾代論文[157]も同旨）は、反対し、債権者の受領義務を肯定し、本条を「債権者側の債務不履行」の規定だと捉え、帰責事由を要求しつつ、効果として、さらに損害賠償及び解除を肯定する（債務不履行説）（なお、梅47頁、280頁も、損害賠償に言及している）。

＊両説の論拠

法定責任説	債務不履行説
(i) 債権は権利であり、義務ではない。	(i)′ 規定の位置
(ii) 受領義務を一般的に認めることの不当性。	(ii)′ 債権法を支配する信義則の重要性。
(iii) 立法趣旨、比較法からも「過失」は要求されていない（ドイツ法。なお、フ民・旧民法は、弁済提供の制度しか存在しない）。	(iii)′ 弁済提供の効果だけでは、債務者の保護に欠ける。比較法的にも、債務者保護は強まってきているとする（我妻[342]）。

　　＊この議論は、「帰責事由」に関する伝統的立場を前提としていることに留意せよ。
(iv) 実際上の必要性もそれほどない。
　　──反対給付の不履行を問題にすればよい。

(3) 近時の動向

　もっとも、近時は、画一的に考えずに、受領義務は一般的に認められないとしつつも、場合に応じて、個別具体的に、受領義務を認めようとする（従って、その場合には、損害賠償、解除を認める）立場が有力である。……この限り

---

(157) 幾代通「債権者遅滞をめぐって」民法研究ノート（有斐閣、1986）153-155頁、160頁。

7. 債権の消滅——債権の任意的実現

で、前記両説は、接近している。

　例えば、遠田教授は、ドイツ法（ド民433条2項、640条1項等）に倣い、売買・請負・寄託の場合には、買主・注文者・寄託者に、——信義則上の付随義務として、——目的物の現実の「引取義務」（Abnahmepflicht ／vgl. Annahmepflicht）を認めようとする。——損害賠償、解除を肯定する[158]（同旨、奥田218頁以下、水本77頁以下、四宮後掲評釈。平井前掲も類似する）。

・（判例）は、一方で、解除を否定したものがあるが（最判昭和40.12.3民集19巻9号2090頁、法協83巻7＝8合併号我妻〔クラブハウスの建設に関連したタンク、屋上水槽、ストレージヒーターの製作下請けの事案で、下請負人(X)の予定の日時の製作不履行で、元請負人(注文者)(Y)が解除したもの（他から調達した）。しかし、X側も、その後YがXからの製品の受取りを拒否したために、解除して損害賠償請求したというのが本件である。最高裁は、Yの受領遅滞について論じている（特段の事由なき限り、受領遅滞と債務不履行とは性質が異なるとする）が、Xの債務不履行事案であり、傍論的判示である。我妻評釈では、本件(下)請負は、定期行為的であり、1審の解決（Xの債務不履行ゆえに、Yの解除は有効として、Xからの請求棄却）が妥当だとする〕）、他方で、継続的売買契約事例で、損害賠償を認めている（最判昭和46.12.16民集25巻9号1472頁【10】、法協91巻1号四宮、民商67巻4号遠田〔Xが大雪山公園地域内での採掘硫黄鉱石のYに対する売却契約に関する（Y側の指導で、Xの索道（運搬ロープウェー）架設、ワイヤーの取替えする等、買主が積極的に売買関与している）。しかし、契約1年半後辺りから、鉱石市況の変化を理由に、Yは出荷中止を申し入れ（受取量は、300トン弱）、前渡し金400万円の残額請求をして、その後、硫黄鉱石の引取りをせず、東川駅に2,400トンの鉱石が集積され、Xは1,000万円余の損害があるとして賠償請求したというケース。信義則に照らして、Yには鉱石引取義務があるとして、引き取り拒絶は、債務不履行の効果を生ずるとして、原審同様に、請求は認容された（上告棄却)〕）。

---

[158]　遠田新一「債権者の受領遅滞による債務者の解除権」契約法大系Ⅰ（有斐閣、1962）。

(検討)
- 債権者側の協力義務ないし注意義務を問題にしているという限りで、ここでの問題は、現代的な問題である（後藤論文[159]は、この点で、フランス法上の協調義務（obligation de coopération/ collaboration）に着目する）。
- 今日的には、信義則が重視されるという我妻博士の問題意識は承継しつつ、個別具体的にアプローチしてよいだろう。──私見としては、ここでも債権者側の債務ないし注意義務の中身の判定を重視する。そして、関係契約理論の視点から、契約の継続性・関係性に即した類型的考察が必要であろう（吉田）。＊民法典は、明示的に規定していないが、それは古典的モデルを想定していたためであり、それに拘束されなくてもよいだろう。

(4) その他

近時は、注意義務の軽減、危険の移転（＊履行不能か、受領不能（受領遅滞）かの判定においては、（通説）は、ドイツと同様に、領域説を採る〔我妻［345］、於保110頁〕）等にも、債権者の帰責事由が必要と考えるか否か（必要説は、我妻［346］、星野137頁、幾代・前掲157頁、160頁、また奥富論文[160]。これに対して、（通説）は不要とする）が、問題とされている。

また、労働契約に関して、履行不能（民法536条1項からは債務者主義）、受領遅滞（危険移転）かが論じられるが、民法536条2項の「債権者の責めに帰すべき事由」を拡充していけばよい（もっとも、ストについて、（判例）は限定的である（最判昭和62.7.17民集41巻5号1283頁、1350頁〔ノースウェスト航空事件。もっとも、休業手当（平均賃金の6割以上。労基法26条の「使用者の責めに帰すべき事由」による休業の場合）に関しては、広く解する〕）。

(検討)
- その程度の効果ならば、（通説）と同様に、弁済提供の効果として、かなりの部分を捉えうる。

---

(159) 後藤巻則「契約の締結・履行と協力義務」民商法雑誌106巻5号、6号、107巻1号（1992）。
(160) 奥富晃「受領遅滞と履行不能の区別を論ずる意味について(1)(2・完)」南山法学14巻2＝3＝4合併号、15巻1＝2合併号（1991）。

・もっとも、第1に、損害賠償、解除においては、私は「帰責事由」をさほど重視しない（というか希薄化する）が、他面で、債権者の協力義務の中身の認定は重要であると考える。また第2に、危険移転（危険負担）に関しては、「領域説」でもケースバイケースで妥当な判断ができるのではないかと考える（従って、奥富論文のように、「受領遅滞・不能」を限定的に解しなくともよいのではないか）。

【QⅦ-11】弁済提供と受領遅滞との制度的関係を、各々の効果論に即しつつ、論じなさい。

【QⅦ-12】弁済の提供の諸場合の要件、及び各々の利害得失を説明しなさい。

【QⅦ-13】受領遅滞に関する債務不履行説の現代的再評価（例えば関係的契約理論との関連での評価）を論じなさい。

7-3 代位弁済
7-3-1 意義・性格
(1) 意　義

　第三者弁済の事後処理に関わり、代位弁済と第三者弁済とはオーバーラップしている。……事後的に、出捐者（代位弁済者）と債務者間に、求償関係が生ずるが、求償権強化のために、代位弁済者に債権者の諸権利を代位させるという制度である。

　債権者⇒　↢代位弁済者……この両者の調整につき、民法502条〜504条。
　　↓　　↵求償……この相互関係につき、民法501条。
　債務者

＊民法典は、任意代位〔債権者の意思による代位〕と法定代位とを定め（民法499条、500条。債務者の意思による代位は、削除する）、利害関係者の利益調整の規定を置く（民法501〜504条）。

＊第三者弁済と代位弁済の相違として、保証人等による弁済は「第三者弁済」ではない点であると言われることがある（我妻[355]（245頁）、平井187頁）。

さらに、内田 67 頁はこれを強調する)。しかし、これはやや沿革にも反する不自然な法解釈ではないか（吉田）（梅 236 頁は、「連帯債務者・保証人」も利害関係がある第三者として筆頭に挙げる)（我妻・前掲箇所はこれを意識している）。──民法 474 条 2 項の制限解釈として、「利害関係」を問わずに、「債務者の意思」を問題にしないようにするための技巧的法解釈であることに注意を要する。

(2) 制度趣旨
・弁済者にとって求償権が保護されて、弁済が促進される。→債権者は債権の満足を得やすくなり、信用供与しやすくなる。→これは、債務者にとり利益になる。
・他方で、債務者にとっては、誰が債権者・担保権者であるかにより、害されることはない。
　……三者にとって、望ましい合理的制度とされる（梅 299-300 頁）。ローマ法期からある。

(3) 要件
1. 任意代位（民法 499 条）──債権者の承諾及び債権譲渡の対抗要件が必要。
　……この場合も、債権者による通知なのか？
　Cf. 連帯債務者・保証人の弁済の場合。──求償要件として、他の債務者への通知が必要。（この場合には、弁済者自らが行う（民法 443 条 2 項、463 条)。)
　＊とくに、前者の要件〔＝債権者の代位拒絶権〕については、その合理性を疑問視するのが、（通説）である（我妻［364］［365］等)。→本条の要件緩和ないし法定代位の拡張の方向にある。
　＊もっとも、実際には、法定代位の場面ですら、「代位権不行使特約」が置かれることが多い。……しかし、譲渡禁止特約以上に、その合理性に乏しい。継続取引中には、勝手に担保権実行などをさせないという趣旨か。
2. 法定代位（民法 500 条）。──「弁済をするについて正当な利益」ある者の場合。
　Cf. 旧民法では、列挙的規定（財産編 482 条。←フ民 1251 条)。
　① 弁済しないと執行を受ける地位にある者（例えば、保証人、物上保証人、

抵当不動産の第三取得者、連帯債務者）。

② それ以外にも、弁済しないと債務者に対する自己の権利の価値を失う者（例えば、後順位担保権者、一般債権者）にも、「正当利益」があるとされる（判例）（大決昭和 6.12.18 民集 10 巻 1231 頁、大判昭和 13.2.15 民集 17 巻 179 頁、判民 12 事件東）。

(4) 効　果
求償権の範囲で、債権の効力及び担保として債権者が有した一切の権利行使ができる（民法 501 条）。

＊　弁済による代位に関する立法者の意見の相違。
性格論につき、立法者で立場が分かれる。すなわち、① 梅博士は、弁済者の固有訴権〔求償権〕の担保のための法律上のフィクションとしての、「求償権の従たる権利の接ぎ木」説（フランスの少数説）を採るのに対して、② 富井博士〔代位弁済の担当者〕は、債権譲渡と見て、執行力ないし担保・利息の属性も移るとする（フランス通説）。→日本でも今日の（通説）となる（我妻[367]、於保 388 頁、柚木＝高木 456 頁など）。……この帰結として、求償権が、原債権よりも大きい場合でも、担保（人的、物的担保）の被担保債権は、「原債権」ということになる。

その他の効果として、民法 503 条——代位弁済者の債権証書などの交付請求権、同 504 条——債権者の担保保存義務——債権者の一種の信義則上の協力義務。
Cf. 債務者の場合——民法 137 条〔期限の利益の喪失〕。
＊本条は、一読してもわかりにくい。立法者は、これは債権者に対する制裁で、裁判所を煩わせずに、代位権者の償還（求償）不能が確実の場合には、事前に免責の効果を得る〔つまり、債権者への弁済義務もなくなる〕という趣旨のようである（民法修正案理由書 416 頁参照）。だから、一種の不法行為請求請求権を事前的に弁済義務との関係で、相殺させるものであろう。

> 【QⅦ-14】代位弁済と第三者弁済との関係、及び代位弁済の存在意義を述べなさい。
> 【QⅦ-15】弁済による代位の法的性質論の意見対立とその具体的相違を説明しなさい。
> 【QⅦ-16】(1)任意代位にはどのような問題があると考えられ、(2)その関係で、法定代位を生起させる「正当利益」はどのように解釈されているか、を論じなさい。

7-3-2　代位権者（第三者）相互の関係（民法501条各号）

以下では、個別的論点を扱う。まず、代位権者相互の関係に関する、民法501条各号（なお、平成16(2004)年改正〔現代語化〕以前は、501条但書各号であった）は、ややわかりにくい、ゴテゴテした規定であるが、近年これに関する裁判例が出ている。

	保証人	物上保証人	第三取得者
保証人	頭数 （民465——分別の利益の有無で区別する）	(iii) 民501⑤ 頭数による（物保複数のときには、不動産の価格による）。	(i) 民501①② 保証人優先。 （弁済後の第三取得者には、付記登記必要）
物保		(ii) 民501④ 不動産価格による。	(iv) 民501⑥ 物上保証人優先。 （付記登記につき、同上）
三取			(ii) 民501③ 不動産価格による。

　㊷ 債権者⇒　　←代位弁済者
　　　↓　　　　　↵
　　債務者➡　第三取得者
　保証人、物上保証人

7. 債権の消滅──債権の任意的実現

(i) 保証人 v. 第三取得者（民法501条1号、2号）
……債務者の無資力の予測がつかない保証人の方を厚く保護する。

他方で、第三取得者は、登記から予測がつく担保権の実行を覚悟する。──代価弁済（民法378条）、抵当権の消滅請求（民法379条以下）による保護に止まる。

・もっとも、代位の付記登記が必要だとされるが（1号）、「あらかじめ」とは、代位弁済後の第三取得者の登記前の意味とされ、第三取得者の登場後の代位弁済〔すなわち、代位弁済前の第三取得者〕の場合には、付記登記は不要とされる（判例）（最判昭和41.11.18民集20巻9号1861頁、法協84巻11号山田（卓）、判評103号椿）。……（立法者）も同旨のようである（梅305頁参照）。

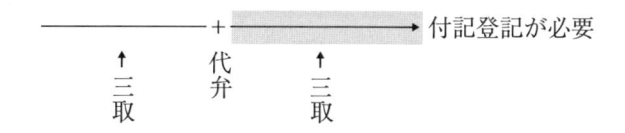

```
─────────────┼──────────────▶ 付記登記が必要
              ↑      ↑      ↑
              三      代      三
              取      弁      取
```

・民法177条と同趣旨。
・（通説）も同旨（我妻[371]、柚木＝高木426頁他）。さらに、第三取得者悪意の場合には、付記登記は不要とする見解も有力である（椿評釈）。

(ii) 第三取得者相互（3号）、物上保証人相互（4号）
……不動産価格の割合による。

(iii) 保証人 v. 物上保証人（5号）
……まず、頭数により、後者は、不動産価格割合による。

＊保証人と物上保証人の両資格を兼ねる場合の処遇

これについては、（判例）と（学説）とに、意見の相違も見られる。すなわち、（判例）は、1人説を採り、保証人として扱う（大判昭和9.11.24民集13巻2153頁、判民154事件東、最判昭和61.11.27民集40巻7号1205頁、法協105巻7号沖野）。

これに対して、（学説）上は、2人説も有力である（我妻[375]〔二つの資格として、別途計算する。ヨリ重い負担を引き受けたものは、ヨリ重い出捐を忍ぶのが、公平だとする〕。同旨、水本214頁、前田446頁）。しかし、（多数説）は、（判例）を支持する（柚木＝高木462頁、於保391頁、星野262頁）（二重資格者の保護から）。

（検討）
- （判例）は、簡明さの要請を重視したのか（同旨、沖野評釈）。理屈の上では、3号、4号の趣旨からも、重い負担を負うものは、重くするという有力説（我妻博士）も説得的ではある。
- しかし、昭和61年最判は、「二人説は当事者の通常の意思・期待に反する」ともしており、物上保証人の地位は、保証人の地位に包摂・吸収されると考えるのが、常識的だということなのでもあろう（吉田）。

＊物上保証人の相続の場合の算定の仕方

（判例）は、物上保証人について、代位弁済までに相続がなされて共有となれば、共有持分権者をそれぞれ1名と数えるべきだとする（最判平成9.12.18判時1629号50頁〔遠藤裁判官（裁判長）の反対意見は、全員で1名と数えるべきだとする〕）。

（検討）

この問題は、それまで議論されたことも無かったが、多数意見は、形式的に条文をそのまま適用したものであるのに対し、反対意見は、相続により、突然に保証人の負担分が減少する公平上の問題点に留意したものである。——多数意見は、代位弁済時の共有一般の場合とのバランスを図ったところがあるが、もともとの代位弁済権者相互の公平な調整を図ったものとすれば、やはり、爾後的な相続により、割合を変えるのも妙であるので、反対意見が条文の趣旨に沿うと考える（吉田）。

【QⅦ-17】代位権者相互の代位弁済後の関係について、民法の規定を説明しなさい。

【QⅦ-18】保証人の代位弁済の場合に、第三取得者との関係で、付記登記が必要な場合に制限がかかる理由を述べなさい。

【QⅦ-19】保証人と物上保証人が同一人の場合の負担の仕方に関する見解の対立状況及びその論拠を論じなさい。

7-3-3　代位弁済額に関する特約の効力など

　近時の信用保証協会〔＝保証人。副次的な融資をするものとして、金融市場でそれなりの大きな意味を持っている〕絡みのケースで、いろいろ問題が出ている。
・そこでの特約とは、例えば、① 求償権についての高利の利息（保証人の求償権の限度に関する民法442条2項（459条2項）〔法定利息など〕に対する特約）、② 代位弁済額全額についての求償権行使（民法501条5号等に対する特約（これについては、（物上）保証人との間と特約を結ぶ必要があるが、実際そうしている））。

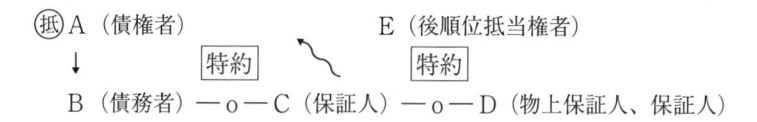

```
㊷A（債権者）　　　　　　　E（後順位抵当権者）
 ↓　　　　　　　特約　　　　特約
 B（債務者）―o―C（保証人）―o―D（物上保証人、保証人）
```

　（判例）は、後順位抵当権者との関係で、保証人〔信用保証協会〕の代位弁済の特約の効力を肯定する（最判昭和59.5.29民集38巻7号885頁【39】〔約定利息は、18.25％の事例で、454万円の代位弁済。その求償権の範囲内で、根抵当権を物上保証人に対して、行使すると特約している〕）。――後順位抵当権者は、特約による不利益を、――それが公示されていなくとも――甘受せざるを得ない立場にあり、また、極度額及び原債権の残存額〔代位弁済前の原債権額の意味〕で限定されているからとする。

・以下に、本判決関連の問題点を扱う。
（1）　他の第三者に対する特約の効力
・上記は、後順位抵当権者との関係での論理である。
・第三取得者に対しても、同様のことが言えるであろう。……先順位の枠内、すなわち、原債権の枠内では、合意の自由が妥当し、それについては、後順位者は甘受すべきであり、そう考えても、不測の損害を被ることはないという理屈である（昭和59年最判）。
・他の保証人、物上保証人との関係はどうか。……民法501条5号を斥けて、特約の効力を主張するためには、それらの者との間に直接に別途特約をすることが必要である。

第2部　金融取引法（金融債権総論）

（検討）
　（判例）では、そのまま信用保証協会側の主張が容れられている。同協会が、《第2の金融》という実質に鑑みるならば、第1に、民法501条を強行法化することは難しいであろう。しかし第2に、利息が利息制限法の利息規制（例えば、元本100万円以上ならば、年15％）は類推させてもよいのではなかろうか。……民法501条が、どこまで「任意規定」的なものなのかは、検討してよい問題であろう（吉田）。

(2) 原債権と求償権との関係──とくに内入弁済があった場合の充当の仕方

・従来は、求償権の額が原債権を下回るのが通例で、弁済代位は求償権による制約を受けるとされた（最判昭和61.2.20民集40巻1号43頁参照。──原則として、主文には、認容限度として、求償権を表示すべきだとする）。
・しかし、信用保証協会絡みでは、しばしば特約により、求償権が原債権を上回る。──ここでは、「原債権の枠づけ機能」がクローズアップされる。

＊債務者が信用保証協会に内入金弁済をした場合の充当のされ方

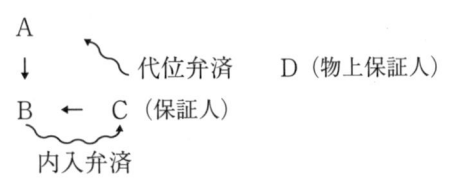

```
    A
    ↓   ↶ 代位弁済     D（物上保証人）
    B  ←  C（保証人）
       ↶
      内入弁済
```

　（判例）は、まず担保権の被担保債権は、原債権だとして、内入金は、求償権と原債権の双方に充当されるとする（最判昭和60.1.22判時1148号111頁）。
　（学説）も、多数はこれを支持するが、一部に、弁済者の意思を重視して、求償権に対する弁済に止まるとする少数説（石田教授[161]）もある。

（検討）
　実質的には、代位弁済者と後順位債権者との利益調整の問題であり、（判例）

---

[161] 石田喜久夫「原債権と求償権との関係」金融法研究（資料編3）（1987）57-58頁、金融法研究4号（1988）57頁。

の立場が妥当である。石田説はやや保証人の保護に偏りすぎであろう。

(3) 共同抵当の場合の次順位者の代位（民法392条2項）との関係——
共同抵当の目的物に物上保証人の提供したものがある場合

（判例）は、代位弁済の方を優先させる。——代位弁済者の利益保護を重視し、先順位抵当権者に乗り移ることを認め、さらには、代位弁済者（物上保証人）の後順位抵当権者を優先させる（最判昭和44.7.3民集23巻8号1297頁、同昭和53.7.4民集32巻5号785頁、同昭和60.5.23民集39巻4号940頁）。

【QⅦ-20】民法規定とは異なる弁済代位額に関する特約として、どのような場合があるかを説明し、それが可能なのかも検討しなさい。

【QⅦ-21】代位弁済後に、内入金弁済があった場合の充当のされ方を説明しなさい。

7-3-4　一部代位（民法502条）

弁済額に応じて、債権者と共に権利行使するという、代位者・債権者平等の原則を採る。……系譜的には、ボアソナードが、フランス的立場を改めて、このような立場が採られた[162]。

＊一部代位に関する諸立場

① 債権者優先——「債権者を害しえない」旨の規定。……Nemo contra se subrogasse censetur（「債権者は、自己に反して代位をなさしめたるものとみなさず」）の法諺→フ民1252条→旧民法財産編485条（法諺の著名性ゆえに維持。しかし既に形骸化）→×。

・ドイツ民法でも、同趣旨の個別規定がある（ド民268条3項、426条2項、774条1項など）。

② 代位者・債権者平等の原則の建前。……イタリア民法（1865年）1252条後段〔現行1205条〕→旧民法財産編486条→現行502条。

---

[162] 貞家克己「弁済による代位」金法500号（1968）、寺田正春「一部代位における債権者優先主義」金融法研究4号（1988）。

第 2 部　金融取引法（金融債権総論）

　③　一部代位者優先（優位）……かつての（判例）。

　（学説）は、②ないし③の扱い〔平等主義〕に反対する。──債権者の利益を重視する解釈──すなわち、一部代位者は、債権者とともにしか、抵当権の実行ができず、かつ、債権者の権利の方が優先するという立場──が、（通説）である（我妻〔369〕、於保 389 頁、柚木 = 高木 458 頁、奥田 547 頁など。近時のものとしては、平野 77 頁、中田 346 頁）。……「担保物権の不可分性」として、被担保債権に残余がある限り、担保物全部を支配するというところから。

　もっとも、近時は、後半部分（実体面）につき、平等主義的解釈をするものも有力である（平井初版 152 頁〔2 版 208 頁は、（通説）に変更〕、米倉・講義録、前田（達）442 頁〔3 版 470 頁〕。また、伊藤【42】（4 版）解説はさらに、一部代位者を優位させる立場（判例）を採る）。

　（判例）は、条文に忠実に、否、さらにその平等主義を徹底させ、一部代位者単独の担保権実行を認めていた（大決昭和 6.4.7 民集 10 巻 535 頁【40】〔40,000円の金銭貸借で、5,300 円余りが一部代位弁済されたという事例。まだ債権の弁済期未到来の時点での抵当権実行の申立て〕）。
＊そのために、実際には、「一部弁済者不代位特約」を置くのが、通例である。

　しかし、近年、配当レベルで、（通説）の影響を受けて、債権者を優先させるものが出た（最判昭和 60.5.23 前掲民集 39 巻 4 号 940 頁）。
　もっとも、その後保証人の一部弁済の事案で、債権者と一部弁済者（一部代位者）との平等主義的解決（按分比例的弁済）を説くものが登場している（最判平成 17.1.27 民集 59 巻 1 号 200 頁〔複数の債権を被担保債権とする抵当権があり、そのうち一部の債権について、保証人が代位弁済したときには、その抵当権は、債権者と保証人との準共有となり、抵当権の売却代金から、債権者の残債権額と保証人の代位債権額に応じた案分弁済となるという〕）ので、民法 502 条に忠実な（判例）の下の立場に復したと考えるべきであろうか（もっとも、平成 17 年最判事例は、複数の債権の内の一個の債権に対する代位弁済という事案なので、民法 502条の一部代位そのものとは違うと指摘されている（中村也寸志・ジュリスト 1295 号 214 頁、潮見・金法 1725 号 11 頁）が、実質は余り違わないとも考えうる（吉田））

7. 債権の消滅——債権の任意的実現

（なお、安永・重判 81 頁も、実質的に変わらないとして、逆に（通説）の立場を志向する）。

（検討）
・原理的には、（通説）のように、債権者を優先させてもよいが、民法 502 条の解釈として、やや無理があるのではないか（吉田）（立法者（梅 319-320 頁など）は、一部弁済を拒んだり、不代位特約もできたりするからとして、——そうしなかった以上——一部代位者の権利を認めるこの（判例）の立場を採っていた）。
・しかし他方で、少なくとも、昭和 6 年大決のように、一部代位者の単独の担保権実行を肯定するのも、「債権者とともに」という文言に反して、おかしい。

【QⅦ-22】一部代位の場合の債権者・一部代位弁済者の関係に関する（判例）（学説）の対立状況を説明し、それについて論評しなさい。

7-3-5 担保保存義務免除特約の効力
(1) 特約の効力の考量枠組
・民法 504 条との関係で、銀行実務では、長期的（継続的）銀行取引において、担保差換え、解除・放棄の要請があり、担保保存義務免除特約が置かれることが多い。……担保の有効利用、過剰担保の抱え込みの解消の要請。
・他方で、民法 504 条は、信義則上の制度とされ（梅博士は、「公平ナル規定」で「適用ヲ拡充」してもよいとする（梅 316 頁）。さらに、星野 264 頁[163]）、そこで、「特約」の効力如何が問題となる。

　（なお、担保放棄など担保の変更には、保証人等代位者から、特約とは別に、個別の同意書を取ることが多く、これは、「免責特約の空洞化」であるとの指摘もある。）

　（判例）は、近時両要請の調和として、個別具体的に、取引の経緯、担保喪

---
[163] 更に詳細は、星野英一「中小漁業信用保証の法律的性格」同・民法論集 2 巻（有斐閣、1970）（初出、1956）234 頁以下参照。

失・減少行為の状況等総合的に見て、正当な代位の期待を奪わねば、信義則違反・権利濫用に原則として当たらないとする。——具体的結論として、かなり特約の効力を認めている（最判平成2.4.12金法1255号6頁〔○〕〔代位利益を主張したのは、保証人で、担保差換えの事案〕、同平成7.6.23民集49巻6号1737頁、法協113巻11号中田（裕）〔○〕〔代位利益を主張したのは、保証人兼連帯保証人。担保放棄の事案〕）。

（検討）
・平成7年最判の事案などは、物上保証人の代位利益を考えると、やや問題があったのではないか（本件では、債務者の意向主導で、追加担保が放棄されている）（吉田。同旨、中田評釈1642頁）。
・基本的には、民法504条が示す公平の要請を重視して、考えるべきではないか。——担保保存義務免除特約の効力の慎重なチェックが求められる。その意味で、民法504条は、「半強行法規」化させて、捉える必要がある。
　Cf. フランスでは、同条に対応する、フ民2037条は、強行法規化されている（1984年3月1日法律）。

* 金融取引上の特約の効力制限論の横断的考察の必要性——任意規定のもつ意味の高まり（半強行法規化）
　譲渡禁止特約（民法466条2項）の効力制限論（米倉説）の紹介の際には、債権譲渡の強い要請（民法466条1項）との関連での特約の不合理性のチェックがなされていることを示したが、理論的には、同様に民法規定の要請の高まり（任意規定の半強行法規化）による特約のチェック・効力制限ということは、他にもいろいろあり、広がりのある問題であることが窺えるであろう。
　すなわち、この節で検討した、「担保保存義務免除特約と民法504条」、「代位弁済額特約と民法501条」、「一部弁済者不代位特約と民法502条」、そしてさらに、後に見る「相殺特約と民法511条」、また担保物権法の「民法388条〔法定地上権〕の任意規定化」の是非なども関係する。横断的考察が求められるところであろう[164]。

---

(164)　この試みとして、吉田邦彦「金融取引における民法典規定の意義——各種特約の横断的再検討」同・契約法・医事法の関係的展開（有斐閣、2003）181頁

7．債権の消滅——債権の任意的実現

(2) 特約の第三取得者への効果
　(判例) はさらに、第三取得者に対しても、特約の効力は及ぶとする (平成7年最判前掲)。——絶対的効果説的判示をし、第三取得者は免責効果が生じない担保負担ある物権を取得したことになるとする。

＊なお、民法504条それ自体も、広く第三取得者に対しても適用されるとするのが、(判例) である (最判平成3.9.3民集45巻7号1121頁)。——担保喪失後に取得した第三取得者も、免責効を受けられるとする。

(検討)
・しかし、信義則的評価に関わることであり、相対的に考えていくべきではないか。
・また、担保喪失等の行為前の第三取得者に対しては、民法504条の利益を得させる要請は高く、上記判決の立場は、ここには及ばないとすべきであろう。

> 【QⅦ-23】担保保存義務免除特約の効力の検討の枠組を論じなさい。
> 【QⅦ-24】同特約の第三取得者への効果の判例の立場を批判的に分析しなさい。

7-4　弁済供託 (民法494条以下)
(1) 要　件
① 債権者の受領拒絶、受領不能。
② 債権者の確知不能

(留意点)
1. ①について、(判例) は、口頭の提供を供託の要件とするが (大判大正10.4.30民録27輯832頁他)、(通説) は、受領拒絶があれば、それだけで供託できるとする (我妻[447]、柚木=高木482頁、奥田563頁)。しかし、(判例) 支持説も有力である (星野276頁、平井215頁)〔本来、債権消滅のた

　以下 (初出、法時71巻4号、6号 (1999)) 参照。

2. 弁済供託は、「債務の本旨に従う」ことを要し、金銭債権の一部の供託は、効力が生じないのが、原則であるが、例外的に認められる場合がある。

　　……損害賠償債務につき、供託がなされ、事後的にそれが一部弁済となった場合（最判平成6.7.18民集48巻5号1165頁〔保険会社による弁済供託の事例。一部弁済として受領し、またその旨留保して還付を受けても、何ら不利益を受けることはなく（債権者側）、他方で、これを有効とすることにより、遅延損害金を支払わされるリスクを回避できる（債務者側）。弁済提供に関する主張・立証の煩雑さを回避する〕）。

　Cf.（類例）として、借地・借家における借賃の増減請求の場合の処理の仕方（借地借家11条、32条〔旧借地12条、旧借家7条〕）。

(2) 効　果

債権の消滅。

　　　　　　　　　　　　還付請求権（民法498条〔同時履行の抗弁権がある場合〕）
　供託者　→　　供託所　←　債権者
　（債務者）→

　　　　　取戻請求権（民法496条）……免責の効果を受ける必要が消滅したとき〔紛争解決時等〕から、10年で時効消滅するとされる（判例）（最判昭和45.7.15民集24巻7号771頁）。

【QⅦ－25】弁済供託の要件として、口頭の提供が説かれることがある論拠を検討しなさい。

7-5 相殺——弁済の確保
7-5-1 意義及び現実的機能
(1) 意　　味

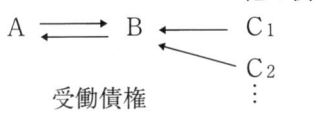

```
           自働債権（反対債権）
                         他の債権者
        A ⇄ B ← C₁
                  ← C₂
           受働債権       ⋮

        相殺者    相殺の相手方……期限の利益。しばしば左前。
        （多く、銀行）
```

- 相殺者の一方的意思表示により、対当額につき相殺できるという制度（民法505条、506条）。

  ……意思表示にかからせたのは、ドイツ式（ド民388条、ス債務124条）であるが、フランス法（フ民1240条）および旧民法は、当然相殺の立場を採り、立法者（梅336頁）は、後者を支持していた。

  ……現行法でも、民法506条2項（遡及効）、508条により、フランス法に近付けているが、民法511条の判例実務によっても、フランス法的になっている（後述）。

- 相殺者〔A〕から見れば、自己の債権〔自働債権〕でもって、代物弁済的に、受働債権に対する「弁済」を行うもの。同じことは、Bから見ても言えて、その際にはとくに、相殺者は——第三者（他の債権者）（C）に先がけて——自働債権の回収を受働債権によって、完全にできるところが重要である。——相殺が、債権回収ないし優先的弁済の手段として用いられることとなる。

(2) 趣　　旨

1. 便宜、簡便。
2. 両当事者の公平
3. 相殺の担保的機能。……この点がとくに重要であり、多くは、たんなる法定相殺〔民法規定上の相殺〕に委ねず、特約〔相殺の予約、相殺契約。とくに前者〕がなされる。

第 2 部　金融取引法（金融債権総論）

> 【QⅦ-26】相殺の趣旨・存在理由を論じなさい。

7-5-2　相殺の要件概観——相殺適状、相殺禁止事由
(1)　**積極的要件**
1. 相対立する同種の目的の債権（通常、金銭債権）
   Cf. 第三者との相殺
   ①　自働債権が、第三者に関わる場合には、個別の規定がある。

$$\begin{array}{c} \quad\;\; a \\ B \leftarrow C \\ \downarrow \\ C \leftarrow A相殺 \\ \beta \end{array}$$

……例えば、a による相殺に関して、民法 436 条 2 項（連帯債務者への債権者からの請求に対して、C の負担部分について）、457 条 2 項（保証人の場合）。
　　　β による相殺に関しては、民法 443 条 1 項（求償請求に対して）、463 条 1 項（保証人の場合）。

②　受働債権が、第三者に対する債権である場合——第三者弁済的に、相殺できるか。

$$\begin{array}{c} B \rightarrow C \\ \uparrow \\ A相殺 \end{array}$$

　（判例）は否定する（大判昭和 8.12.5 民集 12 巻 2818 頁〔抵当不動産の第三取得者による事例〕）。
　（通説）は、これに対して、民法 474 条、500 条の「正当の利益」ないし「利害の関係」がある場合に限り、認めてよいとする（我妻 [466]、柚木＝高木 494 頁、奥田 494 頁。平井 222 頁は絞る傾向がある）。

（検討）

あまり広く認めると、Bが左前の時に、第三者Cを通じて、（Bの他の債権者との関係で）Aに優先的債権回収を得させることになるが、それでよいかという問題が出る。……第三者弁済（代位弁済）と同様に、Aに代位的保護が与えられて、Bに対する請求から、Cに対する代位的請求に切り替えられた形になる。

2．弁済期の到来
・とくに、相手方への期限の利益への配慮が、後の議論で意味を持つ。
　Cf. 受働債権については、相殺者は、自身の期限の利益については、放棄して、弁済期前でも相殺できる。

(2)　消極的要件（相殺禁止事由）

1．一般的事由
　(a)　債務の性質（民法505条1項但書）
　・なす債務（行為債務）の多くは、相殺できない。
　　……例えば、賀状相殺？（我妻博士の原則であった由。それでも博士は年500通の賀状を書かれたことは、菊井維大「賀状相殺」追想の我妻栄（一粒社、1974）100-101頁参照）、農繁期の共同作業の相殺？
　(b)　相殺禁止特約（505条2項）――善意の第三者の保護（同条項但書）。

2．個別的事由

　　　　　　　　　　　　　〔自働債権〕　　　　　　　〔受働債権〕
　(a)　民法509条　　　　　　　　　　　　　　不法行為債権は駄目。
　　……被害者保護、不法行為の誘発防止。Cf. 不法行為による占有には留置権剥奪（民法295条2項）。
　(b)　民法510条　　　　　　　　　　　　　　差押え禁止債権は駄目。
　　……例えば、①扶養請求権（民執152条1項1号）、②給付・賃金請求権（民執152条1項2号。4分の1まで差押えはできる。しかし相殺については、賃金全額につき禁止とされる（判例）（最大判昭和36.5.31民集15巻5号1482頁〔労働者の不法行為による（使用者の）損害賠償請求権による相

第2部　金融取引法（金融債権総論）

殺を禁止する〕）、③補償請求権など（労基83条2項、生活保護法58条等）。

(c)　民法511条　　　　　　　　　　被差押え債権につき制限（差押え前に取得した債権による相殺可能）（後述）。

(d)　その他
　①　会社法208条3項（旧商法200条）　　　　株式払込債権は駄目
　　……資本充実の要請から。
　②　判例上の制限。　抗弁が付いている債権は駄目（最判昭和32.2.22民集11巻2号350頁〔催告・検索の抗弁権〕）

【QⅦ-27】第三者に対する債権を受働債権とする相殺について、判例が制限をかけようとする論拠を探りなさい。

【QⅦ-28】自働債権、受働債権とできない債権を列挙し、どうしてそのような規制がされるのかを述べなさい。

7-5-3　不法行為債権相互の相殺の可否

（判例）は、民法509条の文理解釈から、相殺を認めない。——異時的不法行為の場合はもとより（大判昭和3.10.13民集7巻780頁〔売掛金を横領した被用者を、雇主が殴って負傷させたケースで、雇主の相殺を否定する〕）、同時的・交叉的不法行為事例でもそうである（近年は、自動車事故が問題とされている）（最判昭和32.4.30民集11巻4号646頁〔自働債権が物損で、受働債権が人損の事例〕、同昭和49.6.28民集28巻5号666頁、法協93巻7号能見、同昭和54.9.7判時954号29頁【45】（4版）〔いずれも物損相互の事例〕）。

　Cf.（反対意見）（大塚喜一郎裁判官）は、相殺を認めないと、事実上不公平な結果を生じ、反訴・別訴を認めれば、相殺を許すのとどれほどの径庭もない。また相殺禁止による不法行為の誘発防止にも、期待できないとする。
　→人的損害はともかく、物的損害については、同様に解すべき合理的理由はなく、民法509条は不適用とする。

＊民法509条の趣旨

　不法行為債権を受働債権とできないとする民法509条の趣旨は、第1に、被害者への速やかな現実の弁済の実現（「膏薬代(こうやくだい)は現金で」の言。由来は、十返舎一九『東海道中膝栗毛』（1802～1814）か）、第2に、不法行為の誘発の防止にあるとされる。

　立法時には、前者は、正面から議論されず、穂積博士の意図は、後者にあった（速記録23巻83～84丁）として、本条の意義を加害者の制裁に求める見解も近時有力である（能見評釈、平井226頁以下。その上で、民法509条の制限解釈を説く〔故意的不法行為に限る〕）。……ド民393条も、故意による不法行為の場合に、限定する。

　（学説）は、相殺を肯定するのが、多数説である（幾代321-322頁〔新版342頁〕、加藤255頁、藤岡・民法の争点Ⅱ（1985）83・84頁）。
……① 相殺禁止による不公平な結果〔資力の悪化の場合、他方の損害賠償債権が時効消滅の場合のアンバランス〕の回避。② 反訴・別訴を認めるならば、相殺と大差ない（実はそうではないことは後述する）。③立法趣旨からの適用限定（前述）。④ 自動車衝突事故という事案の特殊性（交叉的不法行為）ゆえに、船舶衝突（商法797条）〔過失の軽重が判定できないときには、損害を平分して、双方負担すると規定する〕を類推させて、単一の事実からの損害ゆえに、当然に差し引き計算（相殺）が許されるとの説もある（川井・現代不法行為法研究（日本評論社、1978）314-316頁）。

・これに対して、相殺を否定する方が、責任保険との関連で、被害者保護に資するとの有力説がある（倉田卓次・交通事故損害賠償の諸相（日本評論社、1976）266頁、280頁、林＝石田＝高木310-311頁、前田401頁、四宮642頁等。錦織【45】解説も）。

（検討）

　立法者の想定外のことだが、交叉的不法行為に対する、保険法を加味した、特殊の処理として、有力説は考慮に値する。──損害保険によるか、責任保険によるかという保険政策も関係するが、少なくとも自賠責保険が機能する人損

の場合には、「現実的被害者救済」という民法509条の趣旨に沿うものとして、相殺を否定してもよい（吉田）。

＊戦争と相殺？

　戦争は、多く双方向的な殺戮行為が行われるが、このような場合に不法行為法の規定が適用されるとすると（従来は、国際法は、国家単位での処理を予定していたので、このような議論は起こり得なかったが〔例えば、司馬遼太郎作のNHKドラマ『坂の上の雲』で問題となる日露戦争後の小村寿太郎によるポーツマス条約〕、国際人権法として、個人的人権救済に光を当てると、このような問題もクローズアップする）、相殺も問題となる。

　しかし、「異時的不法行為」なのであり、交叉的不法行為よりは、相殺禁止の要請は打ち出せるのではないか。将来このようなことが問題になるかも知れず（日本の中国侵略のような一方向的な場合よりも、戦争の場合には、ボズニア戦争であれ、ルワンダの悲劇であれ、双方向的で単純ではない）、一言する次第である[165]。広島原爆や東京大空襲の被害等も、日本が戦争を起こしたのだから、おあいこで仕方がない等と言われるが、そうなのだろうか？

【QⅦ-29】交叉的不法行為で、相殺禁止の例外を認めることの是非を論じなさい。

【QⅦ-30】「戦争はおあいこである」などという論理は、相殺禁止規定との関係では、どのようなことになるのかを考えなさい。

---

[165] この問題については、see, Kunihiko Yoshida, *Reparations and Reconciliation in East Asia as a Hot Issue of Tort Law in the 21st Century*, 11 (1) JOURNAL OF KOREAN LAW 120- (2011). 例えば、そこで検討したのは済州島の4・3事件の悲劇であり、近時補償の一環で、被害者の名誉回復がなされたが、未だ反乱軍〔否、済州島住民側の抵抗組織と言った方が正確であろう〕の当事者のそれはなされていないのには、「相殺」的発想があるのかもしれないが、再考すべきであろう。

7-5-4　差押えないし債権譲渡と相殺（民法511条、468条2項）

```
                貸付債権（自働債権）
  預金者    ←――――――  銀行＝相殺者……相殺への期待
  期限の利益 ――――→
                預金債権（受働債権）
                      ↑
                    （差押え）
                      ↑
                国（租税債権者）（差押債権者）
```

・差押えと相殺の優劣が問われるこの問題では、自働・受働債権の弁済期と差押え（債権譲渡）との関係が問題とされる。——受働債権が差押えられたときに、相殺を主張するためには、いかなる状態であることを要するかという有名な問題である。

・民法511条〔468条2項〕は、反対債権（自働債権）を差押え（譲渡）通知前に取得していれば、その時点での相殺適状や弁済期到来（特に自働債権のそれ）まで要求せずに、相殺ができることになる。

　……議論の分かれ目は、① 条文に忠実に、それに制限を付さずに解釈するか（無制限説）、それとも、② 差押時、少なくとも受働債権につき取立請求がなされるときに、単に自働債権の取得・成立のみならず、その弁済期が既に到来していることまで要求するか、すなわち、自働債権の弁済期〔これは動かせないのが原則。Cf. 特約——期限の利益喪失約款がある場合〕が、受働債権より先にあることを要求するか（その意味で、制限説である）、というところである。

　……後説（制限説）には、受働債権の弁済期が到来したら、まずそれに応えて弁済すべきであり、自働債権の弁済期を待って、グズグズ債務不履行している〔不払いでいる〕のは良くないという法的評価がある（昭和39年最大判では、「誠実な債務者」「相殺についての正当な期待」でないと言う）。これに対して、前説（無制限説）は、相殺者側の相殺への期待を、ともかく相殺の意思表示の時点で、相殺適状ならば、厚く保護するという立場である。

　しかし、相殺者側は、「特約」により、相殺適状を導けるならば、法定相

殺、つまり default rule としては、制限説でも支障はないと言えるし（penalty default 的な発想である）、さらにそれを強く打ち出せば、法的に不誠実な態度を特約で正当化してよいのかという問題も指摘することができる。

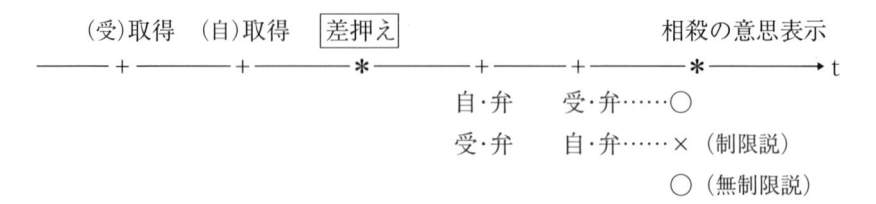

```
        （受）取得　（自）取得　 差押え                    相殺の意思表示
  ────+───────+──────*──────+──────+──────────*──────→ t
                         自・弁   受・弁……○
                         受・弁   自・弁……×（制限説）
                                         ○（無制限説）
```

（判例）は、下記のように、徐々に広く相殺の要件を広げて、相殺権者〔銀行〕の利益を保護してきており、今日では、無制限説が定着していると言える。すなわち、

```
                                         相殺の意思表示
  ─────────────────────────*──────→ t
```

↓505条

①②　　自・弁 ←→ 受・弁　 差押え・譲渡 ……大判明治31.2.8民録4輯2巻11頁同昭和3.9.14新聞2907号13頁等（転付命令）

③　　　自・弁　 差押え・譲渡 　受・弁……大判昭和8.5.30民集12巻1381頁判民96事件菊井（債権譲渡）最判昭和32.7.19民集11巻7号1297頁（転付命令）

④　　 差押え・譲渡 　自・弁　 受・弁……最大判昭和39.12.23民集18巻
⑤　　 差押え・譲渡 　受・弁　 自・弁　 10号2217頁（制限説。④は○、⑤は×。相殺予約も制限する）（滞納処分）。→その後、無制限説（④⑤ともに、○とする）に変更（後述）。

↑511条

◇ドイツ法（ド民392条。債権譲渡は、ド民400条）も、④の場合に、限定する。……第二草案で加えられた（Motive Ⅱ S.111f.; Protokolle Ⅰ S.373f.）。

わが国では、その後判例変更されて、無制限説になる（最大判昭和45.6.24民集24巻6号587頁【42】、法協89巻1号四宮〔本件では、後に相殺適状になっており、また特約もある〕（滞納処分）。同旨、最判昭和45.8.20金法591号20頁、同昭和50.12.8民集29巻11号1864頁【46】（3版）（債権譲渡）〔藤林反対意見は、少なくともこの場合には、制限説が妥当だとする〕）。

（学説）は、制限説・無制限説のいずれが支配的ということは言えないが、後説がやや有力であろうか（我妻博士も、補注587頁で、改説。その他、加藤（一）、米倉、好美各論文[166]）。

＊しかし、制限説は、近時でもかなり根強いものがある（例えば、星野302-303頁、平井231頁、林＝石田＝高木347頁。近時のものとしては、内田237-238頁〔3版262頁〕、淡路608頁、潮見Ⅱ390-391頁、角87頁があり、むしろ制限説が多数説になった観すらある）。

（検討）

1. （法定相殺の場合の対処の仕方）ここでの問題点は、差押債権者の利益と相殺者〔銀行〕の相殺への利益とを、如何に考量するかということであり、前述のとおり、その際には、受働債権（預金債権）の弁済を拒否しつつ、自働債権（貸付債権）の弁済期の到来を待つという、第三債務者〔相殺者＝銀行〕の態度をどう評価するか、ということが決め手となる。

    ……そのような「相殺者の期待」は正当ではなく、誠実ではなく、受働債権〔＝差押債権〕の弁済期が先ならば、まず履行すべきであると考えるならば、制限説になろう。

    しかし他方で、弁済期の先後にそれほど強い意味ないし効果の差異を認めず、遅延賠償を負わせるに止める（所詮、相殺のつもりで、一種の担保として、受働債権（預金債権）を成立させているのだからとして）と考えるならば、無制限説となる。またこの方が、民法511条の法解釈としては、素直である。

2. （特約に対する対処の仕方）その際に留意すべきは、民法上の法定相殺と特約——相殺予約及び期限の利益喪失約款（銀行取引約定書ひな形（1962年作成、

---

[166] 加藤一郎「銀行預金の差押と相殺」ジュリスト317号（1965）、米倉明「相殺と差押」ジュリスト460号（1970）、好美清光「銀行預金の差押と相殺」判タ255号、256号（1971）。

1977年改正）5条（期限の利益喪失）、7条、7条の2（差引計算）参照。＊もっとも、本ひな形は、2000年に廃止された）に基づく相殺との区別であり、両者の扱いを別々に考えるのが一般的である。

……第三債務者の規範的評価に強い効果を与え、強行規定的に考えれば、制限説を逸脱する限りで、特約は無効ということになる（昭和39年最判の立場）。しかし今では、契約自由の原則から、有効説が一般的である（昭和45年最判以降）。

……約定による一種の担保権設定という効果を、関係当事者の意思どおりの効果として認め、差押えを排除して、相殺者の優先的満足を認めることが、一般化している。公示は欠如した非典型担保だが、今では、銀行による担保的相殺は、公知となっている。――一種の停止条件付〔代物弁済的〕相殺契約ないし相殺予約である。しかもこの場合には、清算型であり、過剰担保ということはない。

＊（学説）の多数説は、特約がある場合には、無制限説を採る如くである（例えば、星野302頁、平井232頁、内田261頁、潮見Ⅱ396-397頁、402頁〔第三者に認識可能な程度の担保としての両債権の関連性、自働債権回収への合理的期待を問題とする〕、淡路609頁など）。

＊米倉教授はさらに、民法511条とは切り離した独自の制度として、更に広く認め、場合によっては、民法511条の枠を超えて、差押え後の債権も、――取立終了前に成立・取得しているならば、――自働債権とできるとする(167)。

……銀行取引の実態に即した、一考に値する考え方であろうが、他方で、民法511条ないし前述の規範的評価に照らして、ここまで行けるかという問題があろう（吉田）。――相殺による非典型担保ないし排他的な責任財産を作ることに対する評価ないし許容度にも関わることである。強制預金に対する批判的スタンス、また、物権法定主義ないし公示との関係で、せいぜい譲渡担保ないし仮登記担保までという形で、従来の銀行優遇の法制度に対して、批判的議論を展開することもできようが、昭和45年最判以来蓄積されてきた相殺実務を覆すことはなかなか難しいことであ

---

(167) 米倉・前掲論文及び同「相殺の担保的機能」民法の争点（初版、1978）（2版1985）。

ろうから、特約の場合には、「無制限説」で妥協しなければならないのかもしれない（他方で、特約ゆえにどんどん銀行権限を広げようとするスタンスには、賛成できない）。

3．（債権譲渡ないし差押え・転付の場合への対処の仕方）差押え・取立ての場合と類似の問題として、債権譲渡ないし差押え・転付の場合をどう考えるかということがある。この点、従来は同一に考えられていた（我妻535頁、林＝石田＝高木453頁以下。近年も平井232-233頁、内田239頁は、いずれも制限説でよいとする）。しかし近時は、異論を出す有力説がある（好美、米倉論文。とくに米倉教授は債権譲渡との関連で「相殺適状説」を展開する[168]）（近時では、潮見Ⅱ633頁も同旨）。

……すなわち、債権譲渡では、債権譲受人の取引安全保護の必要性（さらに、同人の債権に伴うリスクの引受けとの関連での保護の必要性）、他方で銀行側は譲渡禁止特約で防衛し得る点に鑑みて、相殺の要件を制限しようとする（相殺適状説が、立法者（梅博士）意思だったとする[169]）。＊もっとも、国際取引関連では、債権譲渡後の相殺を認めるのが有力である（PECL 11.307(2)(b)、国連国際債権譲渡条約18条1項等参照）。

また他方で、差押え・転付の場合には、譲渡禁止特約は奏功しないとするのが（判例）なので（前述）、制限を緩めて、「制限説」を採るべきだとする。

……利益状況の相違の分析は説得的だが、そこから法原理的に、「無制限説」「制限説」などの差異に接合できるかについての論述がなされておらず、規範的評価の整合性の見地からは、どちらか一方で揃えることにならないか。区別するとしても、差押え・取立ての場合は、制限説、債権譲渡なら、譲渡時（差押え・転付ならば転付時）の相殺適状説ということになろう（昭和50年最判における藤林反対意見参照）（吉田）。

---

[168] 米倉・前掲民法の争点論文、また同「債権譲渡と相殺」手形研究256号（1977）。

[169] 梅謙次郎「債権債務ノ承継ヲ論ス」法學志林11巻4号（1909）43-45頁。石垣茂光「相殺における担保的機能論に関する一考察」独協法学43号（1996）も参照。

4. その他

(1) 相殺が競合する場合

取引先からの逆相殺の事例が出てきており、〔判例〕は、相殺の意思表示を基準とする、相殺適状を要求し、相殺の意思表示の先後が意味を持ってくる（大判大正 4.4.1 民録 21 輯 418 頁、最判昭和 54.7.10 民集 33 巻 5 号 533 頁〔転付債権者の側からの逆相殺。第三債務者（銀行）の相殺よりも先ならば、そちらを優先させる〕）。

(2) 相殺権の濫用

例えば、①狙い撃ち相殺（弁済期の遅い他の債務は弁済し、差押対象債権を狙って、相殺する場合）（大阪地判昭和 49.2.15 金法 729 号 33 頁）、②駆け込み相殺（預金させている銀行へ、不良の不渡りになりそうな手形を割り引いてもらって、相殺する。グルになって優先的回収をはかるもの）、③同行相殺（預金させている他支店を持つ同一銀行に、不良手形を割り引いてもらい相殺させるもの）（最判昭和 53.5.2 金商 549 号 24 頁は、濫用にならないとするが、再考を要しよう（吉田））。

```
            乙銀行
     B支店　A支店　■手形債権
       ↑　　↓
     預金　甲　ク手形割引
     債権
```

> 【QⅦ-31】 いわゆる「相殺と差押え」の問題での制限説、無制限説の意味と各々の論拠を説明しなさい。
>
> 【QⅦ-32】 いわゆる相殺特約と（法定相殺に関する）制限説・無制限説の適用の仕方の分岐状況を論じなさい。
>
> 【QⅦ-33】「相殺と差押え」と「相殺と債権譲渡」とでは、利益状況はどのように異なるか、そしてそれは解決の仕方に差異をもたらすのかについて、分析しなさい。

7-6　その他――更改（民法 513 条～518 条）、免除（民法 519 条）、混同（民法 520 条）

重要性も大きくないので、省略する。

8. 債権の簡易の強制的実現（債権者代位・取消し）

8-1　はじめに――民法上の制度の民事執行における位置

　Cf. 本来の強制的実現――民事執行法上の手続。＊詳しくは、民事訴訟法に譲る。

・これには、「債務名義」（Schuldtitel の翻訳語）（民事執行法 22 条）が必要で、確定判決が代表的だが（同条 1 号）、金銭債権等の場合には、ヨリ簡易な手続きとして、「督促手続」があり（民事訴訟法 382 条以下〔旧規定は、430 条以下〕）、仮執行宣言付きの支払督促（かつては、「支払命令」と言われた）も債務名義となる（民事執行法 22 条 4 号）。

・さらにその前段階の、財産保全制度として、民事保全法（平成元(1989)年法律 91 号）が定める仮差押え・仮処分（民事保全法 20 条以下、23 条以下）もある（民事訴訟法旧規定 755 条以下、760 条以下）。

・これから見る「債権者代位権」（民法 423 条）、「債権者取消権」（民法 424 条）は、従来「責任財産の維持・保全の制度」として理解されてきた。――そして、金銭債権の実現の安全を図るために、「債権の対外的効力」として、一定の場合に、債務者の行動に介入して、債務者に代位して権利行使したり、債務者の取引行為を取り消したりする権限を債権者に認めた。

・本来、「差押えの準備のためのもの」であるはずだが、（判例）の実際上の帰結として、代位・取消債権者の債権の実現――すなわち、優先的満足・債権回収の効果――まで、認められている。――しかも、債務名義は不要であり、代位権は裁判外でも行使できる。

　　→この点をどう理解するかが、ここでの大きな問題であり、近年、制度趣旨・存在意義の捉え方が、揺れ動いてきており、（判例）の帰結を正面から、代位・取消債権者の権能として、「理論化」する新説（平井教授）が登場してきている。……すなわち、民法 423 条に関する包括的担保権説、

第 2 部　金融取引法（金融債権総論）

　　同 424 条に関する訴権説であり、平井・債権総論のもっともオリジナルな箇所の一つであろう。
　　＊民法の該当規定は、一般的であるので、それを補う（判例）の意義が大きく、それを整合的に理解するための「理論的視角」提供の意義も大きい。この点で、不法行為法と類似する。
・もっとも、権利の強制的実現・執行のメインストリートは、民事執行法のシステムであり、フランス法由来の民法上の簡易の実現システムは、副次的なものではあることには注意を要する。＊従って、従来、三ケ月章博士をはじめとして、民事訴訟法学者からは、これらの制度は、「異物」として評判が悪かったが(170)、さりとて、この民法制度を切り捨ててよいかどうかは、その存在意義の究明にかかる(171)。
　　——その実態把握には、なお法社会学的考察が必要であろう。
・利益状況は、「債権者の利益」「債務者の利益（財産管理の自由）」「第三者の利益」の相互調整が、問題となる。

＊東アジア隣国に対する日本民法の（この領域での）影響力
　この領域のフランス法由来の日本民法の影響力は、意外にも東アジア隣国にも影響を与えている。すなわち、韓国民法や台湾民法は、日本民法よりもドイツ法色が強いのであるが（もっとも、これは、ドイツ法の直接的影響というよりも、いわゆる「（ドイツ）学説継受」により、今よりもドイツ法色が強かったわが民法学説の影響なのである）、フランス法由来の債権者代位権、取消権は、日本法を経

---

(170)　例えば、三ケ月章「わが国の代位訴訟・取立訴訟の特異性とその判決の効力の主観的範囲——法定訴訟担当及び判決効の理論の深化のために」同・民事訴訟法研究 6 巻（有斐閣、1972）（初出、裁判法の諸問題（中）（有斐閣、1969））、同「取立訴訟と代位訴訟の解釈論的・立法論的調整——フランス型執行制度とドイツ型執行制度の混淆の克服の方向」同・民事訴訟法研究 7 巻（有斐閣、1978）（初出、法協 91 巻 1 号（1974））。

(171)　この点で、近時の債権法改正では、三ケ月論文以降、それを覆す論文はないとして、判例の事実上の優先弁済効を正面から否定する態度で臨んでいる（内田貴・債権法の新時代（商事法務、2009）115 頁、117 頁）。しかしこれは事実にも反するように思われるし、このように民法学の法解釈の営為を閑却して権威的に改正（？）する方法論的立場には、疑問があり、もっとこれまでの民法学に謙虚さがあってもよいのではなかろうか。

由して、両民法にも継受された。すなわち、韓国民法404条・405条（債権者代位権）、406条・407条（債権者取消権）、台湾民法242条・243条（債権人之代位権）、244条・245条（債権人之撤銷権）参照。

　従って、わが国におけるこの領域の理論的議論の蓄積は、こうした隣国にも影響を与えるであろう。

> 【QⅧ－1】債権者代位権、取消権制度の、民事執行全体における位置づけ及び問題状況を述べなさい。

8－2　債権者代位権（民法423条）

　（具体的場面）①二重譲渡に備えた移転登記経由、②消滅時効にかかりそうな債権につき、時効中断（民法147条以下）をする（あるいは、③第三者に対する債務の消滅時効の援用）、④第三債務者に対する支払い請求、さらに、転用事例〔被保全債権が非金銭債権の場合〕として、⑤転得者からの移転登記請求、⑥賃借人による妨害排除請求。

8－2－1　制度趣旨・存在意義に関する見解の対立
(1)　見解の対立状況
・この制度の従来の理解は、必ずしも明瞭ではなかった。――すなわち、前述のとおり、一般的には、「総債権者のための責任財産維持のための制度」と解されてきたが、（判例）では、代位債権者が事実上、優先的・独占的満足を受ける（大判昭和7.6.21民集11巻1198頁、最判昭和29.9.24民集8巻9号1658頁、法協99巻10号角〔賃借不動産の明渡し請求の事例（転用事例）。相手方は、民法612条による解除後も占拠した者〕。なお、金銭債権の事例として、大判昭和10.3.12民集14巻482頁、判民34事件福井）。しかも、自己の名で直接引渡しを求めうるとされる（大判昭和9.5.22民集13巻799頁）。
　……つまり、債権の回収機能が認められている。
・これに対して、（通説）の側は、代位権行使の効果は、前記の趣旨から、債務者について生ずるとされ、債務者の引渡し請求権と代位債権者の債権との「相殺」によるわけであり、これは「制度の欠陥でありやむを得ず、承認す

る他ない」とされた（我妻［240］）。

→このような強い効果を認めるならば、——債権執行（債権差押え・取立訴訟）ないし引渡執行と比較して、——本場合には、債務名義が要求されていないが、いかなる要件を与えるか、またこの民法上の独自の簡易執行制度の存在意義をどう考えるか、という問題が出る。例えば、——

① 無資力要件——（判例）は厳格に要求する。

② 請求できる範囲——（判例）は、被保全債権の範囲で限定する（最判昭和44.6.24民集23巻7号1079頁）。…これは、（通説）的前提に矛盾する（星野101頁、奥田264頁）。

③ 債務者の処分権制限（「差押え」と類似の効果）を認めるか？——（判例）は、肯定する（最判昭和48.4.24民集27巻3号596頁）。
Cf.「裁判上の代位」——被保全債権の履行期前の場合。代位の許可告知に処分制限効を規定する（非訟事件手続法88条3項〔旧規定76条2項〕）。

④ 債務者への判決効の拡張——（判例）（通説）は、これを肯定する（大判昭和15.3.15民集19巻586頁）。……法定訴訟担当（民訴115条1項2号〔旧規定201条2項〕）。上述の制度趣旨理解からもこうなる。

・この点について、かねて、債権者代位権の現実的運用（債権回収機能）を積極的に肯定する見解（少数説）が出されていた（天野論文など[172]）。……独自の債権取立制度だとして、無資力要件を不要だとする。

・そして近時平井教授は、フランス古法の立場を援用して、わが（判例）の立場を正面から承認する理論、すなわち、「包括的担保権説」を提唱している[173]。

---

(172) 天野弘「債権者代位権における無資力理論の再検討（上）（下）」判タ280号、282号（1972）。さらに、代位債権者自身の権利として代位権を構成し、また無資力要件につき、転用型では不要、本来型では第三債務者に証明責任を課すとする、花房一彦「債権者代位について——独立請求権の試み」新潟大学商学論集11＝12合併号（1979）も現れていたが、その沿革的・制度的基礎付けに弱点があったと思われる。

(173) 平井261頁以下、270頁以下。平井宜雄「債権者代位権の理論的位置——解約返戻金支払請求権の差押および代位請求を手がかりとして」（加藤古稀）現代社会と民法学の動向（下）（有斐閣、1992）〔同・民法学雑纂（平井著作集Ⅲ）（有斐閣、2011）に所収〕も参照。

……一般債権者の共同担保への「包括担保」としての権利だとして、無資力要件を原則として、要求しつつ、代位債権者の権能として、債権回収を肯定する（他面で、債務者への処分制限効、判決効の拡張は否定する）。

□ 通説的見解と新説との債権者代位権理解の相違一覧

	（a）責任財産維持説	（b）法定包括的担保権説
(1) 無資力要件	厳格（＝（判例））	緩和
(2) 請求範囲	債権額を超えても可という見解	被保全債権額＝（判例）
(3) 債権者の権限	本来債務者に戻すべきもの	優先的満足＝（判例）
(4) 債務者の処分権制限	肯定＝（判例）	否定？〔別の論拠から実質制限〕
(5) 判決効拡張	肯定＝（判例）	否定（参加、告知の場合は別）
(6) 被代位債権の制限	？（そんなことをしなくともよい）	債務者の利益への配慮
(7) 本来・転用の発想	有り	（無し？）

(2) 日仏法の相違──その経緯

・我が国の制度の沿革的考察も進められている（とくに工藤論文[(174)]）。──フランス法由来だが、フ民1066条（action oblique; action indirecte）についても、19世紀の注釈学派の頃、大議論があり、制度理解に変遷があった（債権回収機能の肯定から、否定へ〔責任財産保全機能のみに〕）。

→現在のフランス法では、責任財産保全としての代位権を執行手続にドッキングさせて、──他の債権者や債務者の手続保障、代位債権者の実体権（権

なお、その後の関連見解として、山田希「フランス直接訴権論からみたわが国の債権者代位制度」名大法政論集179号、180号、192号（1999～2002）、佐藤岩昭「債権者代位権に関する基礎的考察」（平井古稀）民法学における法と政策（有斐閣、2007）。

(174) 工藤祐巌「フランス法における債権者代位権の機能と構造──わが民法における解釈論の再検討に向けて」民商95巻5号、96巻1号、2号（1987）。同「債権者代位権の構造と機能」南山法学13巻2＝3合併号（1990）も参照。

- 利）の確証を要求しつつ——代位債権者の債権回収も認めている。
- これに対して、日本法では、フランス法以上に、容易に代位債権者の優先的満足の効果を認めている。……① 他の競合債権者からの配当要求のルートはない。② 債務者の手続参加は、要求されていない。③ 代位債権者の債権確証手続も不存在である。

  Cf. 旧民法財産編 339 条では、「裁判上ノ代位」を要求しつつ、債権回収機能が肯定された（19 世紀のフランス通説の立場〔とくに、Colmet de Santerre の見解〕）。

  →しかしその後、現行民法制定過程で、大差ないとの認識（穂積博士）の下に、「裁判上ノ代位」の手続は、（期限到来の場合には、）不要とされた。

  Cf. 富井博士は、19 世紀後半のフランス法の有力説である、「責任財産保全説」の立場（とくに Laurent の立場）であった。

  →そして、不当な債権回収チェックの手段として、（判例）は、「無資力要件」を求め、また債権額の範囲で限定するが、この要件論には、再考が必要である。

(3) 今後の方向

- 現行法の下では、「裁判上の代位」は一般化しにくい。また、あまりに裁判所の関与にシフトすると（工藤論文）、民事執行手続に吸収すべきだという主張（三ケ月論文（前掲注 170））とも繋がる。

  Cf. 責任財産維持に徹して、裁判所・供託所による金員保管、そして強制執行手続に繋げるとの見方（林 = 石田 = 高木 156 頁、奥田 268 頁）。

- 平井説的に、債権者代位独自の債権回収機能を認めつつも、手続的配慮を考えることはできないか（吉田）[175]。例えば、

  ① 債務者の強制手続参加（フランスでは、1976 年民訴で導入された）ないし手続保障をしつつ、判決効を及ぼす（新堂教授等）。

  ② 無資力要件は緩和しつつ、維持する（この点で、平井 266 頁参照）。また、債権額による限定も維持する。

  ③ 他の債権者への通知（小林秀之・判タ 581 号）及び配当要求（民事執行法

---

[175] この点で、例えば、小林秀之・手続法から見た民法（弘文堂、1993）第 8 章参照。

154 条、165 条、166 条参照）の余地もある（例えば、東京高判昭和 52.4.18 下民集 28 巻 1 = 4 合併号 389 頁〔平等主義的に比例配分する〕）。Cf. 民法 424 条の（判例）ないし同条に関する訴権説。

（検討）
・債権者代位の独自の意義を維持しつつ、手続的公正を補強したい（吉田）。
　……包括的担保権説には、債権者平等原則との関係で、なお躊躇を覚える（優先的効果を与える合理性があるのか否か……と）（これは三ケ月論文の問題提起と通底する）。
　……しかし、民法独自の優先主義的担保権を認めたのだと割り切れば、それはそれで一貫し、スッキリはする。

> **【QⅧ−2】** 債権者代位権に関する制度理解の従来の通説と新説の対立状況（また判例との関係）を説明し、個別の論点との関係にも触れなさい。
> （個別の論点の履修が終わってから、復習を兼ねて、再度考えてみなさい。）

8−2−2　債権者代位の個別的要件論・効果論
(1)　無資力要件
　……債務者が債権を弁済するに足る資力を有しないという要件。
　（判例）は、金銭債権に基づく場合には、要求している（大判明治 39.11.21 民録 12 輯 1537 頁以降）。
　Cf. もっとも、差押えの前提としての代位登記（不動産登記法 59 条 7 号〔旧規定 46 条ノ 2〕）の場合には、不要とされる。……不動産登記法における形式的審査主義〔無資力かどうかの実質審査ができない〕と関係する。「保存行為」だから、無資力要件不要との解釈論（フランス民法の解釈である）を出す見解もある（平井 266 頁）。
　……転用事例を別にして、一律に被保全権利が金銭債権である場合には、要求されており、概して、フランス法よりも厳格で、これがチェック機能を担っており、実際上の重要性は大きい。
・立証責任は、代位債権者にあるとするのが、（判例）である（最判昭和

40.10.12民集19巻7号1777頁)。(これに対して、工藤教授は債務者に関与させて、立証させるべしとする(176)。)

□ (判例)の事例検討
・例外として、特殊目的のために利用される場合には、無資力要件は不要とされる(最判昭和50.3.6民集29巻3号203頁【12】工藤、法協93巻10号星野〔土地売買後に、売主が死亡し、相続人間で売却をめぐり遺産分割紛争。相続人の1人(Y)が移転登記に応じないので、他の相続人が原告(X)になり、それを民法423条により、請求したという事例。——登記義務履行の際の協力請求権がここで問題とされている実体である(星野評釈)(登記実務で、登記義務履行には、全員揃う必要があるとされているところから)〕)。
　……一見、残代金請求権を被保全債権としており、通常の金銭債権事案のようでもある。しかし、登記引取請求権を被保全権利と構成すれば、転用事例であることは明らかであるとされる(星野評釈)。
・これに説得されるかはともかくとして、ともかく、相続をめぐる登記実務の事案であり、「保存行為に準ずる」として無資力要件を問題にしない見解もある(平井266頁)。

(検討)
　個人主義的な遺産共有の立場を採れば、移転登記を拒むこともできそうであり(【12】工藤解説参照)、この回避を図るために、民法423条が使われ、その目的のために同条の要件が緩和されたと見るべきではないか(吉田)。

・これに対して、保険金請求権の代位行使においては、無資力要件が厳格に要求されている(最判昭和49.11.29民集28巻8号1670頁〔任意責任保険につき、保険金請求権の代位行使につき、無資力要件を要求する〕)。また類似事案として、同昭和57.9.28民集36巻8号1652頁〔加害者・被害者(X)間での損害賠償請求額が確定したときに、保険金請求権が発生するとの規定がある場合(被害者は加害者への損害賠償請求と併合して、保険会社(Y)への保険金請求権の代位行使で

---

(176) 工藤・前掲論文227頁。

きるとされる場合）でも、加害者(A)の無資力であることが前提とされるとする〕
＊現在では、このような場合には、約款で、保険会社への直接請求権が認められている（家庭用自動車保険の場合（昭和49(1974)年3月）、業務用自動車保険の場合（同50（1975）年3月））。

（学説）としては、批判的なものが多い。――その根拠づけとしては、本件の場合には、被保全債権は、被代位債権により担保される関係が密接だからとされる（平井266頁）。

(2) **代位債権者の優先的満足――債権回収（前述）**
- （判例）は、前述のように、同時に、代位権者の債権額の範囲に限定する（最判昭和44.6.24民集23巻7号1079頁【11】）。――それなりに、この要件にも実際上の意義はある。つまり、代位債権者による独占的満足とバランスをとる。
  ……従来の通説的制度理解からは、緩く運用すべきことになるが（星野101頁参照）、法定包括担保権説（平井説）からすれば、当然のこととことになる。
- また、代位債権者は、自己への金銭その他の物の引渡しを請求できる（判例）（大判昭和7.6.21前掲、同昭和10.3.12前掲、最判昭和29.9.24民集8巻9号1658頁）。

(3) **代位訴訟の判決効**
- 伝統的理解は（（判例）でも）、債務者に対しては、訴訟への関与なくとも、判決効が及ぶとする（民訴115条1項2号〔旧規定201条2項〕による）（大判昭和15.3.15民集19巻586頁）。
- これに対して、有力説（三ケ月論文）では、勝訴判決のみ及ぶとする。
- さらに、他の債権者にも判決効を及ぼしてよいとするのが、有力であった（星野104頁など）。――民法425条をそれほど重視しない。
- 他方で、包括的担保権説からは、相対効は当然のこととなり、他の債権者は、――一種の優先主義の帰結として――被代位債権に残額があれば、併行して代位訴訟を提起することとなろう（その限り、民法425条の反対解釈として、他の債権者に判決効を及ぼさない）（なお、これと異なる下級審裁判例がある）。――

訴訟参加（民訴42条〔旧規定64条〕〔補助参加〕、47条1項4項〔旧規定71条〕〔独立当事者参加〕）した債務者、訴訟告知（民訴53条1項2項〔旧規定76条〕）を受けた債務者には、効力は及ぶ（民訴46条、53条4項〔旧規定70条、78条〕）。……平井説は、確かにすっきりしている。若干、従来の一部の実務とはズレるが。

（検討）

- やはり、相対効が原則であり（民訴115条1項1号〔旧規定201条1項〕）、債務者には手続に関与させて規範力を及ぼすべきではないか（近時の手続法学者の立場（池田論文（訴訟告知の利用を強調する）[177]、また、新堂教授ほか。さらに民法学者でも同調するものが近時は多い。内田295頁、淡路255頁、潮見Ⅱ58頁、中田216頁など））（ボアソナードも同旨）。第三債務者の利益保護からもこちらの方が、妥当であろう。それとも、相対効で債務者に効力が及ばないことが、default rule (penalty default) となって、代位債権者としては、債務者を代位訴訟手続に巻き込むべく、行為を促していると見るべきか（吉田）。

(4) 差押的効果の有無

　Cf. 履行期前の裁判上の代位には、差押的効果が法定されている（非訟事件手続法88条3項〔旧規定76条2項〕）。

- 一般的に債権者代位の時にも、（判例）（大判昭和14.5.16民集18巻557頁、最判昭和48.4.24民集27巻3号596頁）及び（通説）は、差押の効果を認める。——履行期後の代位の場合には、裁判外の代位であっても、行使の通知を受け、またはこれを知った場合には、差押的効力を認める（我妻[243]〔そう解しないと、代位の目的を達しえないとする〕、於保175頁、奥田266頁。また、兼子一・判例民事訴訟法（弘文堂、1950）102頁〔一種の「私的差押」だとする〕参照）。
- なお、（学説）上は、第三債務者の弁済は、差し止められず、有効だとする

---

[177] 池田辰夫・債権者代位訴訟の構造（信山社、1995）77頁以下。

8. 債権の簡易の強制的実現（債権者代位・取消し）

見解が有力である（星野 103 頁、下森・注民(10) 771 頁、川井 138 頁）。
・これに対して、三ケ月博士は、単なる私的な知・不知に、この効力をかからしめるのではなく、裁判上の代位の効果と理解すべきだと批判する（フランスでもこの立場だとする）（同旨、平井 272 頁〔但し、債権者代位権が、債権者の権利である以上、その権利強化として、それと相容れない債務者の行為（例えば、目的物の債務者への返還）によっては覆滅しないとされるので、実際上、差押えと大差ない状況になるようである〕）。

（検討）
・ここでも、平井説（包括的担保権説）でも、それほどおかしくはないようだ。
・三ケ月説からは、債権者の地位の強化のためには、債務者の手続参加（手続保障）を促す必要があり、上記の解釈が一種の penalty default 的となるが、そうなると、民法で債権者代位を認めた実益が損なわれるという事態になり、これに対しては、やはり（判例）ないし従来の解釈の延長線上、または包括担保権説的な解釈が、民法側では求められよう。

(5) 代位できない権利
―― （行使上の）一身専属性　Cf. 帰属上の一身専属性（民法 896 条との関係）。

＊代位否定の根拠の混迷
　何故債権者代位の対象から外すかの制度趣旨については、混迷が見られる。すなわち、(i) 上記の「行使上」「帰属上」の分類を行った、鳩山博士は、「行使上の一身専属性」においては、権利者（債務者）の自由意思に委ねるべきだという趣旨からの議論を行っていて[178]、この系譜が、従来有力であった（例えば、我妻[337]、柚木＝高木 171 頁、奥田 260 頁。また、潮見 II 29 頁）。しかし、(ii) 立法者は、当該権利を債権者の共同担保とすべきか否かという角度から考えており（梅 79 頁）（債務者保護の要請である（吉田））、近時はこれに添う見解

---

[178]　鳩山秀夫「一身に専属する権利の意義」同・民法研究 3 巻債権総論（岩波書店、1926）（初出、1915）。なおこの系譜の再検討を行ったものとして、前田陽一「不法行為に基づく損害賠償請求権の『帰属上』『行使上』の一身専属性の再検討」立教法学 44 号（1996）参照。

が有力なのである（平井267頁以降。淡路247頁。なお、中田208頁は、(ii)の判断の基準として、(i)があるとするが、私としては、やはり、両者は、趣旨が違うと考えるので、賛成できない）。

このような視角から下記の（判例）を見てみると、(ii)からだけでは理解に苦しむものがあることが知られようが、それは、(i)の系譜の影響ゆえと推測される。

具体例としては、例えば、家族法関連のものとして、①親族法上の権利（夫婦間の契約取消権）、②離婚の際の財産分与請求権（具体的内容が形成される以前）（最判昭和55.7.11民集34巻4号628頁）（＊なぜ、具体的金額になれば、債権者代位できるのか？　よく理解できないところがある（上記混迷参照））、③遺留分減殺請求権（第三者に譲渡する等権利行使の確定的意思を外部に表明する等の特段の事情あれば別とする）（最判平成13.11.22民集55巻6号1033頁）。

また、④慰謝料請求権（具体的金額が確定すれば、行使できるとする）（最判昭和58.10.6民集37巻8号1041頁）、⑤差押禁止債権（民事執行法152条）（債務者保護の趣旨から）（後述）。

さらに、個別の法律関係に帰着すべきものとして、⑥債権譲渡の通知（大判昭和5.10.10民集9巻948頁）（民法467条の趣旨から。実際には、脱法的処理もなされていることについては前述した）、⑦民法旧395条但書により解除された短期賃貸借後、抵当不動産を占有する者に対する明渡し請求（所有者の物権的請求権の代位行使）（抵当権者の権能から）（最判平成3.3.22民集45巻3号268頁）（なおこれに関しては平成11年の判例変更があり、維持されていないだろう（次述））、⑧建物買取請求権（借地借家法14条〔旧借地10条〕〔建物譲渡で、借地権譲渡・転貸に承諾が得られない場合〕）につき、借地上の建物の借家人は、建物買取請求権を代位行使できないとされる（判例）（最判昭和38.4.23民集17巻3号536頁）（これも、当該借地関係に即した法的処理の問題であり、批判もある。例えば、鈴木・注民(15)383頁以下。また、星野・借地借家法361頁は、昭和38年最判が、建物譲渡後の借家人の事案であることを前提に支持する〔逆に、譲渡前の借家人ならば、代位権行使を肯定する〕）。

8. 債権の簡易の強制的実現（債権者代位・取消し）

・それ以外には、請求権以外にも、形成権、消滅時効の援用（最判昭和 43.9.26 民集 22 巻 9 号 2002 頁）（＊援用の良心規定性に留意すると、安易に援用できるかも問題になりうるが）、錯誤無効の主張の代位行使も認められる。（最後者は、「無効を主張できる者の範囲の問題」である。）

＊保険解約返戻金請求の代位行使

　もっとも、保険契約解約権（解約返戻金請求権）の代位行使ということになると、前記(ⅱ)の要請との関連で、権利濫用ともなりうる（平井論文 240-241 頁）（下級審裁判例は反対して、代位権行使を肯定する（差押えが許されているからとする）。例えば、大阪地判昭和 59.5.18 判時 1136 号 146 頁、東京地判昭和 59.9.17 判時 1161 号 142 頁）。なお、近時の（判例）は、生命保険契約の解約返戻金請求権についての差押え・取立権の行使を肯定した（最判平成 11.9.9 民集 53 巻 7 号 1173 頁）（生命保険契約の解約権は、一身専属的権利ではないが、他方で債務者の生活保障手段としての機能を有するとして、債務者の不利益ゆえに、民執法 153 条で差押命令が取り消され、又は解約権行使が権利濫用とされる場合もある。しかしそれ以外は、取立請求を認めてよいとする。なお、遠藤光男反対意見は、債務者の無資力要件が課せられる債権者代位の方法なら許されるとする）。

（検討）

　包括的担保権説ないし（判例）の立場からは、債務者への配慮という衡量が強く出ることに留意したい。

【QⅧ-3】債権者代位権における無資力要件の射程、意義を論じなさい。

【QⅧ-4】債権者代位の債務者への効力、また差押的効力に関する判例の立場について、どのような異論が出されているか。また包括的担保権説の立場ならば、どのような帰結になるのかを論じなさい。

【QⅧ-5】債権者代位の対象とならない債権について、列挙して、その各々の論拠を分析しなさい。

第 2 部　金融取引法（金融債権総論）

8−2−3　転用の場合——非金銭債権による債権者代位
・個別の法律関係の問題に帰着させる（川島 59 頁、平井 265 頁、273 頁）。
・具体的場面は、以下のとおりである。
　① 　登記請求権の代位——中間省略登記との関連（大判明治 43.7.6 民録 16 輯 537 頁【13】）。
　　……中間省略登記に関しては、従来から事前的なそれについては、《三者の同意》を要求するのが（判例）であった（最判昭和 40.9.21 民集 19 巻 6 号 1560 頁）（公示主義的政策論へのウェイトの置き方による）。
　＊なお、不動産登記法の平成 16（2004）年の全面改正により、中間省略登記は行いにくくなったと言われる（同法 61 条により、「登記原因情報」の提供が必須とされて、旧規定 40 条のような登記原因書面を申請書副本で代用するというやり方が認められなくなったためである）。
　　それゆえに、中間省略をしない、債権者代位の転用の意義は、高まったとも言えよう（吉田）。
　② 　賃借人による妨害排除請求権の代位（大判昭和 4.12.16 民集 8 巻 944 頁【15】（4 版）、最判昭和 29.9.24 民集 8 巻 9 号 1658 頁）。
　　……（学説）では、直截に賃借権に基づく妨害排除請求を認めるべきだとするのが多数である（前述）。不法占拠者からの抗弁を、賃借人に対して対抗できるかについて、法律構成が違うと変わってくるか等について、議論があることも前述したが、あまりこの点で代位構成を支持する（我妻博士）のも妙であろう。
　③ 　民法旧 395 条の短期賃貸借解除後の不法占拠者に対する明渡し請求の代位につき（判例）は否定する（前述）。
　　……これに関しては、繰り返さないが、抵当権者の妨害排除請求事例も出ていて（最大判平成 11.11.24 民集 53 巻 8 号 1899 頁〔不法占拠者事例〕、最判平成 17.3.10 民集 59 巻 2 号 356 頁〔所有者からの占有権限の設定を受けるが、妨害目的がある場合〕）、抵当権の権能が拡充されているので、平成 3 年最判（前掲）は、もはや維持されていないと考えるべきであろう。

> 【QⅧ-6】債権者代位の転用事例を具体的に説明しなさい。

8-3 債権者取消権（民法424条～426条）
8-3-1 制度趣旨の理解の仕方と沿革
(1) 沿革・系譜
- 系譜的には、旧民法財産編340条以下（廃罷訴権）、さらには、フ民1167条（action paulienne）、延いては、ローマ法の actio Pauliana に由来する。……本制度も、実体法と手続法（執行法）とが未分化の制度であり、分化させたドイツ法のシステムとは異なる。
- 規定の仕方は、民法423条と同様に、単純であるために、それを補う（判例）の持つ意味は、やはり重要で、ここでもそれを体系的に説明する「理論」の意味は大である。

(2) 制度趣旨の理解の仕方（の動揺）
- もっとも、制度趣旨の理解の仕方は、やや混沌としている（平井教授も、初版と第2版とでは、かなりシフトしている）。
- 問題は、① どこまで取消債権者への事実上の優先的弁済〔＝（判例）の立場〕を支持するか（しかも金銭債権についてそうであり、「遅い者勝ち」の制度となるが、これをどう考えるかということも関係する）、それとも、② 総債権者の平等主義の要請（民法425条）をどれだけ重視するか、というところである。……平井教授は、②から①にシフトしたが、果たしてそれでよいか。民法423条と違い、本条においては、──武器的発想も背繋に中るが──最終的には債権者平等志向の手続的方策を示す形で、「制度設計」されるべきだと考える（吉田）。
- 現実に、債務者が事実上の倒産の場合には、破産や会社更生等のフォーマルな倒産手続きによらない私的整理（内整理）によるのが、8割くらいあるとされる。──そして、破産等の場合には、「否認権」（破産法160条以下〔旧規定72条以下〕、会社更生法86条以下〔旧規定78条以下〕）が本条に対応するものとして存在する〔直接的に対応する「故意否認」（破産法160条1項〔旧規定

72条1号〕）以外にも、「無償否認」（同160条3項〔旧規定72条5号〕）、「危機否認」（同161・162条〔旧規定72条2号～4号〕）がある。抗弁によってもできる（同173条〔旧規定76条〕）〕が、私的整理においては、債権者取消権が、債権者間の公平・円滑な調整を図る武器として、利用される（吉原論文[179]）。……いわば、簡易破産的な機能を果している。たしかに、前述の「遅い者勝ち」の制度は、債権者相互の私的交渉において、強力な武器として機能する（いわゆる「法の影の交渉」(negotiation in the shadow of the law) である[180]）と想像される（星野教授も、「遅い者勝ち」の帰結は、結局債権者相互の話し合いによる平等主義が志向され、これには日本的事情ないしメンタリティにあうとされる（星野115頁）のも興味深い）。しかし他方で、民事執行・破産等のフォーマルな場合の平等主義的処理と対比して、十分な平等主義的配慮がなされているかという見地から、民法425条を空文化する、424条の（判例）には、批判的再検討が必要であろう。

・受益者、転得者の利益をも、考慮する点で、民法423条とは異なる。——従って、関連する当事者ないし利益は、取消債権者、他の債権者、債務者、受益者、転得者の利益である。

【QⅧ-7】債権者取消権の制度理解に関する近時の変化を説明しなさい。

【QⅧ-8】倒産における私的整理（内整理）において、債権者取消権の「遅い者勝ち」ルールが果たす役割を検討しなさい。

8-3-2 詐害行為取消の要件
(1) 取消債権者の債権（被保全債権）の存在
① 特定物債権に基づく詐害行為取消？——二重売買と民法424条の取消の可否

・（判例）は、「特定物引渡請求権〔特定物債権〕は、窮極において損害賠償債権に変じうるのであるから、債権者の一般財産により担保されなければなら

---

[179] 吉原省三「詐害行為取消権についての考察」判タ308号（1974）。
[180] これは、Robert Mnookin & Lewis Kornhauser, The Bargaining in the Shadow of the Law, 88 Yale L. J. 950 (1979) で初めて議論されたことである。

ないことは、金銭債権と同様である」として、詐害行為取消を認めるが（最大判昭和 36. 7. 19 民集 15 巻 7 号 1875 頁【15】）、取消債権者〔特定物債権者〕は、目的物を自己の債権の弁済に充てること――つまり、自己への移転登記請求――は、できないとする（総債権者の共同担保保全という制度趣旨から）（最判昭和 53. 10. 5 民集 32 巻 7 号 1332 頁【16】）。

・（学説）も、（多数説）は、このような結論――つまり、中間的解決（金銭による平等弁済）に止める――を支持する（我妻[258]他）。……総債権者の共同担保保全――債務者の責任財産維持――という制度趣旨理解からすれば、被保全債権は、本来的に金銭債権ということになり、損害賠償債権に帰着させて民法 424 条を適用する、（判例）を支持することになる。

　後述の訴権説でも、同様のようである。すなわち、例えば、平井教授は、登記名義は、受益者の下に置きつつ、価格賠償ができるとする（但し、同じ訴権説でも、平井説では、不動産に相当する価額を取消債権者が、排他的に受けられるとするところが、（通説）（判例）と異なる）[181]。

・しかし、これに対して、少数説ながら、特定物債権の実現を図りうる（自己への移転登記請求ができる）と解する見解も有力である（例えば、柚木＝高木 196 頁、231 頁〔民法 424 条の効果として〕、鈴木 153 頁〔第一契約の履行として〕。内田 277 頁も、これに好意的である。さらに言えば、訴権説からもロジカルには、名義を受益者〔第二買主〕に置きつつ、引渡執行、延いては、自己への移転登記請求ができるとする余地がある）。

　……結局、どのような法規範的、法政策的なスタンスをとるか、また債権者取消権制度に、二重譲渡問題処理のために、どれだけ期待できるかにかかる。

（検討）

1. 平等主義的要請（民法 425 条参照）をどこまで貫くか。反面で、金銭債権の場合には、（判例）は取消債権者への優先的弁済を認めており（後述する）、それとのバランスで、ここでも取消債権者が優先されるとするか。
・また、二重譲渡事例の処理の仕方として、これでよいか。第一買主として

---

[181] 平井 282-283 頁、同「不動産の二重譲渡と詐害行為―― action paulienne への回帰を意図して」鈴木（禄）古稀・民事法学の新展開（有斐閣、1993）。

は、やはり不動産の引渡し（原状回復）を得たいのではないか（そしてこれは、伝統的には、jus ad rem と言われるものである）。しかも、いちいち「債務超過〔無資力〕ないし詐害行為」を問題にすることも、実態に適合的ではないと言いうる。
2. 少数説に対しては、民法177条との関係、すなわち、「早い者勝ち」の趣旨（早く登記を経由した第二買主優先）との抵触ということから反論される（星野108頁、また早川【17】（4版）解説）。……しかし、この「早い者勝ち」の原則それ自体の当否が、近時問われている。つまりそれを問題にするのが、民法177条の「第三者」に関する制限解釈であり、（判例）でも、「背信的悪意者排除」の立場が採られるが、（学説）では、ヨリ柔軟に、「悪意者排除説」も出されている。
3. 他条文との要件比較。──債権侵害（民法709条）との関係。……従来不法行為の領域での（伝統的通説）の要件は、限定的であり、民法424条の方が、要件が緩く、「不法行為要件から解放する」という意味では注目に値する。
・また、民法177条の「第三者」に関する背信的悪意者論よりも柔軟とも解し得る。

　以上より、特定物債権保護は、民法424条では本来予定されておらず、その意味では、「転用」である。しかし上述のような意味で、「少数説」は注目に値する。しかし、将来的方向としては、二重譲渡に民法424条を転用しても、無理があり（つまり、（判例）の立場では、取引関係者の所期の目的を、達しない）、やはり、契約（債権）侵害保護法理の充実に努めるべきである。但し、わが国の不法行為法の場合には、諸外国とも異なり、金銭賠償主義の制約があり（民法722条1項）、特定物債権保護のためには、民法177条の「第三者」の解釈修正というルートが進められるべきである（吉田）[182]。

② 債権成立時点と詐害行為との先後
　（判例・通説）は、詐害行為前に債権が成立することを要するとする（我妻[256]、柚木＝高木198頁、星野109頁など）（最判昭和33.2.21民集12巻2号341頁）。

---

[182] 以上については、吉田邦彦・債権侵害論再考（有斐閣、1991）570-585頁参照。

- なお、不動産譲渡が債権成立前ならば、登記が債権成立後であっても（つまり、債権発生後の移転登記という事例であっても）、詐害行為として、取消の対象とすることはできないとされる（判例・多数説）（最判昭和55.1.24民集34巻1号110頁）（なお、我妻[257]はこれに反対する）。

Cf. 他方で、遅延損害金に関しては、詐害行為後のものもカバーしており、被保全債権となるとし、やや柔軟である（最判平成8.2.8判時1563号112頁）。

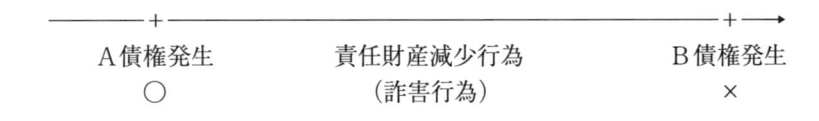

```
────+──────────────────+──────→
 A債権発生      責任財産減少行為      B債権発生
   ○           （詐害行為）           ×
```

（検討）

結局これは、「一般債権者の期待」をどう見るかの違いにかかる。すなわち、債権発生時〔基準時〕に、既に不動産譲渡がなされていたら、もはや債務者のものとして期待できないとするか、それとも、登記が移っていない限り、名義人の財産として期待させてよいかに帰着する。……換言すれば、一般債権者を民法177条の「第三者」と見て、保護するか否かであり、上記裁判例は、民法177条につき、一般債権者を「第三者」として保護しない（判例）の立場と、歩調を合わせていると見ることができよう。

Cf. 債権者代位権の場合。──代位の対象たる権利より以前に、金銭債権（被保全債権）が成立していることは要求されていない（判例・通説（我妻[234]など））。

③　履行期にあることと、数額の確定の要否

（判例・通説）は、不要とする（大判大正9.12.27民録26輯2096頁〔詐害行為前に成立していれば、履行期になくともよいとする〕他。最高裁のものとして、最判昭和46.9.21民集25巻6号823頁〔婚姻費用分担債権の事例〕）（同旨、我妻[256]、於保193頁他）。

- これに対して、訴権説からは、──強制執行の場合と同様に──履行期が到来し、債権額の確定が要求されている（平井282頁）。

Cf. 債権者代位権の場合──民法423条2項本文により、履行期以前でも裁判上の代位として行使できる。なお、「一身専属性」（423条1項但書）との

関連で、具体的内容形成を、被保全債権となることの要件としている（最判昭和 55.7.11 民集 34 巻 4 号 628 頁前掲）。

（検討）
・近時の有力説（少数説）（平井教授）と同様に、金銭債権の一種の実現なのであるから、この要件は必要であると解すべきであろう（代位権についても同様であり、423 条 2 項は例外的規定であろう）（吉田）。……この点でフランス判例法の立場（債権が certain, liquide〔「確定した」の意味〕, exigible であることを要求する）が参考となろう。
・もっとも、昭和 46 年最判は、調停事例であり、債権実現の確実性の面で、特殊性があると考えることもできよう。

> 【QⅧ-9】二重譲渡事例に債権者取消権を適用する判例実務及び学説の帰結を説明し、その意義及び限界を論じなさい。
> 【QⅧ-10】債権発生後の移転登記事例であっても、譲渡が発生前になされていれば、判例は詐害行為にはならないと判断する論拠を説明して、論評しなさい。
> 【QⅧ-11】被保全債権の履行期に関する従来の見解の問題状況を指摘しなさい。

(2) 詐害行為の存在

① 財産権を目的としないもの（例えば、婚姻、養子縁組、離婚、〔相続承認、放棄〕等の家族法上の行為）は対象外とされる（民法 424 条 2 項）。しかし、「身分行為」であっても、場合によっては、詐害行為取消の対象となりうる。

例えば、(a) 離婚給付・財産分与（民法 768 条）については、同条 3 項の趣旨に反して、不相当に過大で、財産分与に仮託された財産処分である場合には、対象となるとし（最判昭和 58.12.19 民集 37 巻 10 号 1532 頁【20】（4 版）、同平成 12.3.9 民集 54 巻 3 号 1013 頁【18】〔離婚に基づく慰謝料支払いの合意は、詐害行為とならないともするが、その損害賠償債務額を超えた金額の慰謝料を支払う旨の合意は、対象となるとする〕）、(b) 遺産分割協議について、対象となる

8．債権の簡易の強制的実現（債権者代位・取消し）

とされる（最判平成 11.6.11 民集 53 巻 5 号 898 頁【70】（家族法判百）（6 版）〔同協議は、相続財産の帰属を確定させるもので、その性質上財産権を目的とする法律行為であると言えるからとする〕）。

　しかし他方で、(c)相続放棄について、他人の意思による強制を許すべきでないとして、詐害行為取消の対象とはならないとする（最判昭和 49.9.20 民集 28 巻 6 号 1202 頁【103】（家族法判百）（5 版）〔原告が相続債権者（被相続人の債権者）の事例〕）。

〔検討〕

・（判例）は、身分行為だからカテゴリカルに対象外とするというのではなく、比較的柔軟に対象とし、その意味で、民法 424 条 2 項を柔軟に運用していると言えるであろう。

・具体的に、第 1 に、((c)の場合に関する）昭和 49 年最判は、相続人の財産を、相続債権者は、当てにすべきではないという法規範的判断というべきではないか。逆に近時は、相続人債権者が原告となる場合には、取消の余地を認める見解も出ている（家族法判百（4 版）【99】事件吉田解説参照）。……だからこの場合は、各債権者の期待をどう評価するか、どう保護するかという判断に関わるのではないかと思われる。

　また第 2 に、(a)に関する平成 12 年最判の基準は、そもそも精神的損害の評価自体が、確定的ではないから、基準として必ずしも明確ではない。結局、「慰謝料としては過大で、それに仮託された財産処分かどうか」という基準になるのではないか。他方で、従来離婚給付に不充分であったということにも留意は必要であろう。

② 債務者の無資力（債務超過）（詐害行為時から、口頭弁論終結時まで要する）〔客観的要件〕

③ 「詐害性」の評価——詐害の意思〔主観的要件〕

・かつての（通説）は、詐害行為を知ることで足り、害意までは不要とする（我妻[272]など）。……しかし客観的要件としての絞りはある（後述）。

・しかし（判例）は、昔から一貫して、一筋縄ではなく、総合判断している。

そして、近時の見解は、判例分析を通じて、行為類型的な総合的検討 がなされるようになっている（下森論文など[183]）。

・また、（判例）は、割に広く取消権を認めている。……事実上の効果・帰結をも斟酌し、また、使途・主観的態様も考慮して、柔軟な判断をする。例えば、不動産売却（相当な価格による場合）でも、（判例）は、詐害行為と認定し得る。

Cf. これに対して、有力説〔かつての通説？〕（鳩山207頁、我妻[266]〜[270]、於保190頁、柚木＝高木212頁、鈴木118頁など）は、形式的に客観的要件を判定する（上記の例ならば、詐害行為を否定する）。（もっとも、近時は、（判例）を支持する見解が多い（星野112頁以下、奥田292頁以下、下森・注民(10) 811頁以下〔新版注民(10)Ⅱ860頁以下〕、平井284頁以下など)。）……限定する有力説は、取引安全の重視から。

——すなわち、「詐害性」の評価は、「行為の偏頗性の大小」と「主観的態様ないし使途」とを相関させて考察しているようである。偏頗性の小さなものから順に以下の如くである。

(i) 債権者の一部への弁済

——否定例として、最判昭和33.9.26民集12巻13号3022頁（×）〔当然の権利行使だとする。通謀があれば別とする〕。

……原則として、否定する。通謀・害意がある場合には、詐害行為になる。((ii)の一部も。)

(ii) 代物弁済（相当価額）

——目的物による（(a)不動産による代物弁済で積極的判断をしたものとして、大判大正8.7.11民録25輯1305頁他。また最判昭和39.11.17民集18巻9号1851頁〔不動産を売却し、代金債権と相殺〕（○）。これに対して、(b)債権に関するものは、

---

(183) 下森定「債権者取消権の成立要件に関する研究序説」川島還暦・民法学の現代的課題（岩波書店、1972）。その他、大島俊之・債権者取消権の研究（大阪府立大学経済学部、1986）、飯原一乗・詐害行為取消訴訟（悠々社、2006）127頁以下。なお、このような総合アプローチに好意的になった嚆矢として、竹屋芳昭「債権者取消権に関する一考察」法政研究24巻3号（1957）、同「詐害行為と詐害の意思」大分大学経済論集11巻3＝4合併号（1959）参照。

別扱いをしたものとして、最判昭和 48.11.30 民集 27 巻 10 号 1491 頁【18】（4 版）〔代物弁済としての債権譲渡。通謀を要件とする〕）（？）。Cf. もっとも、代位受領的事例では、積極的である（害意ゆえか）（同昭和 29.4.2 民集 8 巻 4 号 745 頁（○）〔取立委任契約事例〕、同昭和 50.7.17 民集 29 巻 6 号 1119 頁〔害意認定〕（○））。

(iii) 不動産売却（相当価額）……　①原則として肯定する。→②しかし、売却目的を考慮して、否定し得る。→③さらに、主観態様（通謀等）次第で肯定する多層的判断。((ii)の一部もそうである。)

——原則肯定の判断のもの（①）が多く（大判明治 39.2.5 民録 12 輯 136 頁、同明治 44.10.3 民録 17 輯 538 頁他多数（○））（資産が、消費されやすい金銭に変ずるからとする）、他方で、これに対する例外判断（②）のものもある（大判大正 13.4.25 民集 3 巻 157 頁〔弁済資金確保のため〕（×）、最判昭和 41.5.27 民集 20 巻 5 号 1004 頁（×）〔抵当権消滅のための資金調達のため〕）。

(iv) 担保設定及び担保設定による借入
——積極判断するもの（①）もあるが（大判明治 40.9.21 民録 13 輯 877 頁）、例外判断（②）がなされることが多い（例えば、最判昭和 42.11.9 民集 21 巻 9 号 2323 頁〔生活費及び子女の教育費捻出の場合の動産譲渡担保〕（×）、同昭和 44.12.19 民集 23 巻 12 号 2518 頁【21】（初版）〔事業継続のため店舗・営業上の機械の譲渡担保〕（×））。

Cf. なおこれに対して、物上保証になると、(v)に近づく。

(v) 無償譲渡　　　　　……　原則肯定。
＊これについては、主観的要件を問題にしない立法例（フランス法、旧民法）もある。

従って、以上のイメージ図は、以下のようになろう。

第2部　金融取引法（金融債権総論）

```
                                      ＊有力説はここから肯定。
                                      ┌──────────┐
                                      │ ＋──────→ │
                認識                   └──────────┘
                 ↑                      ＋───────
 主観的          ｜
 態様の          ＋       ＋────────────
 悪性            ＋───────────────────  「詐害性」肯定
                 ＋
                 ↓     (i)    (ii)      (iv)     (iii)       (v)
                       通謀   弁済      担保設定  不動産売却   物保・無
                              代物弁済                         償譲渡
                              (債権)(不動産)     (相当・不相当)
                      ←小              行為の偏頗性         大→
```

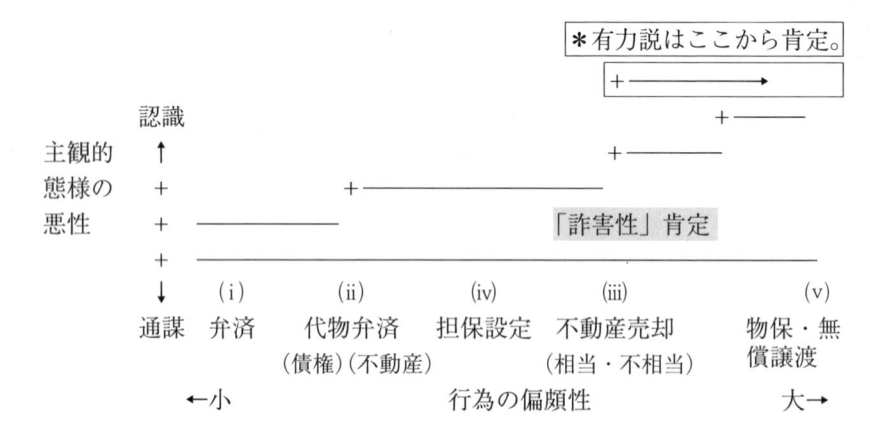

（検討）

- 我妻説としては、珍しく実務と対立し、しかも（判例）よりも、硬直である点でも異例である。「経済的価値による割切り」をされるのは、同博士に対する経済学（マルクス経済学）の影響だろうか。ともかく、実務の方が、プラグマティックだが、取消範囲の広い分、債権者取消権の役割に期待しているということになろうが、冒頭に記したように、「遅い者勝ち」のこの制度の合理性にどれだけ期待できるかにつき、私的整理上の債権者取消権の法社会的考察が求められていると言えるだろう。
- 命題としては、平井教授にかかると、一般論として明晰性を欠き、望ましくないということになりかねないが、「入れ子的構造」で、絶妙な法命題であり、悪くないであろう（吉田）（スタンダード的法命題は、直ちに悪いとは考えない）。
- しかし近時は、アメリカ法学から示唆を得た新たな展開が見られることに留意が必要であろう（次述する）。

④　アメリカ法学の側からの新たな展開（水野論文[184]）

- 以上の状況に対して、アメリカ詐害取引法、とくにその「法と経済学」学的

---

(184) 水野吉章「詐害行為取消権の理論的再検討(1)〜(7・完)」北大法学論集58巻6号、59巻1号、3号、6号、60巻2号、5号、61巻3号（2008〜2010）。なおさらに、同様の方向性を示すものとして、宮澤信二郎＝藤澤治奈「偏頗弁済

8. 債権の簡易の強制的実現（債権者代位・取消し）

分析から示唆を得た新たな展開が見られることに注目が必要であろう。すなわち、――
・アメリカ法学においては、詐害行為取消に対応する詐害取引法は、母法であるイギリスのエリザベス法（1570年）が、継受されて、1918年及び1984年の統一詐害取引法、そして連邦倒産法548条に結実しており、その過程で、(i)本来の詐害の意図は、「詐害の徴表」という形で、拡大され客観化され、また、(ⅱ)相手方の悪意については、立証責任が転換され（この問題は、次述する）、さらに、(ⅲ)担保権の実行など公的競売などでは法定詐害は絞られている。しかしなおその理論的解明は不充分であった。

　ところが、1980年代半ばにBaird & Jackson論文[185]が出て、以降のアメリカ詐害取引法の法経済学的考察から、この問題を、「債務超過」状態となった「債務者」（企業ないしその株主）のプリンシパル・エイジェント問題（債務者の経済合理的でない過剰なリスクテイキング）の抑制法理として、位置づける。――その結果として、「債権者」と「取引相手方」とのいずれがヨリ安価な損失回避者か（監視能力の大小）で、取消権の成否が決まるとする（さらに、裁判所がこれを事後的に判断することによる不確実性（後付（second-guess）問題）にも言及する）。……取消に関するスタンスの相違として、(a)債務者企業が、健全時か、債務超過かという基準、(b)取引相手方が、通常人か、専門的融資家かという視角が理論的に重要となる（前者よりも後者の方が取消範囲は広くなる（原則的に悪意だとされる））。

　また、昨今議論の多い「資金てこ入れ的企業買収(leveraged buy-out [LBO])」と詐害取引法との関連も関心を集めており、まず、(i)LBOのメカニズムとして、MM理論[186]の前提たる完全情報が現実にはないために、負債比率を

の詐害行為取消しに関する分析――法と経済学の視点から」新世代法政策学研究10号（2011）も参照。
(185) Douglas Baird & Thomas Jackson, *Fraudulent Conveyance Law and Its Proper Domain*, 38 VAND. L. REV. 829（1985）.
(186) 1950年代にモジリアニとミラーにより提唱された理論（Franco Modigliani & Merton Miller, *The Cost of Capital, Corporation Finance and the Theory of Investments*, 48 AM. ECON. REV. 261（1958））であり、完全情報ないし完全資本市場〔情報取得、資本調達のコストがゼロで法人税もゼロ〕の下では、資本構成（負債比率〔負債（debt）と株式（equity）の比率〕）と企業価値とは関連性がな

上げようと——余剰資金（free cash flow）の吐き出し的に——融資を受け、それによるプレミアムつきの株式買収がなされる（それにより企業支配権も確立する）という事情がある。(ⅱ)しかしそうした現象は詐害取引法と緊張関係にあり（LBO 融資者は、担保設定を受けて融資する「取引相手（受益者）」である）、債務超過の場合には、エイジェンシー問題が出て、株主による過剰なリスクテイクがなされるわけである。(ⅲ)そして、LBO 融資者は、専門的融資家であり詐害取引の監視能力もあるから（「後付」による不確実性も安価に除去できる）、広く取消権を認めてよいとされる（水野准教授）[187]（アメリカの判例も肯定例にシフトする）。

・以上の民法 424 条の要件・効果論への示唆としては、第 1 に、要件論として、(ⅰ)かつての「弁済」に関する消極的見解（鳩山、我妻説。近時でも倒産法上の偏頗行為に吸収する見解が有力になりつつある（小林＝沖野教授など）[188])[189]

いとするもの。

　しかし現実には、(1)負債と社債（株式）とでは、後者の方がリスクは高く、社債権者ないし株主からは高い利子が期待されるので、その関連の資本調達コストは、大きく、(2)一方で負債比率が高いと資本コストは下がり、企業価値は高くなる。(3)しかし他方で、あまり負債比率が高いと、借金の返済ができない財務コストが高まるので、負債コストは高まり、企業価値は低下するというメカニズムがある。

　こうした事情との関連で、担保物権を経済学的に位置づける動きについては、吉田邦彦・所有法（物権法）・担保物権法講義録（信山社、2010）181-182 頁参照。つまり株式の有限責任性ゆえに、債務超過状態におけるエイジェンシー問題（抑制がなく、機会主義的なリスク愛好的行動に走る）に対する過剰投資の抑制として、担保権設定を捉えており、本文に検討する詐害行為取消制度の経済学的な存在意義分析と同一平面をなしてくるということができるであろう。

(187)　水野・前掲「(3)」「(4)」「(5)」、とくに、北大法学論集 59 巻 6 号[43]頁以下、60 巻 2 号[26]頁以下（2009）参照。
(188)　例えば、小林秀之＝沖野眞已・わかりやすい新破産法（弘文堂、2005）173 頁は、新破産法 162 条で、「支払不能時以降の弁済」が否認の対象とされて、「偏頗弁済禁止」の拡張がなされた（それ以前の旧規定 72 条 2 号の危機否認〔偏頗弁済禁止〕は、破産宣告より 1 年以上前には、認められず、故意否認（旧規定 72 条 1 号）による他はなかった）ことの反対解釈として、支払不能以前には、詐害行為取消権の行使は認められないとする。同旨、内田（3 版）312 頁、森田修・債権回収法講義（有斐閣、2006）61-62 頁。とくに、小林＝沖野、森田教授らの消極的スタンスの背後には、ファイナンスないしベンチャーの経済合理的なリスク（愛好的）行動の保護という背景があることも興味深い。

を緩める総合考量説（竹屋説以降）（注183参照）を上記存在意義に即した再評価を試みて、過剰なリスクテイクに走る「弁済行為」「相当価格による売却」ならば、取消の余地を認めることになる。また、(ⅱ)実態としては出つつあるけれども、未だ詐害行為取消法の俎上にのっていないLBO, MBO事例についても「担保設定融資」類型として、積極的な運用も予定する。さらに、(ⅲ)生計、教育費、不法行為の被害者保護事例などは、「社会政策的考慮」として、理論的に分けて考察すべきことも提案している[190]。

　他方で第2に、効果論としては、（判例）の取消債権者の優先弁済受領権をアメリカ的に再検討した「存在意義」の見地から、積極的に正当化する。また、逸出財産を債務者に戻すルートも、倒産法学との総合的考察（資産の一体性確保の要請）から、多元的に考案してもよいなどとする（この点は、後に効果論のところで合わせて検討したい）。

（検討）
- 水野論文の力点は、要件論にあり、アメリカの「法と経済学」流の過剰のリスクテイキングか否かの基準は斬新であり、その詰めは残されるものの今後とも検討が必要な視点であろう。＊とくに、近時のファイナンス論の方向性として、融資ないし負債肯定的な志向があるのに、抑制をかける法理として、担保物権などと同一平面上で詐害行為取消制度を捉えるという制度理解は示唆に富む。
- ただ、「法と経済学」は、事前的な効率的な制度設計の方に考量の中心があるので、事後的な「遅い者勝ち」に対する不公平感、そのための関係当事者の自己犠牲感覚という方法論的問題にどう対処するかという問題は残り、この点の解決のためにも、実証的研究が求められよう。

---

(189)　なお、近時の債権法改正論議では、このような近時の見解が、関連法規との関係の整備と称して、立法化されようとしているが、いわゆる「解釈論的立法」（法解釈として見解が一致していないのに、一定の法解釈の立場を絶対化させて立法化しようとする現象）なのであり、これに対する方法論的批判としては、吉田邦彦「近時の『民法（債権法）改正』目的・趣旨の再検討と法解釈方法論」同・都市居住・災害復興・戦争補償と批判的「法の支配」（有斐閣、2011）399頁参照。

(190)　水野・前掲「(7・完)」北大法学論集61巻3号（2010）[173]頁以下参照。

(3) 受益者・転得者の悪意

・認識で足りる。——害意が要求される場合には、そのように解する（平井286頁参照）。
・文言上、受益者、転得者の側に善意の立証責任がある（平井289頁。これに対して、星野116頁は、反対する）。＊この点で、アメリカの展開が見られることについては、水野論文参照。
・いわゆる「相対的構成」（つまり、受益者善意、転得者悪意の場合の処理として、後者の保護を否定する。その場合には、転得者に対する受益者の追奪担保責任（民法561条）も生じないと考える）が、立法者（梅86頁）以来の（通説）である（我妻［288］他）。

【QⅧ－12】「身分行為に詐害行為はない」との規定（民法424条2項）は、どのように捉えたらよいのかを論評しなさい。

【QⅧ－13】(1) 詐害性の評価に関する判例の立場、及び学説との異同を、正確に説明しなさい。
(2) その上で、この見解対立を論評しなさい。

【QⅧ－14】近時のファイナンス理論及びアメリカのこの領域の法と経済学的研究から、詐害性の判定として、いかなる新たな見解の展開が見られるかを論じなさい。

8－3－3　詐害行為取消の効果・行使方法及び性格論

・裁判所に請求する（民法424条本文）。2年の短期消滅時効にかかる（民法426条）。
　Cf. この点で、債権者代位権の場合と異なるが、旧民法時には、同様の構造で、「裁判上ノ代位」が要求されていた（財産編339条）（前述〔8－2－1(2)〕参照）。

(1) 性格論ないし制度趣旨

① 形成権説（石坂博士）——さらに、代位権行使が必要ということになる。
② 請求権説（雉本博士ほか）

③　折衷説（通説）——①②両説を合体して、（判例）の立場を支持する（我妻[252]他）。

　……（判例）は、実体法レベルで「取消」を捉えつつ、「取消の相対的効力」の立場を採っており、債務者を被告とする必要はなく、効果は及ばないとする（大連判明治44.10.3民録17輯117頁【14】）。

（問題点）

　取消債権者・債務者間では、逸失財産が戻っていないのに、どのようにその後強制執行していけるのかという点。

④　責任説（中野・下森教授ら[191]）

　……責任法的無効（取消判決）を得て、その後、執行認容訴訟（責任判決）というアイデアである。

⑤　訴権説（佐藤(岩)・平井両教授[192]）。元は川島博士〔川島80-82頁。もっともその後博士は責任説に転じられた。同・民法第2部講義案（東大講義録出版部、1964）197頁〕）

　……本権利を実体法・執行法未分離のものとして、④同様に、しかし本訴訟それ自体が、執行認容訴訟だとする（後述）。また明治44年大連判の「相対的効力」とは、判決の相対効原則のことと理解する。

---

(191)　中野貞一郎「債権者取消訴訟と強制執行」民訴雑誌6号（1960）（同・訴訟関係と訴訟行為（弘文堂、1961））、下森定「債権者取消権に関する一考察(1)(2・完)」法学志林57巻2号、3＝4合併号（1959〜1960）。その他、これを近時支持するものとして、安達129頁、潮見Ⅱ93-94頁、加藤（雅）229頁など。

(192)　佐藤岩昭「詐害行為取消権に関する一試論(1)〜(4・完)」法学協会雑誌104巻10号、12号、105巻1号、3号（1987〜88）（同・詐害行為取消権の理論（東京大学出版会、2001））。これへの支持として、平井280頁、淡路287頁など。

　また、これに対する比較法的補強（民法425条の縮小とか、取消文言の必要論等、佐藤説との相違もある）、さらに近時のこの分野の債権法改正の議論への批判として、中西俊二・詐害行為取消権の法理（信山社、2011）、同「詐害行為取消権に関する試論——外国法による債権法改正案の検証」私法74号（2012）204頁以下参照。

(留意点)

⑤の優れたところは、④を歴史的、沿革的に基礎づけたところにあり、発想の輪郭は、既に④にあり、アイデアのオリジナリティは、④にあるのではないかと思われる。基本的にこのような理解で良いと考えるが、問題はその先であろう。

(2) 具体的問題点

① 取消判決の効力、被告適格

・（通説）も、「強固な判例法理を形成している」ゆえに、――という消極的な理由から、仕方なく、――上記（判例）（明治44年大連判）を支持している（我妻[252][296]、柚木＝高木189頁、226頁、松坂105頁）。

・もっとも折衷説でも、債務者に被告適格があるとするものがある（鳩山222頁、勝本（中）Ⅲ420頁。星野119-120頁でも、取消訴訟の相手方からの取得者には、取消の効力が及ばないという意味でのみ、相対的効力だとし、債務者も被告になりうるとする）。

② 取消の範囲・方法

（判例）は、原則として、取消債権者の債権額に限られるとする（大判大正9.12.24民録26輯2024頁他多数）。

・しかし、対象目的物が、不可分の場合には、全部取り消すことができるとされる（最判昭和30.10.11民集9巻11号1626頁、法協95巻11号星野〔家屋贈与の取消し〕、同昭和54.1.25民集33巻1号12頁〔譲渡担保契約の取消し。土地の原状回復（抵当権付きで）（移転登記抹消）〕）。

・現物返還か、価額賠償か。――対象が不動産の場合。

（ⅰ）被保全債権額が不動産価額を下回る場合。……取消額を被保全債権額に限定する（判例）の立場では、理論的には、「価額賠償」になりそうだが、目的物が「不可分」の場合には、「現物返還」を認めている（最判昭和30.10.11前掲）。

（ⅱ）抵当不動産の場合。……（判例）は、不動産譲渡後に、付着する抵当権が消滅したかどうかで、区別する。

――すなわち、(a)存続していれば、抵当権付きの不動産の「現物返還」を認める（最判昭和54.1.25前出）。

8. 債権の簡易の強制的実現（債権者代位・取消し）

(b)消滅していれば、「価額賠償」によるとされる（最大判昭和36.7.19前出、最判昭和63.7.19判時1299号70頁、同平成4.2.27民集46巻2号112頁〔共同抵当の場合〕【18】（5版））。つまり、抵当権の被担保債権〔共同抵当の場合には、各不動産価額に応じて割りつける（民法392条1項）〕を控除した差額（残額）の範囲内で、取消債権者の価額について返還させる。

＊なお、「価額賠償」の算定基準時は、特別の事情（受益者の処分後に不動産が高騰した場合等）がなければ、取消訴訟の事実審口頭弁論終結時とするのが（判例）である（最判昭和50.12.1民集29巻11号1847頁【19】（5版）〔受益者（不動産保有者）に対する価額賠償請求の事例〕）。

（学説）（通説）では、従来「現物返還」の原則が強調され（我妻[283]〜[285]）、とくに、(ii)の共同抵当の場合につき、抵当権消滅後も、残額に相当する不動産があれば、その「現物返還」が説かれた（[284]。大判昭9.11.30民集13巻2191頁の立場（現物返還の原則）。例えば、300万円、200万円、100万円の価額の不動産に、被担保債権額400万円の共同抵当の場合、その後弁済で、抵当権が消滅した場合、200万円の不動産を「現物返還」せよとする）（さらに、ヨリ一般的に、抵当権付き現物返還を示唆する）。
・しかし、近時の学説が説くように、民法424条では、既に執行的機能が営まれていることを直視するならば、「価額賠償」が容易に認められやすくなる（金銭執行ならば、所詮換価することとなるから……）。また、その方が、代位弁済した場合の、受益者の利益に配慮していると言える（不動産を抵当権なしで取得したいから、そうしたのだから……）。

③　返還先及び優先弁済の是非──他の債権者との関係
　(ⅰ)不動産の場合……登記登録の抹消のみ（取消債権者への引渡しはできない）（前述）。
・なお、「価額賠償」の場合、事実上の優先弁済を受けることになる（判例）。
　(ⅱ)金銭・動産の場合……取消債権者への引渡しができる──金銭の場合、事実上優先弁済を受けられる（判例）（動産については、裁判例がない）（大判大正10.6.18民録27輯1168頁、同昭和8.2.3民集12巻175頁、最判昭和39.1.23民集

第 2 部　金融取引法（金融債権総論）

18 巻 1 号 76 頁など）。

＊他の債権者との関係
　（判例）は、分配請求を否定し（最判昭和 37.10.9 民集 16 巻 10 号 2070 頁、法協 81 巻 3 号川島）、受益者の抗弁も否定する（同昭和 46.11.19 民集 25 巻 8 号 1321 頁【19】、法協 91 巻 1 号星野）。
　（学説）では、従来、立法論として、供託請求ないし他の債権者の配当加入が言及されていたが（我妻［282］等）、解釈論として主張する見解もある（星野 122 頁）。──しかしそもそもあっさりと、「相殺」が認められてよいものか（民法 505 条 1 項但書参照）という問題もあるが、この点で阻止するのは、難しくもある。さらに、そもそも債務者への返還義務を負うのかすら問題となる。

＊訴権説による問題提起とそれへのリアクション
・近時の訴権説（とくに佐藤教授の見解）では、民法 425 条を根拠にして、取消訴訟による金銭執行において、「逸出財産」を上限とする配当手続を説く。……沿革的根拠として、ボアソナードが、このようなフランスの少数説（Colmet de Santerre）（いわゆる絶対的効力説）を継受したとする（その結果として、旧民法財産編 343 条、さらに、民法 425 条となったとする）[193]。この部分は、ある意味で、佐藤説のオリジナルなところである。
　　しかし、平井教授は、既に取消債権者の優先的地位を認める（判例）の立場を承認すべく、改説している（平井 294 頁以下）。……「遅い者勝ち」だが、そのメリットが取消訴訟提起のインセンティブとなり（平井・前掲民法学雑纂（有斐閣、2011）384 頁で指摘する「合理的債権者」モデルにおける「うまみ」である）、実際の私的整理の場面における交渉武器となる（前述）。この点は、なかなか実際上は、無視できない意味をもつであろう（吉田）。
　Cf. 他方で、手続法学者（小林教授）は、訴権説に好意的に、判決効の──他債権者による──援用という形で、手続参加を肯定し、取消債権者には、共益費用（取消訴訟の手続費用）の限りで部分的に優先主義の地位を与え（民

---

[193]　佐藤・前掲「(2)」「(4・完)」法学協会雑誌 104 巻 12 号（1987）1782 頁以下、105 巻 3 号（1988）269 頁以下、325 頁以下。そして平井説に対する反論は、同・前掲書 365 頁以下参照。

8. 債権の簡易の強制的実現（債権者代位・取消し）

法307条〔共益費用の一般先取特権〕）、取消訴訟のインセンティブを維持しようとしている⁽¹⁹⁴⁾が、果たしてそのように地位を弱めていいものかどうか？
・さらに、この点で、近時のアメリカのファイナンスないし金融法の法と経済学の影響を受ける水野論文は、効果論（従来この部分の議論が肥大化していた）についても、近年注目されている訴権説（佐藤論文）は、実は従来の見解状況との連続面の方が多いことを指摘し、執行法原理との混乱が見られると批判しており（この点で、取消債権者の優先弁済受領権を積極的に正当化する平井教授は、佐藤説と離反していて注目されるが、「合理的な債権者の行動に応える」とされるだけで、その先の正当化が不充分である）、水野論文は、まさにその点を制度論的に詰めていて（なお同論文は、債務者への返還も示唆している）、取消債権者の優先権は、直截に言えば、モニタリング制度設計上のエンフォースメントの効果ということになる⁽¹⁹⁵⁾。

④ その他――時効中断との関係での訴訟物

近時、短期消滅時効（民法426条）との関係で、詐害行為取消権の訴訟物が問題となる事例が見られる（最判平成22.10.19金商1355号16頁〔時効消滅する以前に提訴していたが、その後被保全債権（連帯保証債権）を変更したという事例について、時効中断効が、債権変更後でも維持されるかが問われて、訴えの変更ではないとされ、中断効は肯定された〕）。

（検討）

平成22年最判は、詐害行為取消権を我妻式に総債権者のための制度だからという点を論拠としているが、決め手ではないと思われ、訴権説であっても、被保全債権は攻撃防御方法に過ぎず、その変更により、詐害行為取消訴訟の変更にはならないという点だけ問題にすれば足りることではないか（吉田。藤澤・重判［民法2］解説91頁で、直結できないとするのも同旨であろう）。

【QⅧ-15】詐害行為取消権の法的性質論の論議の変遷を辿り、各議論における問題意識を指摘しなさい（「取消の相対的効果」「責任説」には必ず触れること）。

---

(194) 小林秀之＝角紀代恵・手続法から見た民法（弘文堂、1993）第9章。
(195) 水野・前掲「(7・完)」北大法学論集61巻3号（2010）［202］頁以下参照。

【QⅧ-16】詐害行為取消の効果としての「現物返還」「価額賠償」の要件を論じ、各々の利害得失を論じなさい。

【QⅧ-17】取消債権者の地位及び他の債権者との関係に関する議論の変遷、とくに近時の訴権説における問題提起をめぐる議論を述べなさい。

【QⅧ-18】詐害行為取消訴訟と被保全債権との関係を整理しなさい。

8-4（附）：強制履行

8-4-1　強制履行（強制執行・民事執行）の意義・種類

(1) 意　義

債権の属性・効力としての裁判所の手を借りた債権の強制的実現。手続法上の強制執行・民事執行と同義。

Cf. 旧民法では、「直接履行」の語が用いられ（財産編382条）、「損害賠償」（間接履行）（財産編383条以下）と対置された。

＊講学上は、民事訴訟法（民事執行法）で論じられるために、ここでは民法414条に即した導入部分を話に止める。ただ、債権者代位権・取消権と同様に、債権の強制的実現であり、相互対比した検討も意義あるので、付随的に論ずることにする。

(2) 種　類

	民414条	民事執行法	民訴旧規定
(i) 与える債務──直接強制	Ⅰ項	43〜170条	564〜732条
（引渡債務）（金銭執行；引渡執行）			
(ii) なす債務──代替執行	Ⅱ項	171条	733条
間接強制	Ⅰ項？	172条	734条
（旧民財386 Ⅲ）			
＊意思表示の擬制	Ⅱ項但書	174条	736条
(iii) なさざる債務──代替執行	Ⅲ項	171条	733条
その他の事後救済			
間接強制	Ⅰ項？	172条	734条

8．債権の簡易の強制的実現（債権者代位・取消し）

＊民事執行法の概観をすると、金銭執行（民執43条以下）（それは、差押→換価→配当のプロセスとなる）（不動産執行（同43〜111条）、船舶執行（112〜121条）、動産執行（122〜142条）、債権執行等（143〜167条の16）に分かれる）及び非金銭執行（それは、引渡執行（民執168〜170条）、代替執行（171条）、間接執行（172条）に分かれる）に大別される。

（留意点）
・「強制履行」なる用語は、民法414条1項、2項と民訴旧規定734条で用いられ、（通説）は、前者では、直接強制、後者では間接強制の意に解している（我妻[116]）。
・しかしその後、債務の本来の履行（フランス法上のexécution en nature）、すなわち、債務者自身に強制することを意味しており、民法と民訴法との間には矛盾はなく、従って民法414条1項では、間接強制についても言明されていると説く有力説が出されており（星野39-40頁、澤井31頁、平井241頁）、おそらくそれが沿革的には妥当であろう。

8－4－2　間接強制の位置づけ
・強制執行（民事執行）に関する歴史的推移としては、古くは、債務奴隷のごとき苛酷な執行形態が認められていたが、その後徐々に人的拘束は減退し、今日では、物的責任に限定されてきている（もっとも、ドイツ法は今でも一定の場合には、強制拘禁が認められている（ド訴888条、890条））。
　→ここでの問題も、その延長線上の問題であり、《本来の債務の実現の要請と人権保護の要請との調和の問題》であり、①単に身体的強制がなければよいとするか（旧民法財産編382条参照）、さらに進んで、②人格尊厳の趣旨から、意思の強制〔＝間接強制〕をも認められないとするか（フランス民法の立場）という点が対立点である。

＊フランス民法の債務者の自由尊重――間接強制への謙抑性？
　フ民1142条は、個人意思の自由・絶対性、人格の尊厳というフランス革命のイデオロギーを反映させて、「なす債務」「なさざる債務」の場合には、もはや強制履行（間接強制）は認められず、損害賠償しか認められないとする

第 2 部　金融取引法（金融債権総論）

('Nemo praecise cogi potest ad factum'〔何人も絶対に行為を強制できない〕の法諺）。……近時の研究では、歴史的には、むしろ所有権移転についての（引渡主義から）意思主義への移行（フ民 1138 条、1583 条等）（所有権の抽象性）と連関する形で、「なす債務」（広義のそれには、引渡義務も含まれる）は、損害賠償に変じて（利益解放〔金銭賠償により、債務の拘束から解放されること〕）、現実に履行強制しなくともよいとされた。その後、「なす債務」の射程限定〔引渡債務を除いた文字通りの「なす債務」に限定される。他方で、同時期に、金銭債務につき、債権を強化して、債務者の身体拘束の制度もできた（フ民 2059〜2069 条（原始規定））〕との関係で、人格論が登場した（この点は森田論文[196]参照）。

1. ボアソナードは、この後のフランス判例法の動向を踏まえて、損害賠償規定として、「間接強制」の規定を置いた（旧民法財産編 386 条 3 項）〔フランス法の立場の修正〕。さらに、現行民法も割に広く、強制履行を認めていると見うる（近時の有力説の理解）（梅 50-51 頁では、旧民法・フ民等の主義を捨てたとする）。……債権強制の動向。
2. しかしその後、民法 414 条の解釈（ないし民訴旧規定 734 条の解釈）においては、直接強制、さらには、代替執行が認められていない場合しか、間接強制は認められないとされる（直接強制→代替執行→間接強制の順序によるとされる）。——つまり、あまり間接強制による心理的強制は認めないという立場（価値判断）が、（通説）となり（我妻論文[197]以降）、民事執行法 172 条でもその旨明文化された。……不代替債務についてのみ認められるというのは、ドイツ法（ド民訴 888 条）の要件レベルでの部分的影響である（ドイツ的な執行の捉え方の影響）。

---

(196)　森田修「履行強制の法学的構造(1)(2)——16〜19 世紀フランス・ドイツ・日本の比較法史的考察」法学協会雑誌 109 巻 7 号、10 号（1992）参照（同・強制履行の法学的構造（東京大学出版会、1995）に所収）。
(197)　我妻栄「作為又は不作為を目的とする債権の強制執行——民法 414 条、民訴法 733〜734 条の沿革」加藤正治還暦（1932）〔同・民法研究 V（有斐閣、1967）所収〕。

（判例）も同旨である（大判昭和 5.10.23 民集 9 巻 982 頁、判民 95 事件我妻〔田地の借賃としての玄米引渡請求（それに代わる損害賠償請求）に関し、いずれにも民訴 734 条の適用を否定する〕）。

3. これに対して、比較法的には間接強制を認めることに積極的であり、この点からの手続法学者（三ケ月博士ら）からの批判もある[198]。
　(1)　わが国の間接強制の起源となった、フランス判例のアストラント（astreinte）は広く認められ、「なす債務」に止まらず、「引渡債務」（種類物引渡、金銭執行の場合。フランス法では、これらの場合は「なす債務」である）でも、肯定されており（山本論文[199]）、事実上フ民 1142 条は、変更されている。
　(2)　また、歴史的に強い強制執行を認めるドイツでは、非代替的作為義務、不作為義務の場合に、強制金・強制拘禁（拘留）が認められ（ド民訴 888 条、890 条）、また、金銭執行、動産の引渡執行の場合にも、財産開示を強制する「開示宣誓（Offenbarungseid）」（1970 年以降は、宣誓に代わる保証（Eidesstattliche Versicherung）（これをしなければ勾留される）が認められる（ド民訴 807 条、883 条 3 項、899 条以下））。
　(3)　英米でも、裁判所侮辱（contempt of court）が、判決に対する間接強制的効果のための手段として、有効に機能している。

（検討）
・従って、民事執行法 172 条の下での解釈としてはやや苦しいが、有力説の如く、民法 414 条の解釈として、「間接強制」をできるだけ積極的に活用する方向で、進めるべきではないか（吉田）。＊わが国では、間接強制への拒否反応が強すぎるし、「人格の自由」論も一般化できない。
　Cf. 家事審判法の履行確保制度（28 条）〔その後、家事事件手続法（平成 23（2010）年法律 52 号）では、289 条、290 条となった〕は、この点で注目さ

---
[198]　三ケ月章・民事執行法（弘文堂、1981）8-10 頁、中野貞一郎・民事執行法（上）（青林書院新社、1983）9-10 頁。
[199]　山本桂一「フランス法における債務の astreinte について」我妻還暦・損害賠償責任の研究（下）（有斐閣、1965）とくに、173 頁参照。

れる。
　——すなわち、「間接強制」は、①代替執行と併行して用いることができ、②また場合により、引渡債務の場合にも認められるべきである（星野41頁参照〔なお、金銭債権の場合は、直接強制（金銭執行）のみだとする〕）。そして根拠としては、414条4項にはそのような積極的な意義を認めるべきである（ボアソナード的な旧民法財産編386条3項的系譜のものとして再解釈する）（吉田）。Cf. 平井248頁、252頁は、当然・無用の規定とするが。

……「直接強制」の方が、人格尊重にかなうという理屈もやや妙であり、むしろ実力行使の仕方としては、その方が強烈である（同旨、星野40頁）。例えば、老朽マンションにおける高齢者の退去執行。

……フランス法における「人格論」とは、いわゆる日本で言う<u>「なす債務」（「純粋な為すこと（merum factum）」）の限定的場合について、現実履行を否定する</u>ための正当化（rationalization）として、出てきた論理であり、それですべて辻褄を合せようとすると無理が出る（森田論文）。

＊フランスでも、それ以外では、もともと他の債務では、強力な債権強化規定があった（前述）。その後の判例でも、間接強制（損害賠償）も広く認めていた。

……引渡債務についても、すべて直接強制とは限らない（種類債権の場合）（とくに英米法の立場）（内田論文以降の議論。これについては前述した〔すなわち、英米法的には、履行強制を一次的なものとして見ず、むしろ例外的な救済方法と見られるし、損害賠償においても、損害軽減義務のような債権者側の信義・合理的行動が求められる〕）。むしろ、「損害賠償」（間接強制）の方が一般的な救済規定である。

・一見、フランス法、ドイツ法の影響を受けているようだが、かなり日本特殊の運用になっている。Cf. 自力執行におけるわが国の限定的立場（Cf. 英米の立場）。

＊近時の契約法統一における履行強制の限界の理解の仕方
　間接強制の認め方が、わが国では、比較法的にウェイトが低かったという点を上記では述べたが、他方で、直接強制も含めて、履行強制の限界はどこまでなのか、という点は、履行強制の位置づけの動揺もあり（この点は、損害賠償

8. 債権の簡易の強制的実現（債権者代位・取消し）

のところで前述している）、必ずしもはっきりしないところはある。

　参考までに、履行強制の限界の設け方についての国際的統一化の動きにおける例を見るならば、①履行が、法律上・事実上不可能である場合、②履行・履行強制が、不合理なまでに困難で、費用がかかる場合、③履行が個人的性格を持ち、個人的関係による場合、④他からの履行を得ることが合理的に可能である場合、④債権者が不履行を知り、知るべきであった時から合理的期間内に請求しない場合などが挙げられる（PECL 9.102；UNIDROIT（PICC）2010.7.2.2 など）。英米式の履行請求への絞り込みの傾向も看取し得ることにも注意を要するであろう。

＊間接強制の範囲拡張に関する最近の改正
　これらの批判を受けてか、民事執行法の平成16(2004)年改正で、ようやく、一定の金銭債権（扶養義務、婚費分担義務等の定期金債権）について、間接強制を導入する改正がなされた（民執167条の15，167条の16）。
　なお、どのような場合に間接強制が認められるかについては、かねて議論がある。例えば、①夫婦の同居義務については、およそ強制履行が許されず、間接強制も許されないとされるし（大決昭和5.9.30民集9巻926頁）、他方で下級審だが、②子の引渡については、原則間接強制によるべきだとしたものがあり（大阪高決昭和30.12.14高民集8巻9号692頁）、③面接交渉〔近年は、「面会交流」と言われる〕については、肯否分かれる（肯定例として、大阪高決平成19.6.7判タ1276号338頁、否定例として、高松高決平成14.6.25家月55巻4号66頁）。また、④名誉棄損の謝罪広告との関係で、慰謝料額との対比で、間接強制金支払請求権の濫用とされたものもある（東京高判平成17.11.30判時1935号61頁〔慰謝料180万円を超える部分の請求異議を認容〕）。

＊不作為債務の間接強制の際の義務違反の事実の立証の要否
　一回的なものであろうが、継続的なものであろうが、不作為債務の間接強制の場合には、義務違反が一旦なされると、強制履行の実効性が薄れることから、その要件の要否が問題とされ、近時（判例）は、そういう場合には、義務違反事態の事実の立証は不要で、「義務違反のおそれ」（高度の蓋然性ないし急迫のものという限定的なものでない）に関する立証で足りる（債権者側が負う）とする

第 2 部　金融取引法（金融債権総論）

（最決平成 17.12.9 民集 59 巻 10 号 2889 頁〔フランチャイズ契約の解約後 2 年間は、競業禁止する旨の条項に関する（「つぼ八」の事例）〕。下級審では、既に東京高決平成 3.5.29 判時 1397 号 24 頁〔マンション建設行為妨害禁止の仮処分を債務名義とする間接強制の申立て事例〕がこの立場である）。

　（学説）は、従来違反事実必要説が多かったが、近時は、こうした不作為債務の特性から事前執行の必要性を説く有力説が多数となり（例えば、竹下守夫「不作為を命ずる仮処分」吉川還暦・保全処分の体系（下）（法律文化社、1965）605 頁以下、中野貞一郎「非金銭執行の諸問題」新・実務民訴法講座 12（新・実務民事訴訟講座 8）（日本評論社、1984）484 頁（改説）他）（なお当初は、竹下・中野両教授とも、「違反の高度の蓋然性」とか「違反危険の重大・明白性」などと絞りをかけていたが、その後の見解は、緩めている）（この経緯については、野村秀敏・平成 3 年重判【民訴 5】解説 136 頁参照）、上記（判例）は、不要説（「違反のおそれ」説）の柔軟な立場によったものである。〔なお、形式的に本場合には、「債務者の不履行」を認めるべきでないとする見解もある（富越和厚・注釈民執法(7)（金融財政事情研究会、1989）201 頁等）が、こういう立場は、（判例）は採っていない。〕機能的に見て、こうした傾向は事前執行の必要性という見地から実際的であり、妥当であろう。

＊仮処分に基づく間接強制で、仮処分が取り消された場合の帰趨
　仮処分命令が債務名義となり、間接強制の執行がなされることもあるが、その場合に同命令が本案訴訟で取り消されたらどうなるか。その場合には、間接強制金は、不当利得になり、返還請求できるとするとするのも（判例）である（最判平成 21.4.23 民集 63 巻 4 号 765 頁）。

【QⅧ－19】強制履行・民事執行の態様について、債務の性質に即して、整理して述べなさい。
　＊民事執行法で、肉付けを図ること。
【QⅧ－20】従来の通説における、間接強制の補充的位置づけについての問題点、その打開策の方途を述べなさい。

8－4－3　訴求・強制履行できない場合──自然債務
(1)　債権の効力の属性との関係での意義
　債権の効力のレベルとして、① 給付保持力（不当利得にならない）、② 訴求可能性、③ 執行可能性（攬取力）があると整理され、①のみあるのを、「狭義の自然債務」、①②のみあるものを「責任なき債務」などと言われ、両者を合わせて、「不完全債務ないし広義の自然債務」とされる。

(2)　自然債務概念の有用性の有無
・自然債務概念の有用性を巡り議論があり、川島博士は、この概念は、ローマ法の obligatio naturalis に由来する沿革的なものであり、今日ではもはや訴求できない場合を個別的に論ずれば足りるとする（川島55-56頁。梅7頁、岡松11頁も類似する（それゆえに、旧民法財産編562～572条は削除された））。
・歴史的には、確かに、ローマ法においては、actio が個別限定的であり（方式の厳格さ）、また取引能力が限定されていた状況下で、社会状況の変化に即応した合理的法秩序形成という意義を有した（例えば、奴隷が契約する場合）。しかし、今日では、事情は異なる。
・比較法的には、非債弁済とならないという意味で、「自然債務」を規定する立法例がある（フ民1235条2項、イ民2034条、また、旧民財産編562条は、履行は「債務者ノ任意ナル」ことを要し、その「良心」に委ね、563条1項で、取戻しはできないとする）。なお、ドイツ法は、「自然債務」とは言わないが、類似の規定を置く（ド民814条〔徳義上の義務にかなう場合〕、762条～764条〔賭博による債務〕、1624条〔父母の嫁資・生計費の供与〕、ド破産法193条〔強制和議免除の場合〕）。

　（通説）は、訴求できないが、不当利得（非債弁済）にならないというカテゴリーの債務を指すタームとしての整理概念として、「自然債務」を捉えている（末弘43・44頁、我妻旧版66-71頁、新版[86]、於保73頁、石田論文[200]。その後のものとして、星野31頁、平井254頁など）。

---

[200]　石田喜久夫・自然債務論序説（成文堂、1981）とくに201頁。

(3) 自然債務の諸場合

なお、批判説を踏まえた個別的検討を、具体例に即しつつ行う必要があろう（これを促したところに、批判説の意義がある）。

Cf. 不執行の特約・合意──（判例）は、有効とする（大判大正15.2.24民集5巻235頁〔執行異議によるべきだとする〕）。

① 徳義上任意に支払う旨の特約ないし、それに準ずる特殊の事情がある場合（大判昭和10.4.25新聞3835号5頁【5】（初版）石田（喜）〔カフェー丸玉女給事件〕）。……ケース・バイ・ケースだが、一般論として、効力は弱い。

② 消滅時効が援用された債務（なお、民法508条の適用のためには、消滅前には相殺適状であることを要する）。……良心性の問題も絡む。

③ 不法原因給付（良俗違反の場合の給付）またはその返還。……不法原因に基づいては、債務はいかなる意味でも設定されない（自然債務の余地はない）ともされる（石田（喜）、星野31頁、奥田上93頁など）が、返還債務については、任意返還を拒むこともないとされる（その限りで自然債務である）（奥田・注民（10）198頁）。──この場合には、不法性の大小如何では、訴求力が認められることもあるのであり、かなり効果は強いこともある自然債務であろう（吉田）。

④ 利息制限法の超過利息債務……（判例）の展開により、自然債務の余地はなくなったと言えるが（奥田・前掲、星野31頁）、その後、貸金業法の「みなし弁済」規定（43条）がある頃は、訴求力があったが、再度それも無くなった。──③の場合と類似するが、近時のこの領域は、強行規定実施の姿勢が強いので、ゼロないし弱いと見るべきだろう。

⑤ 近時、注目を集めているのは、強制連行（奴隷労働）等の戦後補償領域での、条約の免責条項（請求権放棄条項）による訴求力否定の処理事例（最判平成19.4.27民集61巻3号1188頁〔西松建設中国人強制連行事件〕）。……国際法の捉え方の変化にも関係する（国際人権法という見方をすると、従来の国家単位の処理方式が崩れる）し、実際に、最高裁判事自ら和解を進めたりしていて、その実践例もある[201]ので、自然債務の類型の中でも相当に規範性は強いと

---

[201] 補償和解の特質の分析としては、吉田邦彦「中国人強制連行和解の現状と課題」同・都市居住・災害復興・戦争補償と批判的「法の支配」（有斐閣、2011）第7章（初出、書斎の窓588～590号（2009））参照。

いうことができよう（吉田）。
⑥　その他、債権は存在していながら、債権者敗訴判決の確定の場合、勝訴終局判決後の訴え取下げの場合（再訴禁止（民訴262条2項〔旧規定237条2項〕）と関係し、中野・上108頁、奥田前掲は、自然債務の余地を限定する）、破産手続きで免責、和議で一部免除された場合（保証人、物上保証人には、その効力は及ばない）（破産法253条2項〔旧規定366条ノ13, 326条2項〕）、和議法57条〔2000年で廃止後は、民事再生法235条7項〕が問題となる。

（検討）
・整理概念として、認めることは問題ないのではないか。
・さらに、同概念には、規範的意義があろう。——すなわち、「法と道徳」とは融合的に理解すべきであり（同旨、星野31頁）、その意味でも、道義的要素〔良心的義務〕(devoir de conscience) に、積極的な法的評価を与えるような、このレベルでの分析は、肯定的に受け止められるべきであろう（吉田）。……なお、カルボニエ教授は、扶養義務なきものの扶養、賠償義務なき者の賠償、不当利得返還義務なき者による返還等の自然債務の基礎付けを検討していて興味深い。すなわち、同教授の場合には、一方で自然債務は、良心義務というリペール的捉え方ができる場合と、他面で道義的義務に反する自然債務というサバティエの指摘も踏まえて、さらにイタリアのオッポ教授の考え方〔実定法は、自然債務概念により、他の規範秩序を考慮するとする〕をも加味する。——そして、自然法を前に出して、自然債務を「新たな世紀の法に基づく債務」「刷新・進歩の友」だとしており[202]、示唆的であろう。

---

(202)　Voyez, Jean Carbonnier, Droit Civil 4 Les Obligations (10e éd.) (P. U. F., 1979) n°3, p. 24-25. 引用されるオッポ文献は、Oppo, Adempimento e liberalida (1947) である（未見）。もちろん、そこにおけるリペール文献は、Georges Ripert, La règle morale dans les obligations civiles (L.G.D.J., 1925) n°s186 et suiv. であるし、他方で、サバティエ文献とは、René Savatier, Des effets et de la sanction du devoir morale en droit positif français et devant la jurisprudence (U. Poitier, 1916) である。

第 2 部　金融取引法（金融債権総論）

> 【QⅧ−21】自然債務概念を立てることには、意味がないのか、意味があるとしたらそれはどのようなものかを検討しなさい。

9．人的担保（対人担保）——多数当事者の債権債務関係

9−1　序——人的担保と物的担保　＊詳細は、担保物権法講義録を参照。
(1) 人的担保・物的担保の比較
・両者の対比というのは、フランス民法・旧民法〔債権担保編参照〕的な捉え方である。……(i)人的担保——保証が代表。その他、連帯債務（例えば、民法719条、761条）、不可分債務、併存的債務引受け。

　(ii)物的担保（担保物権）——法定担保物権（留置権、先取特権）、約定担保物権（抵当権が代表。その他、質権、さらに、非典型担保（譲渡担保、所有権留保、仮登記担保、相殺予約など）。

・両者の利害得失の比較。
……　①(ii)においては、特定の物から優先弁済を図るために、確実性があるのに対して、(i)では、債務者の数を増やすことによる担保であり、当該債務者の資力にかかり、リスクも大きく、一般的には、(ii)に劣る。しかし反面で、設定や実行も容易で、費用・手数が少なく、簡易に弁済が得られるというメリットがある。

　②また、(ii)には限界があり（担保対象の限界）、それ以外には、(i)を利用することになる（とくに、中小企業に対する金融や消費者金融において意味を持つ）。

　③さらに、(i)においては、とくに個人保証においては、(ii)と異なり、全財産が対象となり、保証人保護という問題が出る（例えば、身元保証法（昭和8(1933)年法律42号））。＊なお、この点で、平成16(2004)年に法改正がなされた（民法446条2項、3項〔要式行為化〕、465条の2〜465条の5〔貸金等根保証契約規定〕の新設）。

(2) 担保の性質

① 人的担保、物的担保共通のものとして、──(i)付従性（本来の債権がなければ、担保がないというもの。保証につき、民法448条参照）、(ii)随伴性（本来の債権とともに、移転するというもので、(i)のコロラリー。但し、根抵当等の場合には、否定される（民法398条の7参照））。

② 保証の場合。──(iii)補充性（主たる債務が履行されない場合の二次的債務）。これに基づき、保証人には、催告・検索の抗弁権（民法452条、453条）がある。但し、実際には、その抗弁権が認められない連帯保証（民法454条）がほとんどであることに注意を要する。

③ 担保物権の場合──(iv)不可分性（債権の全部につき、弁済を受けるまで、担保物全体を把握し、権利行使ができるというもの（民法296条、305条、350条、372条参照））、(v)物上代位性（担保目的物の滅失・棄損などで、他の権利に変形した場合に、担保物権（先取特権、質権、抵当権）はそれにも及ぶというもの（民法304条、350条、372条参照））。

【QⅨ-1】人的担保と物的担保を比較して、前者の利害得失を述べなさい。
【QⅨ-2】担保の性質を論じなさい。

❖因みに──この領域は、富井政章博士が起草担当部分であり、規定は詳しく規定されていてそれが特徴ともなっている。その結果、他方でそれらの詳細規定の全てがその後の判例で問題とされて、重要というわけでもない。細かな字句内容を学ぶのも楽ではないかもしれないが、そこにはこうした担当起草委員のやや例外的特質が出ているという背景も考慮されたい。なお、近時の債権法改正も、「詳しく規定すれば市民の明確なルールになる（市民のためになり、わかりやすくなる）」というモットーで動いているが（例えば、内田貴・民法改正（ちくま新書）（2011）92頁参照）、果たしてそうなのか。現行民法典起草時のできるだけ簡明に無駄なく規定するという方針（法典調査会「法典調査ノ方針」参照）にもある種のエスプリがあるように思う。

第 2 部　金融取引法（金融債権総論）

9 - 2　保証債務（民法 446 条以下）
9 - 2 - 1　保証契約（債務）の成否（要件）

① 保証契約は、債権者と保証人間でなされる。

　Cf. 保証委託契約（これは、主債務者と保証人間でなされる）。これがなくとも、保証債務は、成立しうる。——表見代理の成立で、保証債務を負うこともある。

・従来、無償・片務・諾成契約で、認定は慎重に行うとされていた。諸外国では、書面が要求されることが多く（ド民 766 条。スイス債務法 493 条では、公正証書により、配偶者の同意も要求する。フランスでは、手書きまで要求する〔消費者法典 341-2 条、341-3 条、賃貸保証につき、1994 年 7 月 21 日法律〕）、近時わが国でも書面が要求されるに至った（平成 16(2004) 年改正による、民法 446 条 2 項。電磁的記録でもよいとされる（同条 3 項））。

　＊なお、手形保証〔主債務者の振出手形の裏書き〕で、必ずしも、民法上の保証契約が認められるとは限らない（判例）（最判昭和 52.11.15 民集 31 巻 6 号 900 頁〔肯定〕、同平成 2.9.27 民集 44 巻 6 号 1007 頁〔否定〕）。

② 主債務の存在……付従性から。

・それが、無効・取消の場合には、付従性から、原則として保証債務は、不成立となる。Cf. 連帯債務の場合には、異なる（民法 433 条）。

・例外的に、保証人が悪意の場合〔その認識がある場合〕には、保証債務が成立する（449 条）（無能力による取消原因について。——これに対して、詐欺・強迫については、知っていても、本条の推定は働かない〔つまり、保証債務も消滅する〕とされる（通説）（そうでないと、「詐欺強暴を奨励することになる」からと言われる（民法修正案理由書 373 頁参照））。

　＊もっとも、「債務者側の詐欺」の場合には、民法 449 条を類推適用して、債権者保護を図るべきだとの有力説もある（内田 346 頁）。さらに、その場合には、保証債務の範囲の問題として、善意悪意を問わずに、保証人の責任があると解すべきだともされる（中田 474 頁）。——「債務者の詐欺」と「債権者の詐欺」との状況の相違に留意すべきであり、この点で、これを明確にしている後説に従いたい（吉田）。

・その場合〔主債務が、無能力により取り消すことができる場合〕に、保証人に

9．人的担保（対人担保）

履行請求があった場合に、取消権行使はできない（これが（判例）であることは後述する）が、履行拒絶できるとされる（通説）（我妻[677]、柚木＝高木297頁、於保270頁、星野186頁、平井311頁、淡路382頁）（なお、主債務者が追認した場合は別である）（ところで、立法者は、民法120条の「承継人」に保証人も当たるとしていた（梅147頁））。

（検討）
　実質的に立法者意思と近いことをやや捻じれた形で達成しているが、この解釈論は、ドイツ法を基にしており（ド民770条1項及び合名会社の社員責任規定（会社法581条2項〔商法旧規定81条2項〕）参照）、一種のミニ「学説継受」的法解釈であろう。大差はないが、立法者に素直に、保証人の取消権構成（前田論文[203]）でよいのではないか。

・なお、「不履行」の文言は、無視すべきだとするのが（通説）（我妻[641]他）である。……責めに帰すべからざる事由につき、保証債務を負わせるのは苛酷であるとの判断からである。フ民2012条、旧民法債権担保編9条、25条2項には、そのような文言はない。

> 【QⅨ-3】民法449条に関して、その射程がどのように限定されているかを説明しなさい。

9-2-2　債権者と保証人との関係（効果その1）（民法446条）
（1）　カバーする対象（民法447条）
・主債務の利息、違約金、損害賠償、その他、従たるもの（訴訟費用等、各種費用）も。
・さらに、（判例）は、契約解除における原状回復義務にも及ぶとする（最大判昭和40.6.30民集19巻4号1143頁【24】、法協83巻2号淡路〔売買の解除の事案〕。さらに、最判昭和47.3.23民集26巻2号274頁【29】（2版）、法協90巻9号米倉

---
[203]　前田陽一「取消・追認と保証をめぐる一考察」立教法学36号（1992）。

第2部　金融取引法（金融債権総論）

　　〔請負の合意解除による前払い金返還債務に関する。実質的に、解除権行使による返還債務より重くなければ、特段の事情なければ、保証債務を負うとする〕）（Cf. それ以前は、解除の遡及効・不遡及効を問題にし、前者ならば、及ばないとしていた。後者としては、賃貸借解除の場合の目的物返還義務等が考えられた）。
　　……（通説）（我妻[651]、於保264頁等）の見解を容れたもの。
- 他方で、契約無効の場合の不当利得返還請求権については、付従性原則から、カバーしないとする（最判昭和41.4.26民集20巻4号849頁【Ⅰ-7】、法協84巻4号〔員外貸付け（消費貸借）の事例〕）。

（検討）

- 保証人の負担と債権の担保（債権者の利益・期待）との調整の問題であり、原則論・性質論からではなく、保証契約の解釈・趣旨から考えて、いずれの場合もカバーしていると見るべきではないか（吉田）（同旨、星野179頁。近時では、近江234頁、内田344頁）。……ここには、法解釈論のアプローチとして、演繹的な概念論重視か、帰納的な機能主義的解釈をするかの相違も反映しているようである。上記（判例）には、前者の色彩がある。しかし、「付従性原則」は原則とは言え、《整理概念》ではないか。根本には、個別の場合の担保のありようにかかることを再認識すべきである（例えば、免責的債務引受けで、保証債務がある場合に随伴性がないのは、帰結論的に人的担保のあり方として随伴性を認めるべきではないからであり、論理を逆転させてはならないであろう）。

　　＊なお、保証債務の成立のためには、主債務が代替債務であることを要するのかということも問題とされ、（通説）は、主債務が不代替的な場合には、不履行による損害賠償に変ずることを条件として、保証債務は効力を生ずるとした（我妻[642]他）。……これも、保証契約の解釈問題であり、広く行為債務についても、保証は成立し得るとしてよい（平井307頁、淡路385頁、内田348頁）。

9.　人的担保（対人担保）

> 【QⅨ-4】主債務者の不当利得返還義務につき保証人の債務はカバーするかについて、解除と無効とで、使い分ける判例の立場は説得的かを検討しなさい。

(2)　**保証人固有の抗弁権**（民法452条、453条）
・実際には、連帯保証がほとんどであり、あまり意味がない（民法454条参照）。

(3)　**主債務との関係──存続（内容）における付従性**（民法448条）
……主債務の限度に、目的・態様を減縮する。例外的に、保証債務だけ、違約金・損害賠償額の予定をすることができる（民法447条2項）。履行する限り、支払わなくてもよいから、保証人の負担を増やさないからとされる（梅143頁）。
・一部保証の場合。──残債務ある限り、その一部保証額まで保証人に支払わせる趣旨と解するのが、（通説）（我妻〔649〕、奥田392頁など）である。
　例えば、100万円の主債務で、50万円の保証をした場合に、30万円の主債務弁済があったときには、単にあと20万円ではなく、（残額は、70万円であり）さらに50万円支払わせる。
・付従性ゆえに、主債務の帰趨に連動する（主債務に関する抗弁の問題）（前述したところもある）。
　……① 不成立、無効の場合。
　　　（判例）は、付従性原則を優位させているが、（学説）では、それに反対する見解（星野教授ら）が有力であることは前述した。
　……② 取消しの場合（民法449条の前提）。
　　　（判例）は、保証人による取消権行使を否定する（大判昭和20.5.21民集24巻9頁〔無能力に関する〕）が、（学説）は、それに反対するものが多い。もっとも、民法120条との関係で、取消権は行使できないが、取消原因を主張・立証して、履行請求を拒絶できるとする（追認されない限りで）（前述したところを参照）。──民法120条の解釈問題で、立法者は積極説であり、実質大差ないものの、本来の立場の変容がなされていることに注意してお

こう（前述）。
……③時効援用。

「時効の利益の放棄」との関係で相対的効力と解するのが、（多数説）で（前田362頁、平井311頁など）、援用の良心規定性からも、それによるべきであろう（吉田）（もっとも、（判例）は、付従性を論拠としている（大判昭和7.6.21民集11巻1186頁〔保証人のみ、消滅時効を援用した事例〕）。しかしこれは論理的にもおかしいのではないか）。

	(i)	(ii)
A（主債務者）	放棄	援用
B（保証人）	援用	放棄
	↓	↓
	Aのみ。	Bのみ。

＊上記(ii)の場合に、保証人が弁済すると、求償ができるかも問題になりうる。相対効的解釈からは、「できない」のが原則となろうが、保証人の事前の通知（民法463条1項、443条1項）にも拘らず、主債務者の適切な対応がなく、時効完成を知らなかった場合には、「求償ないし賠償を請求できる余地がある」（この点は、山田（誠）・金法1428号（1995）21頁、潮見Ⅱ465頁、中田481頁）。

……④相殺（民法457条2項〔主債務者の債権による相殺〕）。Cf. 連帯債務の場合──その負担部分についてのみ、相殺援用ができる（民法436条2項）。法律関係の簡易な決済、保証人の保護を図ったもの。

Cf. 付従性のない場合。──損害担保契約など。……民法449条の場合はそれ。

【QⅨ-5】付従性原理からの、保証人による主債務に関する抗弁の主張について、保証契約の中身の問題として、批判的に再検討しなさい。

9-2-3　主債務者と保証人との関係（効果その2）
(1)　保証人から主債務者への求償
・民法は、①委託を受けた保証人（民法459条～461条）、②委託を受けない保証人（民法462条1項）、③主債務者の意思に反する場合（民法462条2項）に分けて規定する。……事務処理費用に関する一般規定（委任の場合、民法650条、事務管理の場合、民法702条〔有益費用等（1項、2項）、意思に反する場合、現存利益の限度で（3項）〕）を、ヨリ詳しく規定し直したもの。

（相違点）
1. 求償権の範囲の広狭。
   ・①の場合。……完全な求償。さらに、法定利息、費用、損害賠償（民法459条2項〔442条2項の準用〕）。──これに対する特約もできる（昭和59年最判前掲）。これに対するチェックは、今後の課題である。
   ・②の場合。……弁済当時の利益を受けた限度で（民法462条1項）。
   ・③の場合。……現存利益の限度で（民法462条2項）。
2. 求償権の事前行使の有無（民法460条）。──①の場合にのみ認められる。
   Cf. 民法649条〔受任者の費用前払請求権〕。
   　　1号　主債務者の破産開始決定を受けたのに、債権者が、破産財団の配当に加入しないとき。
   　　2号　債務が弁済期にあるとき。
   　　3号　債務の弁済期不確定で、かつ最長期も確定できず、保証契約後10年経過したとき。
   　　　　　（さらに、過失なく債権者に弁済すべき裁判の言い渡しを受けた時も問題になる（民法459条）。）
・この場合に、主債務者は、(i)求償に応じて、保証人に対して、担保提供させ、自己（主債務者）を免責させるか（民法461条1項）、(ii)求償に応ぜずに、自ら供託し、担保提供し、保証人を免責させる（民法461条2項）ことができる。
・なお、求償権につき担保設定されているとき（機関保証では多い）には、求償権の事前行使はできないとされてきた（多数説）（我妻[690]、平井317頁）。

第 2 部　金融取引法（金融債権総論）

＊民法 460 条の存在意義の再検討

　伝統的には、民法 460 条は、費用の前払請求権ないし事後求償権の確保という見地から理解されたが（上記解釈論のその帰結である）（我妻前掲箇所、奥田 405 頁等）、近時は、本条の沿革的なフランス法的な解釈から、再検討が進められ、一定の事由の場合の保証人の負担からの解放〔信用供与期間の終了による免責・清算請求〕の規定だと再解釈されるようになっている（國井論文以降[(204)]）に、留意しておきたい。――こういう再解釈からは、上記のように事前求償権の行使の制限をかけることに慎重になるということになるであろう。

・また、委託を受けた物上保証人には、本来不適用だとされる（判例）（最判平成 2.12.18 民集 44 巻 9 号 1686 頁【42】（5 版）、法協 109 巻 4 号米倉〔本件は、民法 460 条 2 号（債務の弁済期到来）を問題とする〕）。……根拠としては、(a) 物上保証人の求償に関する民法 351 条（372 条で準用）は、事後求償を規定するだけとし、(b) 物上保証は、――保証が事務処理の委任に対して――物権設定行為の委任であり、また求償権の範囲も確定できない点から、民法 460 条の類推適用はできないとする。

（検討）

　しかし、この理屈付けは、必ずしも説得的ではない。利益状況の類似性からして、類推適用してもおかしくない（同旨、米倉評釈）。もっとも、抵当権者との関係で、抵当権の効力を弱めないように、民法 461 条 2 項の適用には慎重を要する（鳥谷部【44】（4 版）解説）。――この点を危惧して、不適用になったのであろうか（吉田）。

3．主たる債務者の通知義務の有無――①の場合のみある（民法 463 条 2 項）。

　[(204)]　國井和郎「フランス法における支払前の求償権に関する一考察」阪大法学 145＝146 号（1988）、高橋眞・求償権と代位の研究（成文堂、1996）57 頁以下、福田誠治・保証委託の法律関係（有斐閣、2010）。

【QⅨ-6】保証人と主債務者との求償規定を、委任・事務管理の一般規定と比べて、その特徴を指摘しなさい。
【QⅨ-7】事前求償権の制度理解はどのように変化しているかを述べ、それがどのような意味を持つのかを検討しなさい。

(2) 求償権の制限——事前・事後の通知義務を保証人が怠った場合（民法463条1項—— 443条1項、2項の準用）。
……二重弁済の防止（事後通知義務）（民法443条2項関連）、相殺の期待の保護（事前通知義務）（民法443条1項関連）。
〔なお、主債務者については、事後通知義務を、委託した保証人に対して負うこと（民法463条2項）は、前述した。〕

(3) 主債務者複数の場合（連帯債務、不可分債務）の一人だけ保証した場合。——他の債務者への負担部分の求償権の創設（民法464条）。
……求償関係の簡易な決済。Cf. 旧民法時には、代位弁済構成で、他の債務者に対しても、全額求償ができるとしていた（債権担保編37条）。

9-2-4 保証の特殊形態
(1) 連帯保証（民法454条）
実際に多い。商行為の場合には、常にそうなる（商法511条2項）。
・単純保証との相違点。
1. 催告・検索の抗弁権の不存在（民法454条）（非補充性）。
2. 連帯保証人に生じた事由の主債務者への効力（民法458条）。＊逆については、付従性ゆえに、単純保証でも言える。
　……具体的に意味があるのは、履行請求による時効の中断（民法434条の準用）くらいである。
　Cf. ①負担部分を前提とする規定（436条2項〔相殺〕、437条〔免除〕、439条〔時効〕）は、準用の余地がない。また、②相殺（436条1項）、更改（435条）により、主債務が消滅することは、単純保証でも言えることである（準用

第 2 部　金融取引法（金融債権総論）

を待たずともよい）。

Cf. 連帯保証債務の物上保証人に対する抵当権の実行の場合。——主債務の消滅時効の中断事由にはならないとする（判例）（最判平成 8.9.27 民集 50 巻 8 号 2395 頁、重判【民 2】山野目〔抵当権の実行としての競売手続の進行は、民法 147 条 1 号の「請求」には当たらないとする。なお、河合補足意見では、民法 153 条の暫定的中断効を認めるが、本件では、それも失われているとする〕）……捉え方がやや狭すぎるように思う（民法 147 条 2 号によれないことがネックになっている（吉田. 金法 1469 号座談会参照）。

　これに対して、直接の被担保債権との関係では、「競売開始決定の正本が債務者に送達された時」に中断効が生ずる（判例）（最判昭和 50.11.21 民集 29 巻 10 号 1537 頁、同平成 8.7.12 民集 50 巻 7 号 1901 頁）。

3. 連帯保証人が複数の場合（共同連帯保証の場合）、「分別の利益」がないとされる（通説）（我妻〔709〕他）（判例）（大判大正 6.4.28 民録 23 輯 812 頁、同大正 8.11.13 民録 25 輯 2005 頁）。

　……この点は、必ずしも明らかではないが、既に慣習となっており、支持してよい（星野 193 頁）（ス債 497 条 2 項は、この点明言する）。

(2)　共同保証（保証人が複数の場合）

・実際には、共同連帯保証が多い。

Cf. 単純共同保証の場合には、「分別の利益」（平等割合での保証債務分割）（民法 456 条）があるとされる（民法 427 条の準用）。——なお、「各別の行為により債務を負担したときであっても」とあるのは、そのときには、保証人は、自分は全額について保証したものと信じていることも多く、「分別の利益ない」と考えるからも知れないから、確認規定を置いたわけである（梅 167 頁参照）。

　……ローマ法以来の個人主義的制度である（それは、フ民 2025 ～ 2027 条、ス債 497 条に承継されたが、ドイツ民法 769 条は従っていない（保証連帯とする））。

　……これに対しては、債権者の地位を弱めるとして、概ね批判的であり、民

9. 人的担保（対人担保）

法456条は制限的に解釈されている。すなわち、多くの場合に、① 共同連帯保証、② 保証連帯（特約により、全額弁済すべき義務を負う場合）、③ 主債務が不可分（その場合には、「分別の利益」はないとされる）として、「分別の利益」を認めない方策が採られている（実際には、①が多い）。

・求　　償
  1) 主債務者への求償ができることは、当然のことである。
  2) 共同保証人相互の求償につき、民法465条による。……① 分別の利益のない場合（465条1項）→民法442〜444条〔連帯債務者間の求償〕の準用。② 分別の利益がある場合（465条2項）→民法462条〔委託を受けない保証人の求償〕の準用。＊なお、ここでの「負担部分」は、通常のそれとは異なり、あくまで共同保証人間レベルの「分別の利益」とリンクして用いられる「負担部分」で、特約なければ、頭割りされたものである（〔本来の意味の〕究極的な、各自の「負担部分」は、ゼロである。）。

【QⅨ－8】共同保証における「分別の利益」を説明しなさい（その歴史的背景にも言及し、そこにおける「負担部分」が通常の意味のそれとどう違うかも説明しなさい）。また連帯保証の場合には、これがどうなるかも説明しなさい。

(3) 根保証〔継続的保証〕
……(i)信用保証（継続的取引の保証）、(ii)賃貸借の保証、(iii)身元保証（昭和8 (1933)年特別法「身元保証ニ関スル法律」）。
……保証人保護の問題であり、リスクに関する債権者と保証人との間での分配。——通常予想される範囲を超えるリスクは、債権者が負担するとされる（判例）。

(問題点)
1. 保証人の解約権
・期間の定めなきときには、相当期間経過後に解約でき（通常解約権）、また

主債務者の資産状態の悪化等事情変更あるときには、――期間の定めの有無を問わず――直ちに解約できる（特別解約権）とされる（大判昭和7.12.17民集11巻2334頁〔前者〕、同昭和9.2.27民集13巻215頁〔後者〕）。

- もっとも、(判例) は、必ずしも単純に二分しておらず、両者〔①相当期間の経過、②信頼関係の破壊〕ミックスして（さらに、③解約相手方の損害の程度も考慮する）、考量している（最判昭和39.12.18民集18巻10号2179頁【25】）。〔以上は、(i)の場合。〕
- これに対して、(ii)の場合には、特別解約権のみ認められる（大判昭和8.4.6民集12巻791頁、同昭和14.4.12民集18巻350頁――相当期間にわたり、しばしば賃料不払（漫然賃貸継続）等）（これに対して、大判大正5.7.15民録22輯1549頁、同昭和7.10.11新聞3487号7頁――単なる「相当期間」の経過だけでは解約できないとする）。

2．責任の限定

- 限度額があれば、そこまでに限られ（大判大正15.12.2民集5巻769頁）（最高裁判決はない）、ない場合でも、「取引通念に相当な範囲」に限られる（大判大正15.12.2民集5巻769頁）（通説）。
- 身元保証法の限定は後述する。

3．相続性の有無

- (判例) は、ケース・バイ・ケースであるが、原則として否定される（(i)につき、最判昭和37.11.9民集16巻11号2270頁【84】（家族判百（4版））、(iii)につき、大判昭和18.9.10民集22巻948頁（最高裁判決はない））（これは（通説）（西村博士[205]ほか）でもある〔責任の過重性、苛酷性から〕）。
- これに対して、(ii)（賃貸借保証）の場合には、肯定されている（大判昭和9.1.30民集13巻103頁、同昭和12.6.15新聞4206号7頁）。……(i)(iii)ほどには、責任が広汎に及ばないことを理由とする。

（検討）

- そう簡単に、(ii)と(i)(iii)とを区別できるか。程度問題であろうが、相対的に、額が低いということであろうか。（これに対する例外は、後述する。）

---

(205) 西村信雄・身元保証の研究（有斐閣、1965）334頁以下。

9. 人的担保（対人担保）

- 他方で、「相続性の有無」を、ケース・バイ・ケースとしてよいのかどうかという問題（基準の不明確性の問題）がある。
  →ある程度、性質論・保証人と主債務者との関係の特質等、かからせる必要があるのではないか（かと言って、性質論〔専属的性質の有無〕からだけで、単純に判定することはできないが）（吉田）。

4. 身元保証法（昭和 8 (1933) 年法律 42 号）上の規制。……片面的強行規定（6条）。〔(iii)の場合。〕
- 期間制限（1条、2条）。——5年まで（期間の定めがないときには、3年）。
- 一定の場合〔不誠実・不適任な事跡等〕の、使用者の通知義務（3条）。——その通知を受けた場合の、保証人の解除権（4条）。
- 保証責任の限度。——裁判所が、一切の事情〔使用者の監督状況、身元保証の経緯、被用者の任務の変化等〕を斟酌して、裁量で決める（5条）。
- 相続性否定（前述）（もっとも、保証人死亡時に具体化していた場合は別とするのが有力である（奥田419頁））。
- 身元保証人複数の場合の相互の求償関係。
  　（判例）は、各保証人につき、法5条により定まる賠償額の合算額が、主たる債務額を超える場合には、各保証人の賠償額の割合により案分した額を、各自の負担部分とする共同保証関係が成立し、民法465条1項により、負担部分超過額につき、他の保証人の負担部分を限度に求償できるとする（最判昭和60.5.23民集39巻4号972頁〔身元保証人の一人であるXが360万円支払い、他の身元保証人Yに求償したという事例。もっとも、本件では、Yの賠償すべき額は、Xのそれを格段に下回り、合算額は主債務額に達せず、Xは求償できないとする〕）。

（検討）
- ここでの「負担部分」は、共同保証人相互のそれであり、通常のそれとは異なる（これについては、前述）。
- 求償できる範囲を、連帯債務者相互間の場合〔ここでは、負担部分割合によっている（民法442条に関する（判例））〕よりも、限定しているが、同様に扱う余地はある（負担の公平を重視すれば）。また、「賠償額の合算額が、主

債務額を超える場合」に限定する理由もよくわからない（吉田）。→むしろ、求償を絞りたいのであれば、他の法律構成もあるわけで、例えば、Ｙの保証債務の免除がなされており、その場合に、民法437条、458条と違い、ここでは絶対的効力はないという構成が採れるのではないか（吉田）。

5. 賃貸借の保証
・多くの場合には、それほど多額にならない（不払いがあれば、賃貸人は解除するから）。しかし、損害賠償の方は多額になりうる（例えば、最判平成17.3.10判時1895号60頁〔土地の無断転貸人（賃借人）が、転借人が不法投棄した産業廃棄物（コンクリート、ビニール、廃プラスチック、解体資材）の撤去義務を、転借人の連帯保証人である転貸人（賃借人）を負うとする〕）。
・なお、契約更新後の賃貸借をもカバーするのが通常だが、不払いにつき賃貸人が保証人に通知せず、いたずらに更新させていた場合には、信義則違反となるとする（判例）（最判平成9.11.13判時1633号81頁）。

☆（こぼれ話）留学生の賃貸保証のトラブル
　かつて、北大法学部で、留学生が長期間賃料不払いのまま逐電して、保証人である指導教員（今でもこういう扱いになっている）に請求がきたことがあった。教員個人に支払わせるのは酷で、確か法学部で支出するというようになったように記憶する。なお今では、留学生も激増したので、制度化されて、留学生センターが、こうしたトラブルに備えて、自家保険類似の形で対応することとなっている。

6. 貸金等根保証——内容適正化を図るために、平成16（2004）年改正（民法465条の2〜465条の5）[206]。
　　……背景として、中小企業の倒産による債務保証の包括根保証人の生活破綻により、再生の機会が失われていることから、一定類型の保証人の保護を図った。

---

[206] 吉田徹＝筒井健夫編著・改正民法の解説（商事法務、2005）3頁以下、野村豊弘ほか「（座談会）保証制度の改正」ジュリスト1283号（2005）、平野裕之「保証規定の改正について」法学教室294号（2005）。

9．人的担保（対人担保）

- 保証人は、個人（民法 465 条の 2 第 1 項）。
- 貸金及び手形割引による債務だけ。Cf. 売買代金、不動産賃貸借の賃料は対象外（同条項）。
- 極度額を定める必要があるとする（なければ、効力がない）（民法 465 条の 2 第 2 項）。それについては、書面による（そうでないと根保証契約は無効になる）（同条 3 項）。
- 元本確定期日〔根保証契約から長くて 5 年（期日の定めなき時は 3 年）（更新時も 5 年まで）〕の到来（民法 465 条の 3）又は、元本確定事由の発生（民法 465 条の 4）で元本「確定」。──確定した元本及びその利息・損害金などについてのみ、保証債務を負う（その後の主債務の元本が保証されない）。
    *確定前の債権者の履行請求の可否、保証人が履行したときの極度額の変更について、見解が分かれる（有力説（山野目教授[207]）は請求を認め、履行の場合に極度額はその分減額されるとする）。
- 保証人の解約権（前述）には変更はない（吉田＝筒井・前掲書 45 頁以下）。
- 根保証の確定前の随伴性について、否定説が有力である（中田 499 頁）。
- 法人が、根保証人の場合に、その求償権につき個人を保証人とする契約があるときには、同様の規律に服させる（民法 465 条の 5）。

*貸金業法上の規制──保証人に対する情報提供（1999 年、2003 年、2006 年改正）
　貸金業法は、保証契約の内容として、保証期間、保証金額、保証範囲、連帯保証の趣旨について、保証人に書面で交付する必要があるとされる（16 条の 2 第 3 項、4 項）（1999 年改正）。さらに、極度方式以外では、貸付金額、貸付金額、極度方式では、極度額も（17 条 3 項以下）。──違反したら罰則（罰金、懲役刑）を受ける（48 条 1 項）（2003 年改正）。

【QⅨ-9】根保証における重要な問題点を概説的に説明しなさい。
【QⅨ-10】近時の貸金根保証の改正の背景及び変更点を述べなさい。

---

[207] 山野目章夫「根保証の元本確定前における保証人に対する履行請求の可否」金法 1745 号（2005）。

9-3　連帯債務（民法432条以下）・不可分債務（民法430条）
9-3-1　適用場面・社会的機能
(1)　機能の不明瞭さ

・連帯債務制度の機能は、必ずしも明らかではない。——債権の担保としては、圧倒的に連帯保証が用いられている。

・わが民法の連帯債務は、フランス法系のそれであり（すなわち、《フランス型＝共同連帯》、《ドイツ型＝単純連帯》である）、元来共同体・共同関係（団体的関係）を前提としており、絶対的効力事由が多く（民法435～439条）、担保的効力を弱めている（これに対して、ドイツ法、スイス法のそれは、わが国の不可分債務〔430条、429条2項〕に近い）。→そこで、不真正連帯債務（全部義務）の議論が出る（旧民法債権担保編73条に規定する）（これ自体は、不法行為法等で、しばしば登場する）。しかし、連帯債務自体は、あまり大きな社会的作用を持っていない（共同事業は、「法人」によることが通例である）。

　　Cf. なお、債務が共同相続されると、分割債務になるとされる（民法427条）（判例）（最判昭和29.4.8民集8巻4号819頁〔不法行為による損害賠償債権〕、同昭和34.6.19民集13巻6号757頁〔連帯債務〕）。……相続人間の団体性を考慮して、学説上は、合有債務とするのが有力だが、（判例）は個人主義的扱いをしている。
　　＊詳細は、家族法参照。

(2)　アプローチの仕方

・従来は、連帯債務の性質を一義的・統一的に説明しようと腐心された（例えば、「主観的共同関係」説〔共同生活・共同事業等の社会的実態に基づく理解〕（例えば、我妻[577]）、「相互保証」説〔「負担部分」を超える部分は、相互に他の連帯債務者の保証人的立場に立つとする理解〕（山中論文[208]、於保234頁など））が、今日では、問題となっている法律関係の実体に即して、連帯債務を考えてゆくというアプローチが有力になっている（淡路論文[209]ほか）。→実体にふさ

---
(208)　山中康雄「連帯債務の本質」（石田（文）還暦）私法学の諸問題（有斐閣、1955）。さらに戦前の中島玉吉「連帯債務ノ性質ヲ論ス」法學志林13巻8＝9号（1911）も参照。

わしい規定を適用せよとする。それにより、「連帯債務」と「全部義務」とは、連続的な関係に立つこととなる。

(検討)

「実体」を見れば、解決策が得られるように考えるのは、哲学上の「対応説」風（例えば、一時期風靡した論理実証主義がその典型）でおかしいが、民法規定を「典型契約」的に硬直に考える、従来の議論を批判して、共同体性の強弱に応じた連続線（スペクトラム）として、規定適用を考えるという姿勢は、妥当であろう。

・なお近時福田論文[210]は、機能主義的な分析手法を突き詰めて、現行法の絶対的効力事由も、利益調整の帰結であり、必ずしも団体関係を前提としていないと批判している（これを考慮するフランス法とも区別する）。さらに、真正・不真正の分析軸にも疑問を投ずる。

(検討)

方向性として、利益分析を突き詰めているところは妥当であろうし、連帯債務論における前提モデル（カテゴリー論）を徹底否定したところは意義深い。ただこれは、淡路・椿路線の延長線上で捉えうる。

ただ、これまでの類型論による債権者保護の意義は、否定できないように思われる（また、民法504条との連続性を論ずるが、それと全く同視できるかどうか）。

【QⅨ－11】連帯債務の考察はどのように変化しているかを論じなさい。

---

[209] 淡路剛久「連帯債務における『一体性』と『相互保証性』」法学協会雑誌84巻10号～12号、85巻4号（1967～68）〔同・連帯債務の研究（弘文堂、1975）に所収〕。

[210] 福田誠治「19世紀フランス法における連帯債務と保証(1)～(7・完)」北大法学論集47巻5号、6号、48巻1号、2号、6号、50巻3号、4号（1997～99）、同「連帯債務理論の再構成──淡路説と椿説の検討を通じて」私法62号（2000）。

9-3-2　連帯債務の成立の仕方（要件論）

(1)　連帯の特約による場合

・債権者と連帯債務者との間で。
・他との比較・相違――連帯保証との比較……付従性の有無、不可分債務……債務の内容に関わる。
・有力説（我妻［558］、柚木＝高木251頁）は、複数の債務者の資力が総合的に考慮されて、当該債務が発生したと解すべきときには、「黙示の特約」ありとする。

(2)　法律の規定による場合

・不真正連帯債務（全部義務）とされる場合が多い。
・併存的債務引受けの場合、（判例）は連帯債務とするが（最判昭和41.12.20民集20巻10号2139頁）、（学説）に批判が強く、不真正連帯債務だとする（我妻［825］、奥田478頁）（前述）。

9-3-3　債権者と連帯債務者との関係（効果その1）

(1)　債権者の全額的権利行使

・負担部分に関係なく、誰に対しても全額請求できる（432条）。
・破産の場合にも、全額について破産債権として破産財団に加入できる（441条）。

　　なお、破産手続開始時に有する債権全額について、権利行使できる（破産法104条1項。破産法旧規定24条を承継するもの）（開始時現存額主義）。例えば、破産した連帯債務者Ａから、配当を受けてから、破産連帯債務者Ｂの破産手続が開始されたときには、配当額が控除された額につき、権利行使できる。――学説上は、当初の債権額で後行の破産手続についても権利行使できるとの見解が有力であったが（我妻［583］、於保228頁、星野159頁）、こういう立場は採られていない。……通常の一部弁済の取扱いとのバランスからも。

(2)　債務者に生じた事由の効力――絶対的効力事由の多さ

　　……連帯債務者の一人について生じた事由。原則として、相対効とされ（民法433条、440条）、その前提としては、連帯債務は複数という見方がある（梅

9. 人的担保（対人担保）

107-109 頁）（通説）（反対、我妻[578]〔単一債務説〕）。

　しかし、これに対する例外として、広汎な絶対的効力事由が認められている（民法 434 条～ 439 条）。

　①　まず、「弁済」は、当然であり（民法 442 条参照。＊これをドイツ語の翻訳から「給付の一倍額性（Einmaligkeit）」などと言われるが、わかりにくい用語は、使わない方がよい。訳語としても「一回性」とした方がわかりやすい）（また、「相殺」につき、民法 436 条 1 項）、さらに、「履行請求」の絶対効力事由（民法 434 条）は、債権者に 有利に 働く。

　②　これに対して、債権者に 不利 に作用する場合も多い。すなわち、(i) 債権全額につき、絶対効があるのは、「更改」（民法 435 条）、「混同」（同 438 条）である。

　　他方で、(ii)「負担部分」の限りで、絶対効があるのは、「相殺」（他の連帯債務者の反対債権で相殺する場合）（民法 436 条 2 項）。さらには、「免除」（437 条）、「時効」（439 条）がある。

・この不都合への対策を、（学説）は議論する。

　第 1：まず、免除に関する民法 437 条を容易に適用しない。――単なる「不訴求の特約」や「相対的免除」〔内部的負担をも免れさせるもの〕と解して、その場合には、437 条は不適用とする（我妻[592]）。→他の連帯債務者への全額追及（請求）の趣旨である。

　第 2：さらに、民法 437 条、439 条を適用するにしても、負担部分の平等を本則として、それと異なる負担部分特約を主張し得るのは、債権者が知りうべき場合に限るとするのが、（通説）である（我妻[596][605]、柚木 = 高木 432 頁、星野 165 頁、奥田 357 頁）。

・さらには、同条の「負担部分」とは、債権者が知り又は知るべきであった負担部分の意味だと解する見解も出されている（淡路論文、鈴木 299 頁）。

　Cf.（判例）は、条文を忠実に適用している（大判昭和 7.4.15 民集 11 巻 656 頁）。

　第 3：またさらに、「不真正連帯債務」とするやり方もある。→民法 437 条の適用否定（判例）（最判昭和 45.4.21 判時 595 号 54 頁【26】（4 版）〔民法 715 条、709 条の責任の競合事例〕〔一人の債務について免除する旨の和解につき、他の債務には影響しないとし、民法 437 条の適用を否定する〕、戦前のものとし

て、大判昭和 12.6.30 民集 16 巻 1285 頁〔民法 719 条の場合〕〔民法 439 条の適用否定〕。同旨、共同不法行為事例として、最判昭和 57.3.4 判時 1042 号 87 頁、同平成 6.11.24 判時 1514 号 82 頁）。

＊「不真正連帯債務」とすることの意味とその変容

　従来、「不真正連帯債務」を論ずる際の意味として、(i) 絶対的効力規定の不適用、(ii) 求償関係の不適用に、法技術的意義が認められてきたが、今日では、求償を肯定するのが多数であり、(判例）である（ドイツ法の用語を借りるまでもなく、フランス法的な「全部義務」概念で足りる。それを定める旧民法債権担保編 73 条 2 項は求償権を否定していない）。さらに、この場合には、(iii) 債務者間に通知義務を要求するほどの関連性はないとして、民法 443 条の適用を否定する見解も有力である（平井 347 頁）。

　しかしこうした伝統的理解に囚われずに、「全部義務」（従来のいわゆる不真正連帯債務）においては、第 1 に、求償は可能であり（この点の主張をはじめてされたのは、椿教授[(211)]である）、その旨の（判例）も出るに至っているし（例えば、最判昭和 63.7.1 民集 42 巻 6 号 451 頁【86】〔被用者と第三者との共同不法行為で、賠償した第三者からの（被用者の負担部分についての）使用者への求償事例〕）、第 2 に、解釈により場合によっては、免除の絶対的効力がある場合もあり、とされてきた（淡路 35 頁）が、近時その旨の裁判例も出ている（最判平成 10.9.10 判時 1653 号 101 頁〔被害者が、他の共同不法行為者の残債務をも免除する意思がある場合〕）。——その場合に、求償額は、和解金額を基準に負担部分割合（責任割合）により、決めるとする。

＊一部免除の場合の扱い

　民法 437 条は、全部免除についての規定だが、一部免除の場合にはどうなるかは、なかなか込み入った議論がある。第 1 に、（判例）（大判昭和 15.9.21 民集 19 巻 1701 頁、判民 97 事件野田）は、比例的に他の連帯債務者の債務を免除させる（負担部分を比例配分的に免除して、他の連帯債務者に及ぼす）という立場をとり、これを支持する（学説）が少なからずある（林＝石田＝高木 407 頁、

---

　(211) 椿寿夫「連帯債務論序説」法学論叢 62 巻 5 号 (1956)〔同・民法研究Ⅰ（第一法規、1983) 所収〕。

前田333頁、川井190頁、潮見Ⅱ565頁、中田443頁)。しかし、第2に、学界で最有力なのは、負担部分基準説というもので(例えば、野田評釈(392頁)、我妻[593]、奥田359頁、平井338頁、近江205頁)、一部免除によっても、残額が負担部分を下回る限りで、他の連帯債務者に影響するというもので、債権者の保護に厚い。

(検討)

微妙な問題もあろうが(後説では、場合により他の連帯債務者に影響しないこともある)、しかし、債権者保護の趣旨で、(多数説)に従いたい。全面的に一部免除効を及ぼしたいのであれば、全面的に合意すればよい(吉田)。

【QⅨ-12】免責・時効に関する効果の絶対的効力を制限するために、どのような法解釈論上の工夫がなされてきたかを整理して述べなさい。
【QⅨ-13】「不真正連帯債務」概念は、どのような狙いで論じられたか、またそれがどのように変化してきているかを述べなさい。
【QⅨ-14】一部免除がなされた場合の他の連帯債務者への効果についての意見の対立状況、及びその論拠を検討しなさい。

9-3-4 連帯債務者相互の求償関係(効果その2)
(1) 求　償

・負担部分に応じた求償(民法442条1項)。……これは、「負担部分割合」(Cf. 負担部分額)の意味であり、「共同の免責」が少額でも、それにより求償ができるとされる(判例)(大判大正6.5.3民録23輯863頁)(通説)(我妻[608]〔共同分担の思想から〕、星野167頁)。
・求償の範囲=出捐額+法定利息、諸費用(民法442条2項)。
・事前・事後の通知義務による求償制限(民法443条)。＊保証のところで前述。

＊双方ともに通知懈怠した場合

二重弁済で、双方ともに、通知義務に違反している場合の処理が近時問題とされている。——これについて、従来(通説)(鳩山279頁、我妻[614]、於保

243頁、林＝石田＝高木382頁、前田315頁。近時では、中田448頁もこれを是認か）及び（判例）（最判昭和57.12.17民集36巻12号2399頁【22】、法協109巻2号長谷川）は、一般原則に戻り、第一弁済を有効とする（民法443条1項を優先適用し、2項は1項を前提にするとする。長谷川評釈は、これはおかしいとする）。

　これに対して、近時これは民法443条の想定外であり、いずれも信義則上の義務に違反している〔第1弁済は、事後通知懈怠、第2弁済は、事前通知懈怠〕のであるから、all or nothingではなく、双方に公平に、負担部分に応じて、債権者無資力のリスクを負わせてみてはどうか（民法442条1項の類推適用）という異論——二重払い分につき、負担部分に応じて、各債務者に不当利得返還させるというやり方——が示されている（長谷川論文[212]）。

（検討）
　なかなか説得的な立法的提案であり、聴くべきところが多いのではなかろうか（吉田）。

・無資力の連帯債務者の負担部分の分担（民法444条）。

(2)　連帯の免除
　……全額支払い義務の免除のことであり、負担部分までの分割債務となる（連帯債務者全員に対してなされる場合と、部分的になされる場合とがある。＊前者を絶対的連帯免除、後者を相対的連帯免除と言われることがあるが、「絶対的」「相対的」が多義的で、これまでの用法とも異なるので、わかりにくいであろう）。連帯免除を受けた者が、民法444条により負担部分が広がるときには、その部分は、債権者が負担する（445条）。——分割債務者は、もはや対内的にも負担部分以上の負担を負わないとする趣旨である。……具体例で説明すると、Aに対して、B・C・Dが、90万円の連帯債務を負い、それぞれの負担部分は30万円ずつ、ここで、Bに連帯の免除がなされ、Cが無資力だったとすると、Cの30万円の負担部分につき、DとAが15万円ずつ負担することになる（つまり、A 15万円、B 30万円、D 45万円の負担となる）。

---

　　[212]　長谷川隆「連帯債務者が相互に弁済の通知を怠った場合における求償関係（上）（下）——民法443条をめぐって」判評374号、375号（1990）。

・(通説)(我妻[618]、平井343頁)は、債権者保護の見地から、通常は単なる対外的な金額支払免除に止まり、民法445条不適用と解すべきだとする(反対、中田450頁)。

(検討)
　民法445条は、旧民法債権担保編71条2項を承継するもので、フ民1215条(無資力者の負担を、連帯免除を受けた者にも負わせる立場。上記例では、B・Dともに45万円負担となる)を変更した沿革に徴すると、本条と異なる結論のためには、少なくともその旨の合意が必要であろう(吉田)。

【QⅨ-15】連帯債務者双方が、通知義務を懈怠した場合の二重弁済の処理の仕方を論じなさい。
【QⅨ-16】連帯の免除の場合の無資力者の負担(債権者の負担)に関する445条の法適用を論じなさい。

終わりに

　(1)　以上の如く、債権総論の最後の方は、担保法で、結構議論は込み入ったものになってくる。また、関連当事者の利益調整の仕方を論じていて、ローマの頃から、絶え間なく議論されてきたことに、――10年1日の如くに――また一歩重ねていく法解釈論の営みの意味の芥子粒のような小ささに、改めて思いを致す。法教義学に閉じこもること、それ自体も面白いことではあろうが、自分なりの研究のアイデンティティを求める苦闘の帰結として、とくにアメリカ法学からの刺激も得て、「民法理論研究の意義」として、できるだけそれを総論的・理論的に位置づけることも、本講義のモットーとした(そしてそれは、本書のみならず、本講義録シリーズの他分野の叙述にも及んでいる)。皆さんの感想を求める次第である。

　(2)　法学教育現場も、今や激変しているが、法学研究・教育スタイルは、従前に比べると、資格試験に特化した内向き志向・マニュアル志向になっており

第2部　金融取引法（金融債権総論）

（債権法改正の議論を見ていても、既存の法規範の整理・整序に力点があり、その批判的刷新への関心は弱い。トップダウンの立法の逆立ち現象で、これまでの草の根的な刷新的法解釈論を閉塞させている等との声も聞く（例えば、基礎法［中国法］の鈴木賢教授の言））、日本的なリアリズム法学や利益考量論が華やかなりし頃と比べてみても、社会的要請の察知に鈍感になっているところもなくはない。しかし社会事情はそれと裏腹に、グローバルな変化を遂げている。金融取引法の領域を考えるだけでも、高度成長の頃には、右肩上がりの一国経済中心主義で対処していればよかったし、金融スタイルも、我妻法学の前提となった、メインバンクシステムの間接金融であった。ところが、その後、債権譲渡等と関係するが、直接金融が前面に出て、投資マネーが世界を駆け巡るようになった。そこに潜むリスクはしばらく前には、閑却されて、そのメリットのみ喧伝された。そして生じたのは、サブプライムローンの破綻であり、リーマンショックであり、今やヨーロッパの金融危機である。日本経済も空洞化して、不況経済が長期化して久しい。今諸君が勉強しているのは、そのような金融市場社会の激動の一こまとしての債権総論、金融取引法であることも忘れないでほしい。

　(3)　『一期一会』という言葉がある。この半年間付きあってくれた受講生諸君との関係は、まさにそうだと思う。北大法学部の講義担当者の決め方は、――東大法学部のローテーションシステムなどと違って――、年の若い教員から、担当したい授業を選んでいく形で決めていくのが、長年の慣行で、私のように50歳を過ぎたものは、最後に残ったものを担当するということになる。従って、昔はしばしば担当した「債権総論講義」も本当に久しぶりである（10年ぶりくらいだろうか）。そして、この半年間諸君たちに講義した債権総論は、もうこれが最後になるかもしれない。その意味で、M・ウェーバーが言うところの『僥倖』のように思われて[213]、願ってもない機会と捉え、毎回精一杯の準備を行って、臨んだつもりである。本当に久しぶりなので、本講義を始める前には、ゼミ生から「先生大丈夫ですか？」などと冷やかされたりもした。しかし受講してくれた諸君らはわかってくれたと思うけれども、実は私は債権総論の

---

(213)　M・ウェーバー（尾高邦雄訳）・職業としての学問（岩波文庫）（改訳版）（岩波書店、1980）（初出1936）15頁以下。もっともそこでは、『僥倖』は、研究者職の人間に与えられる就職の機会一般について語られている。

終わりに

領域から研究を始めた部類であり、この領域は、自分にとっては、「ホーム・ベースないしホーム・グラウンド」のようなところである。

　(4)　ところで、昨晩もNHK・BSでスティーブ・ジョブズ関連の番組をやっていたが[214]、周知のように、彼はこの講義を開始した2011年10月、56歳で亡くなった（私のほんの3歳年上である）。その彼が2005年の夏に、既に膵臓癌（pancreas cancer）の病魔に侵されつつ、スタンフォード大学の劇場（amphitheater）での卒業式講演（commencement speech）としてあの有名なスピーチを行ったが（私も1990年代半ば同大学にいたときには、同所でチェコ元大統領のハーベル氏の講演を聞いたから実感が伝わってくる）、私にとって忘れられないのは、「今日が人生の最後の日であったとしても、悔いなきことを行え」という件である。＊私も今から恰度2年ほど前（2010年1月）に、妻の姉が胃癌で48歳の若さで逝き、急に死が身近となり、命の有限性を意識するようになり、この言葉は切実さを持って迫ってきた。それ以来、世俗的野心・権威・虚栄心にまみれたような世の中の出来事で厭な思いをするようになる度に、私はこの言葉を反芻するようになっている。「もうこの債権総論講義もわが人生最後かも」と思うにつけ、このジョブズ氏の言葉が迫り、「うかうかしておられない」と、例年以上の思いで、最善を尽くしたつもりである。

　(5)　しかし、大学の講義で行えることは限られている。情報は無限にあり、手取り足取り100％伝達なんてことはできない。そのような中で、講義の際に私のモットー（大学教師の任務）とした第1は、学生諸君の「知的好奇心を掻き立てる」ことである。しかも及ばずながらできるだけ良質な知的勉強の宝の山を示すことである（この言葉は、今は亡き山口俊夫先生の言葉として記憶に強く残る）。第2は、法律論を自在に駆使できるようになることはもちろん結構だけれど、「現代社会を批判的に見る視角」を持ってもらいたいということである。社会に関する問題状況の認識及びその規範的・法政策的分析という視点な

---

(214)　NHKドキュメンタリーWAVE『スティーブ・ジョブズの子どもたち』（2012年1月7日放映。再放送1月29日）。さらに、W・アイザックソン（井口耕二訳）・スティーブ・ジョブズⅠ・Ⅱ（講談社、2011）、とくにⅡ259頁以下参照。

第2部　金融取引法（金融債権総論）

くして、健全な法解釈はできないと思うからである。それに関係するが、第3に、日本社会は、同化圧力が強い。官僚に限らず先例やマインド・コントロールに弱いのが常である。そんな中で、付和雷同に走らず、「自分の頭で考える癖」「自分の頭で法政策論なり法解釈論を展開していける姿勢」を持って欲しい。＊今回の講義の自由発展問題として、「東日本大震災と民法（債権総論に限らない）」という設問を既に出しているが、このような社会的大問題でも、既存の民法マニュアルは役に立たず、《これまでの知識を総動員させて、新たな問題に柔軟に（既存状況）批判的に思索する能力》は、不可避であろう（こういうときに、《わかりやすいルールを》という改正に向けてのマニュアル化志向の大合唱が、何と空虚に映ることか！）。

(6)　最後に、週2回朝1限の講義（かつては民法のような基幹科目は、出席しやすい昼の時間帯に設定されることが多かったが、授業カリキュラムも過密の昨今、債権総論講義は、2コマとも朝1限になってしまった）にかくも多くの諸君たちが、最後まで付き合ってくれたことに一言お礼申し上げる。準備の要領の悪い私は、毎回寝る時間がなく、徹夜で1限の講義にやって来てから、寝に帰るという毎日だったが、その際に、「貴君たちが、辛い朝に出てきてくれて待っていてくれる」ということは、どんなに励みになったことか！それも冬学期の早朝の1限は、例年にない大寒波に襲われている北海道では、本州の方には想像できない吹雪や氷点下10度以下の厳寒の中での登校を意味している。ここにいる100人以上の諸君の殆どは毎回出席してくれたことと思うが、心より感謝申し上げる。これでもう諸君ともお別れだが、別離に際して、（我々の学生時代とは違い、大不況の氷河期の大海に乗り出す）君たちに伝えたいのは、一つは、《チャレンジングであれ！》ということである。これは民法理論の泰斗川島武宜博士が絶えず後進に語られた言葉として、私も研究生活において、身を挺する際の導きの言葉である[215]。もう一つは、《逆境（adversity）は、大事だ》ということである。優れた人は、凡庸な者にとっては、平穏な生活でも、それを《逆

---

[215]　詳しくは、川島武宜・ある法学者の軌跡（有斐閣、1978）参照。わが民法学界の今日の状況がこれと対蹠的になっていることへの批判として、吉田邦彦・都市居住・災害復興・戦争補償と批判的「法の支配」（有斐閣、2011）306頁以下参照。

終わりに

境・挫折の連続》として意識できるかどうかであると聞いたことがある（そのような例として、作曲家ショスタコーヴィチを想起せよ！⁽²¹⁶⁾）。いずれも、先程のジョブズ氏の箴言とも通ずることは言うまでもないが、限りない感謝の思いをこめて、貴君たちにこれらの言葉を送り、本講義を終えることにする。本当に有難う。Best of luck to all of you！

2012年1月30日

北大軍艦講堂8番教室にて

吉田邦彦

---

(216) これについては、例えば、S・ヴォルコフ（水野忠夫訳）・ショスタコーヴィチの証言（中公文庫）（中央公論社、1986）（初出、1980）。また、グリゴーリエフ＝プラデーク編・ショスタコーヴィチ自伝──時代と自身を語る（ラドガ（虹）出版社〔発売ナウカ〕、1983）も参照。

《著者紹介》
吉田邦彦（よしだ・くにひこ）
　1958年　岐阜県に生まれる
　1981年　東京大学法学部卒業
　現　在　北海道大学大学院法学研究科教授
　　　　　法学博士（東京大学）

《主要著作》
『債権侵害論再考』（有斐閣、1991）
『民法解釈と揺れ動く所有論』（民法理論研究第1巻）（有斐閣、2000）
『契約法・医事法の関係の展開』（民法理論研究第2巻）（有斐閣、2003）
『居住福祉法学の構想』（東信堂、2006）
『多文化時代と所有・居住福祉・補償問題』（民法理論研究第3巻）（有斐閣、2006）
『都市居住・災害復興・戦争補償と批判的「法の支配」』（民法理論研究第4巻）（有斐閣、2011）
『家族法（親族法・相続法）講義録』（信山社、2007）
『不法行為等講義録』（信山社、2008）
『所有法（物権法）・担保物権法講義録』（信山社、2010）
『民法学の羅針盤』（編著）（信山社、2011）

債権総論講義録（契約法Ⅰ）

2012年（平成24年）7月25日　第1版第1刷発行
6067-01011：p288：¥3200　E：012：010-002

著　者　　吉　田　邦　彦
発行者　　今　井　　　貴
　　　　　稲　葉　文　子
発行所　　株式会社　信山社

〒113-0033　東京都文京区本郷6-2-9-102
Tel 03-3818-1019
Fax 03-3818-0344
henshu@shinzansha.co.jp
出版契約 No.2012-6067-01010 Printed in Japan

©吉田邦彦　2012／印刷・製本／ワイズ書籍・渋谷文泉閣
ISBN978-4-7972-6067-0 C3332　分類324.200 c003

JCOPY〈(社)出版者著作権管理機構 委託出版物〉
本書の無断複写は著作権法上での例外を除き禁じられています。複写される場合は、そのつど事前に、(社)出版者著作権管理機構（電話03-3513-6969、FAX03-3513-6979、e-mail: info@jcopy.or.jp)の許諾を得てください。

吉田邦彦 著

所有法(物権法)・担保物権法講義録

2010年4月刊行　　　　　　　　　　　3,150円(税込)

「家族法（親族法・相続法）講義録」などに続く著者3冊目の書、待望の刊行。精緻・稠密な学説をクリアに説き、現代的視点から逢着点を思索する。法解釈に必須の法社会学的・法政策的認識と法的批判・創造能力を身につけるための講義録。

不法行為等講義録

2008年12月刊行　　　　　　　　　　　3,150円(税込)

不法行為法を中心に、不当利得・事務管理に及ぶまで、豊富な学説を交え、議論の到達点とその経緯を示しつつ解説。現代的に重要な判例の具体類型を取り上げ、問題の社会背景などから関連する政策的課題をできるだけ広く論ずる。

家族法〈親族法・相続法〉講義録

2007年6月刊行　　　　　　　　　　　3,360円(税込)

判例・学説の到達点を伝え、精緻・稠密な学説をクリアに説き、現代的視点からの逢着点を思索。法解釈に必須の法社会学的認識と法的批判・創造能力を養う講義録シリーズ第1弾。親族法・相続法の学習、実務、研究に幅広く有用の書。

――― 信山社 ―――